叢書・ウニベルシタス　1108

国家に抗するデモクラシー

マルクスとマキァヴェリアン・モーメント

ミゲル・アバンスール
松葉 類／山下雄大 訳

法政大学出版局

国家に抗するデモクラシー——マルクスとマキァヴェリアン・モーメント

目次

第二版への序文
蜂起するデモクラシーについて …… 1
イタリア語版への序文
蜂起するデモクラシーと制度 …… 25
序説 …… 39
序章 …… 51
第一章　理性的国家というユートピア …… 77
第二章　政治的知性 …… 95

第三章　一八四三年の危機から政治の批判へ……109
第四章　読解上の仮説……125
第五章　真のデモクラシーの四つの特徴……143
第六章　真のデモクラシーと近代性……193
終章……225
補論
「野生のデモクラシー」と「無始原の原理」……249
訳者あとがき……299

凡例

一、本書は Miguel Abensour, *La Démocratie contre l'État. Marx et le moment machiavélien*, Paris, Félin, 2012 の全訳である。これは第二版のポケット版であり、「第二版への序文」および「補論」に加えて「イタリア語版への序文」も本書に収録されている。

二、原文でイタリックとなっている箇所は傍点で強調するが、ルビを付ける場合もある。書名は『 』、論文名は「 」とする。大文字で始まるものは〈 〉としたが、固有名詞に関してはそのかぎりではない。

三、原文の≪ ≫は「 」、中略記号は[…]とする。

四、原注は番号を( )で囲み、訳注は番号を漢数字にして〔 〕で囲み、いずれも本文の傍注とし、章ごとに番号を振り直す。なお、底本では頁ごとに振り直されている Ibid. と op. cit. については、本翻訳書の頁割りに合わせて原文から変更したものがある。また本文、原注において著者による明らかな誤記と思われるものは適宜修正した。

五、〔 〕は訳者が読者の便宜を考慮して新たに挿入したものであるが、本文中に原語を補う場合には( )を用いる。

六、既訳があるものはそれを参照したが、原著者の引用の文脈を考慮して訳者があらためて訳出し、表記を変更したものがある。なお、マルクスからの引用に関しては、大月書店版『マルクス＝エンゲルス全集』の対応箇所の巻数と頁数のみを略記し、訳者名、刊行年は省略する。

第二版への序文

蜂起するデモクラシーについて

デモクラシーを穏健に行使するか、古典的な反デモクラシーに訴えるか、という二者択一がわれわれに課されているのだろうか。言うなれば、次の選択肢に直面しているということになる。デモクラシーは、節度を持って実践されるという条件でしか、たとえば政治的枠組みという乗り越えられない位置づけに還元されるという条件でしか確保も評価もされえないとするか、あるいは、デモクラシーは幻想として機能し、自由という見せかけのもとに隠されているだけにいっそう有害な支配形態であることが明らかなのだから、デモクラシーを選ぶべきではないし、デモクラシーが危機に瀕しているときであっても救い出すべきではないとするか。

しかるに、一八四三年のマルクスのテクストにおける数ある美点のひとつはまさしく、「真のデモクラシー」の問いを定式化することで、この二者択一とその拘束力から逃れうるような別の道を拓くことにあったのではないか。それはあたかも、デモクラシーに節度を持たせたり、もしくは簡単にデモクラシーを拒んだりする前に、その前提条件に向かうこと、つまり、真のデモクラシーを問い、節度を持たせたり拒絶したりする解決法を斥けるデモクラシーの諸特徴を発見することが必要であるかのようだ。このことは、本質主義的な仕方ではなく、近代におけるデモクラシーの運命について省察することによって問われるのである。

デモクラシーの欠陥を数え上げ、その諸幻想を暴こうと躍起になるわれわれの性向が顧みてこなかったある思考様式を、一八四三年におけるマルクスの範例的研究は思い起こさせてくれる。それに当たってわれわれは、政治的なものの終わりという主題の影響下で、このかたちの政治的共同体が語のもっとも通俗的な意味での「ユートピア」であると凡庸かつ盲信的に考えてはいけない。理性の倦怠とそれに伴う無批判な懐疑論とを脇において、最初の問いに戻ろう。真の意味でのデモクラシーとは何か。『ヘーゲル国法論の批判』の著者は「現代のフランス人」に依拠しつつ驚くべき謎めいた答えに到達した。それによれば、真のデモクラシーの到来は政治的国家の消滅を伴うというのだ。そのうえ、この本質的なテーゼを明日なき日の出のような〔矛盾的な〕ものとせず、そのなかにマルクスの政治的な問いの潜在的で隠された、一貫した次元を認めることに同意するならば、一八四三年のテクストと一八七一年のパリ・コミューンに関する〈声明〉とのあいだに、過程の思考から抗争の思考への推移を認めることになるのではないだろうか。デモクラシーは国家が消滅する過程において姿を現すというよりも、国家に抗する（*contre*）闘いにおいて構成されるということになるのではないか。こうして、はじめの二者択一は信用を失って撤回される。このように解される場合、デモクラシーの真理は「民主的国家」という日常表現が表象する、節度ある合意という定式と対立する。問われているのが国家であれデモクラシーであれ、この表現は批判的吟味の欠如を露呈してしまうのではないか。同様に、支配への批判の名のもとでデモクラシーを拒否することはもはや支持できない。なぜなら、デモクラシーはそのもっとも深遠な目的に向かい、支配者／被支配者関係の消滅、非支配状態の到来へと邁進するからである。

このように非支配へと方向づけられているとすれば、真の意味でのデモクラシーは「政治的領野の脱構築」においてもっとも見事に表現されるということになるのだろうか。つまり、R・シュールマン〔二〕の分析に従えば、起源に依拠し起源を参照するあらゆる支配を受けない行動が現れ、展開されうる

〔二〕　ライナー・シュールマン（一九四一―一九九三）は、アムステルダム生まれ、ドミニコ会出身の哲学者。著作に『マイスター・エックハルトと放浪の喜び』（一九七二年）、『無始原の原理――ハイデガーと行動の問題』（一九八二年）などがある。後者については本書の補論で検討されている。また、日本語で参照可能な文献として、サイモン・クリッチーとの共著『ハイデガー『存在と時間』を読む』（スティーヴン・レヴィン編、串田純一訳、法政大学出版局、

ような、政体のあいだの句切れ（césure）においてもっともよく表れるのではないのだろうか。H・アレントと、革命の失われた宝という彼女の観念とに依拠しつつ、コミューン的ないし評議会主義的伝統に属する近代史の裂け目に関して、R・シュールマンは次のように述べている。「このようにして束の間、支配者《プリンケプス》ないし統治が中断し、そしてそれが課し、そこに立脚する原理《プリンキピウム》ないし体系が中断する。このような句切れにおいて、政治的領野は啓示者という役割を十全に果たす。万人の目に明らかになるのは、行動の起源が［…］あらゆる現前するものの現前性への到来そのものであるということだ」[1]。この見解は「デモクラシーはすべての国制にとって解決済みの謎である」[二]というマルクスのテーゼと比肩しうる。マルクスによれば、国制の客体化を正しく解釈するためには、それを生み出すもの、すなわち民衆《デモス》とその自由な行動へとつねに立ち戻るべきなのだ。まさしく「現実の人民」との接触と関係を維持し保全するためにこそ、デモクラシーはその創設の瞬間において、政治的国家の消滅を伴うのではないのだろうか。なぜなら、政治的国家は人民の行動を代理するが、最終的に人民の行動に反するように仕向けられうる組織化する形態だからである。

ある意味では、クロード・ルフォール[三]が解した意味での「野生のデモクラシー」は、無始原《アナルシー》[四]の原理によって光が当てられ、さらには解き明かされるのだから、国家に抗するデモクラシーのありうる姿ないし名なのかもしれない[2]。実際に、確実性の指標の崩壊によって、繰り返し訪れる未規定性の試練——これは形而上学的迂回の出口、基礎づけとしての価値を有する原理からの解放を意味する——によって規定されるとすれば、野生のデモクラシーが国家と両立することは難しいように思われる。なぜなら、国家は存在するために根拠や確実性、第一原理の支えを求めるからである。そのうえ、人間的要素の根底にある未規定性が強め養う、野生のデモクラシーの多元的沸騰は、国家の全体化する体系へと甘んじて統合されうるというのだろうか。未規定性の試練が〈一者〉の支配に同意し、〈一者〉を前にして屈服しうるというのだろうか。だが、可能性は必然性を指すのではない。つまり、野生のデモクラシーの論理は必然的に反国家的であるわけではないのだ。そこからあらゆる帰結を引き出す

二〇一七年）がある。

（1） Reiner Schürmann, *Le Principe d'anarchie. Heidegger et la question de l'agir*, Paris, Éd. du Seuil, 1982, p. 107.

〔二〕 フランス語の「constitution」は様々な意味を含んでいるが、本書では「国制」「憲法」「構成」等、文脈ごとに訳し分けている。

〔三〕 クロード・ルフォール（一九二四―二〇一〇）は、フランスの政治哲学者。著作に『余分な人間――『収容所群島』をめぐる考察』（一九七五年）、『民主主義の発明』（一九八一年）などがある。カストリアディス等と雑誌『社会主義か野蛮か』の共同編集者を務めた。アバンスールは後継誌に当たる『テクスチュール』や『リーブル』、『過去‐現在』で行動をともにする等、近い立場にあったルフォールから多大な影響を受けているが、編集方針をめぐっては対立も経験している。

〔四〕「anarchie」は通常、無政府状態や統治の不在を指すが、権威や正統性を与える根拠の不在という、より根本的な意味で主に用いられている場合は「無始原」としている。

（2） 後掲の拙稿、『野生のデモクラシー』と『無始原の原理』」、二四九―二九七頁を参照。

のではないにせよ、「野生」はなによりもまず基礎づけの危機によって特徴づけられる存在様相、現出様相、時代的様式に立ち戻り還元されるのではないか。他方で、野生のデモクラシーの観念を権利の観念へと、既得の権利の維持と新しい権利の征服のための闘いへと結びつける危険がありはしないか。たとえ支配の観念から権利を切り離し、抵抗の観念へと関係づけるのが正当であるとしても、権利のための闘いは最終的には国家によるその承認と合意へと向かうのであり、否応なく《ウォレンス・ノレンス》国家の強化へと、もっと悪いことには国家の永続的な再建へと至るのではないだろうか。もっぱら社会権の観念に向かうことにおいてのみ、野生のデモクラシーは反国家という使命に忠実でありうることになる。ここにこそ、現代の進歩主義のけっして小さくはない逆説のひとつがある。つまり、「…への権利」がそのつど国家を拠りどころとすることで、その同意なしにはなにもできないかのように、つねに国家の賛同を求めつつ国家を強化することになってしまうのである。最後に、政治的な仕方で人権を解釈したところで、その方向に野生のデモクラシーの不朽の源泉が発見されることになるのだろうか。この源泉は国家の管理を回避することができるのだろうか。

　これらの問いと困難とを鑑みるに、国家に抗するデモクラシーの可能な諸形象を探すよりもむしろ、この定式に回帰し、探究し、その広がりと争点を明らかにする必要がある。疑いもなく、この表現は一八四三年の草稿におけるマルクスの直観、すなわち非常に豊穣であるにもかかわらず、国家の衰退というサン＝シモン的な主題のもとで模倣者によって放棄され平板化された直観に生気を取り戻させ、その重要性を認めさせるよう導くという一番の美点を持っている。マルクスにとって重要だったのは、事物の管理が人間の統治に取って代わると予告することではなく、〈現代のフランス人〉とともに、デモクラシーの到来が政治的国家の消滅を意味するという事実を観察することであった。そして、一八四三年から一八七一年への推移を考慮に入れるとすれば、デモクラシーが国家に抗して立ち上がるかぎりで存在しうると主張することこそが重要であった。マルクスのテーゼは、還元を作動させることで初めて現れるデモクラシーの例外＝抗弁に依拠している。近代のデモクラシーの特殊性は還元を実行することにあり、ゆえにそれは国家に抗するデモクラシーなのである。この複雑な理論装置をここで分析することはせず、その本質を取り上げよう。つまり、結果として還元は政治的客体化を阻止する。この阻止とは、還元にもかかわらず客体化が疎外には向かわないようにするものだ。言い方を換えれば、この阻止と還元とによって、デモクラシーにおいて政治的行動は本来のままであり続ける。というのは、組織化し、統合し、統一する形態、すなわち国家が形成されることを政治的行動は拒むからである。還元とその諸帰結とを明らかにすることによってマルクスがこのうえなく明瞭に示すに至ったのは、形態としての国家に抗する闘いはデモクラシーの論理の中心をなしているのだということである。デモクラシーは反国家的であるか、存在しない。この自明の理によって苦もなく理解されるのが、デモクラシーにまつわる現象にいくぶん意識的な「民主的国家」の礼賛者はデモクラシーの節度ある使用を奨励するということだ。この礼賛者の目的は、還元の仕組みに足枷をはめ、デモクラシーの例外＝抗弁を消し去ることで、法治国家として、あるいは乗り越えがたい枠組みとして考えられている「民主的国家」が表象する観点から、この矛盾を許容することなのである。さらに還元という概念装置が逆説的であるということも付け加えよう。この装置が生み出し、政治的客体化の形態－国家への変貌を妨げるこの阻止は同時に、われわれによれば、「政治的領域のなかで争点となり列挙されているもの――普遍性の経験、支配の否定、非支配、市民同権の公的空間の構成――の拡張を可能にする」。こうして源泉に立ち返ることで、あたかもデモクラシーの行動は公的空間において明示されうるし、人民の生において多様化されうるかのようである。したがって、還元、阻止、拡張という三つの時間が存在する。この拡張という時間は、すべてがデモクラシーから流れ出ると言いうるほどに、デモクラシーの存在様相に合わせて人民の生の他の領域全体を潤すことができるのだ。

　この争点は重要である。国家に抗する衝動の隠蔽、還元の回避、阻止の阻止は、その初動から諸々の結果に至るまで、デモクラシーによる社会的なものの創設を残らず損ない、ひとえにその論理を無効にするのみである。そうであるならば、デモクラシーに別の名を与えるべきではないだろうか。真のデモクラシーを問い続ける人々に対して、蜂起するデモクラシー（*démocratie insurgeante*）という名を提示するべきではないだろうか。独立戦争時のイギリスに対するアメリカ植民の反乱という記憶をはるかに超えて、この語がはっきりと示しているのは、デモクラシーの到来とは、国家を「本来的」かつ特権的な標的とする闘争の舞台の幕開けであり、さらにはデモクラシーが国家に、あるいは統一し、統合し、組織化する形態－国家に抗する「永遠の蜂起」の劇場であるということだ。まさしくこの還元に端を発して、そしてその延長線上で、こうした闘争は繰り広げられる。この闘争が長続きするよう差し向けられるのは、国家と闘うことで還元が挫折し、闘争のただなかで国家が還元を打ち負かしてしまう恐れがあるためである。そうなったあかつきには、国家はデモクラシーを無力化し、永続的な異議申し立てへの傾向や初期衝動の弱々しい影のかたちでしか最初の還元を残していない「民主的国家」なるものを生み出すに至るまでにデモクラシーを取り込むことになるというわけだ。

デモクラシーを代議制統治や法治国家と見誤る現代の思想において、ひとりジャック・ランシエールのみが、デモクラシーの存在と反国家的傾向についてのマルクスの直観を持ち続けているように思われる。人間の集団的存在の二つの論理を区別すべきだとする『不和あるいは了解なき了解』の著者ランシエールは、「集団の集合と合意、権力の組織化、地位と役割の配分、そしてこの配分の正当化の体系を作動させるプロセスの総体」をポリス（*police*）と名付けるよう提案した。[3] この論理に対峙するかたちで、それを混乱せしめるもうひとつの論理が浮かび上がる。それが、誰であれ人と人との平

（3） Jacques Rancière, *La Mésentente. Politique et philosophie*, Paris, Galilée, 1995, p. 51.［ジャック・ランシエール『不和あるいは了解なき了解』、松葉祥一、大森秀臣、藤江成夫訳、インスクリプト、二〇一〇年、五八頁］。

等という前提のうえに成り立つ論理である。この論理の側に位置しているのがデモクラシーであり、それは政治的なものの存在様式なのだ。「より正確には、デモクラシーとは、広い意味でのポリスという名で概念化された秩序、共同体内で身体を配分する秩序の特異な中断の名である。それは、主体化という特殊な装置を用いて秩序の正常な機能を中断せんとするものの名なのだ」(4)。マルクスとの唯一の違いは、J・ランシエールが考えるところのポリスの秩序が国家というよりは統治や統治性を指すという点だろう。そしてまたその秩序は、体系としての国家、統一し、それゆえに比類なき象徴的次元を有する全体性としての国家よりも、道具的な機械装置、さらには臨検の対象となる「仕掛け(machin)」に類似しているということになる。マルクスは国家の「崇高性」を、少なくともその段階への上昇傾向を看取していたので、そうした増長を妨げるべく、国家がその位置まで上り詰めたと称する普遍性というまやかしを暴き立てた。その目的とは、国家を機能と地位の経験的総体へと差し戻すためではなく、国家が所有者だと自称するこの普遍性を再び我がものとするように現実の人民を促し、その結果として、デモクラシーがその真の意味に到達するまでに人民にデモクラシーを行き渡らせようとすることであった。用語の違いはわずかだとしても、それでも次のような対立はたしかに存在している。J・ランシエールによれば、デモクラシーは「二つの論理、すなわち地位の配分というポリス的論理と平等な扱いという政治的論理との対立」をまさしくその本質とする「係争的共同体」を立ち上げるのである(5)。

蜂起するデモクラシーに関して、ただちに二つの指摘がなされなければならない。

まずひとつの疑問が生じる。デモクラシーが闘うのはいかなる国家に対してか。よく考えてみると、蜂起するデモクラシーは二つの前線で闘っていることがわかる。フランス革命の際に、人民協会や過激派《アンラジェ》とともに見られたように、デモクラシーは旧体制の国家に抗しつつ、生まれつつある新たな国家《イン・スタトゥ・ナスケンディ》にも抗して立ち上がる。後者の国家は、今度は自分たちが人民を支配せんと欲する新たな有力者たちに権力を与えようとする。だが革命を離れても、およそ政治的共同体というものはいくぶん似たような状況に直面する。すなわち、政治的共同体は旧体制に属する国家ないしはその桎梏や残滓に対する闘いに身を投じながらも、さらにまた、革新に囚われて改革や近代化、合理化という旗印のもとに作られ建て直される、新たな国家に対する闘いにも身を投じるのだ。すなわち、蜂起するデモクラシーは逆説的にもいかなる設立をも許さない場において設立されるのであり、まさしくこの場こそが、過ぎ去ったものと来たるべきものという二つの国家形態のあいだの句切れの場であると認めなければ

(4) *Ibid.*, p. 139.〔同前、一六六頁〕。あるいはさらに、「政治は始原《アルケー》を持たない。その厳密な意味において、政治は無始原《アナルシック》なのだ。デモクラシーという名それ自体がこの事実を示している。プラトンが述べたように、デモクラシーは始原を持たず、基準を持たない」(Jacques Rancière, *Aux bords du politique*, Paris, La fabrique, 1998, p. 84)。

(5) J. Rancière, *La Mésentente, op. cit.*, p. 141.〔前掲、ランシエール『不和あるいは了解なき了解』、一六八頁〕。

ならない。このことを裏付けるかのように、一八三〇年の七月革命後に繰り返された人民の蜂起は、旧体制と同時に新たな体制に、すなわち「自由主義的」君主政、「有能者たち」の手による君主政に叛いた。これらの蜂起はあたかも、七月革命の日々に生じた句切れをそのたびごとに再開せんとしていたかのようだ。そして、デモクラシーはこのような中間状態に位置づけられるからこそ、人民の行動を可能にするのである。より正確に言えば、この自由な行動を守るためにこそ、蜂起するデモクラシーは二つの前線での闘いの渦中で構成されるのだ。この奇妙な状況をよりよく理解するには、次の反例が助けとなろう。『新路線』（一九二三年）でトロツキーは、国家という独裁的論理に党という別の論理を対置することで、国家と同時に党という形成途上の新たな形態－国家とも闘うデモクラシーという、さらに別の論理への道を阻んだのではなかったか。われわれの理解におおいに資するものが、ミクロ社会学の水準にも見出される。蜂起する論理に忠実な制度は二つの暗礁のあいだを絶え間なく航行している。一方の暗礁は受け継いだ伝統の重々しくのしかかる影響であり、そしてもう一方は来たるべき形成途上の形態による支配である。いかに恵まれた状態にあってもそれを離れて、この句切れは活動ないし人民の行動へとつながるよう手を尽くす。こうしたデモクラシーの時間性は、現前の時間性や自己と自己との一致の時間性であるというよりもむしろ、不一致の時間性であることになるだろう。というのも、後者のなかでこそ形態－国家の出現に抗する闘いは人民の自己自身との非同一性を保つことを目指し、かつそのかぎりにおいて反復され、維持されうるからだ。たしかにこの時間性は、句切れを保ち、さらにはそれを際立たせる可能性をもたらすような、それぞれの抗争の体系的で執拗な実践が要求されるだけに、いっそう困難な時間性である。あたかもこの句切れという時間に与って、次のことを為すのが肝要であるかのようにすべては運ぶ。つまり、『革命』でG・ランダウアーが描いたように、ユートピアから新たな場所《トピー》への古典的な移行を中断させること、そして人民の行動に最大限の可能性の地平を開くべく、ユートピアという非‐場所に拠点を定めることがそれである。

第二の指摘は次のようなものである。蜂起するデモクラシーとはラディカル・リベラル的企図の変種、すなわち諸々の権力に抗する市民といったものではなく、むしろ複数形の定式、すなわち国家に抗する市民たち、さらに言えば国家に抗する市民たちの政治的共同体に等しい。ラ・ボエシ〔五〕に由来する語彙を用いるならば、蜂起するデモクラシーはすべての〈一者〉(*tous Un*)に抗するみなでひとつの存在(*tous uns*)——ラ・ボエシがいみじくも友愛と名付けたもの——の共同体を表している。より正

〔五〕エティエンヌ・ド・ラ・ボエシ(一五三〇—一五六三)は、フランスの司法官、人文主義者。著作に、死後刊行の『自発的隷従論』(一五七六年)がある。「みなでひとつの存在」の訳語は日本語訳(西谷修監修、山上浩嗣訳、ちくま学芸文庫、二〇一三年)を参考にした。なお、アバンスールは本書の校訂版(一九七六年)刊行に尽力し、マルセル・ゴーシェと連名で解説を執筆している。

確には、政治的な事柄の動的な次元を引き受けるとするならば、みなでひとつの存在からすべての〈一者〉への転換に対する抵抗を表す。あたかも、蜂起のなかでもとりわけ重要な機能が、みなでひとつの存在の共同体をつねに脅かす、すべての〈一者〉へと画一化する形態へ、複数性とその存在論的条件を否定する形態への横すべりを予防し、食い止めることであるかのように、この抵抗は為されるのである。

斯様な定義の試みはすぐさま、昨今の臆見《ドクサ》が主張するところの市民社会（société civile）という概念の批判的な修正を要求するのではないだろうか。言ってみれば、この表現の基本的な特徴は、政治的なものを除外することにある。この言葉が指し示そうとするのは社会の総体――集団、紐帯、実践の総体――であって、それは技術、科学、産業、文化、イデオロギーといった多様な領域内での特定の歴史的共同体を再生産せんと手を尽くし、またそれによって今日の国家が依拠する真の基盤を表象しようとする。まさしくこの場所でこそ、あたかも市民社会が信頼と生産性を独占するかのように「事が運ぶ」かのようだ。市民社会は政治的なものの変遷の彼方で、歴史的共同体を永続させる務めを担うということになろう。結局のところ、市民社会やその後ろ盾となる人々にとっては、政治的なものを除外するだけでは十分ではない。彼らにとって重要なのはむしろ、政治的なものが明らかにご破産となったあかつきには、首尾よくそれに成り代わりうるように、政治的なものから遠ざかり、抵抗することなのである。この企図は実現可能であるように思われる。というのも、卓越性へと歩を進める市民社会は、政治家たちの代わりとなりうる「エリート」を自発的に生み出すからである。いまや彼らはある種の専門性が要求される仕事に携わっていると自称するだけにいっそう信頼するに足らない。政治をガバナンスに還元すること、すなわち企業の管理方法の政治的共同体への適用に還元することは、「市民社会の代表者たち」の偽りの正当性を増大させるにすぎない。東側諸国に由来する全体主義、反国家主義、誤解された自由主義といったものの混合物からなるその含意において、極端な場合には、市民社会という概念は政治が必然的に悪と共謀するという信仰が少なからず育まれる反政治機械なのである。したがって、次のように問うことは禁じられていないのだ、市民社会への依拠は、支配と搾取がつきまとうわれわれの社会において、自由の幻影という役割を演じているのではないかと。

このような状況に直面しているとすれば、市民社会を再政治化することが肝要なのではないだろうか。[6] これは一連の批判的な介入が要求される複雑な操作である。最初の段階においては、市民社会の再政治化とは、十七・十八世紀の語法に立ち返るわけではないにせよ、少なくともそれを想起することを含意する。十七世紀のイギリスでは、市民社会（*civil society*）という表現は政治社会（*political society*）と同義であった。ジョン・ロックは『統治論』の第七章を「政治あるいは市民社会について（*Of politi-*

（6） 問題の異なる次元が問われているにせよ、ニコル・ロローの次のテクストに依拠しなければならない。Nicole Loraux, « Repolitiser la cité », in *La Cité divisée*, Paris, Payot, 1997, p. 41-58.

cal or civil society)」と名付けている。後にルソーは、いくつかのテクスト、とりわけ『人間不平等起源論』のなかで、「société civile」という定式によって政治社会を指し示している。同じくディドロは『百科全書』に次のように記している。「政治社会（Société civile）は同一の国民の、同一の国家の、同一の都市あるいは別の場所の人々が一体となって形成する政治体であり、人々を互いに結びつける政治的紐帯であると解される。これは人々の市民としての交流であって、君主の臣下として、同一の都市の市民として、同一の法に従う者そしてこの同一の社会を構成するすべての者が共有する権利と特権に与る者として、人々が一体となって有する結びつきなのである」。カントにおいては、société civile という言葉は、『判断力批判』では法的権力の支配下での全体を指し示すという意味において政治的な語義を残している。他のテクストでも、カントは法に基づいた政治社会と人倫に基づいた政治社会を区別するようしきりに促している。さもなければ国家の構造が転覆させられる恐れがあるというわけだ。

イギリスの経済学者たちの注意深い読者であったヘーゲルとともに、市民社会という概念は、政治的な特徴を保存しているにせよ、政治的なものから経済的なものへの意味深い転用を被る。市民社会はブルジョワ市民社会へ、すなわち万人の万人に対する戦争にある程度まで近接した敵対的な構造に立脚する欲求の体系へと変化したのである。なるほど仲裁機関がこれらの抗争を和らげようとはするものの、国家の次元においてのみ、また国家によってのみ、ブルジョワ市民社会の抗争は乗り越えられうるのであり、その結果として国家は有機的全体性として姿を現すのである。ヘーゲル的転用は二重の効果を生む。一方で、市民社会が経済的になったがゆえに、いまや政治的なものが、ヘーゲルの構想においては国家がその規範と動機を経済的なものに課すのであって、その逆ではない。他方で、ヘーゲルは市民社会という概念を歴史化する。ヘーゲル哲学とともに「市民社会という抽象的な概念は真理に到達する。市民社会とはブルジョワ的なのである」[7]。市民社会はそれ自体の目的ではありえない。内的矛盾に引き裂かれているので、自由にも統一性にも到達することができないのだ。豊かさと貧しさの敵対性こそが市民社会を分断する最大の矛盾なのである。『法の哲学』第二四三節でヘーゲルは次のように記している。「[…]一方で富の蓄積は増大する。[…]しかしながら他方で、個々の労働の専門化と制限もまた増大し、それに伴ってこの労働と結びつけられた階級の隷属と貧窮が増大する[…]」。あるいは第二四五節ではこう述べている。「かくしてここで明らかになるのは、富の過剰にもかかわらず市民社会は十分に豊かであるわけではなく、市民社会が自分のものとして所有する範囲では、貧しさの過剰と貧民の生産を妨げるほど十分には財を備えていないということである」[8]。

（7）G. W. F. Hegel, *La Société civile bourgeoise*, Présentation et traduction de J.-P. Lefebvre, Paris, François Maspero, 1975, n. 3, p. 54-56.
（8）G. W. F. Hegel, *Principes de la philosophie du droit*, texte présenté, traduit et annoté par Robert Derathé, Paris, Librairie philosophique J. Vrin, 1975, p. 250-251.〔ヘーゲル『法の哲学Ⅱ』、藤野渉、赤沢正敏訳、中公クラシックス、二〇〇一年、一九七―二〇一頁〕。

だからこそ市民社会を再政治化することが求められるのである。この決意は、ヘーゲル以前の十七・十八世紀の政治理論家たちに全面的に立ち戻ることを意味するのではない。操作はより複雑でより繊細なものとして現われる。市民社会の経済的なものへの還元に抗して、政治的な意味作用の認識が必然的に求められるのだ。しかし、それはただちに二つの補足的な要請を表明することによって為される。まず、市民社会と政治社会の類義性へと回帰するのでは、ヘーゲル以前の理論家たちにならって政治社会と国家のあいだの同様の類義性を主張するまでには至りえないだろう。実のところ、市民社会と国家のヘーゲル的な亀裂は、それまで知覚できないままに留まっていた別の生じうる亀裂を明らかにしたのではないだろうか。なぜならば、ヘーゲルの国家論は、政治的共同体と国家のあいだに存在する亀裂を進んで隠蔽したからである。この点に関して、批判的作業が次のことを示しうるかもしれない。つまり、ヘーゲル的な市民社会の概念は、たとえ経済的なものへと転用されたとしても、この概念が消し去ろうとするも完全に抹消するには至らない政治的な次元をどの程度そのなかに保持しているのかということである。国家は政治的共同体のひとつのありうる形態であるとしても、だからといって必然的な形態ではない。認めなければならないのは、国家とは別の政治的共同体、すなわち国家のなかにはその到達点や完成形も見出せない政治的共同体がかつて存在し、今も存在し、これからも存在しうるということである。非国家的、そして反国家的な政治的共同体がこれに当たる。実際、国家に抗して、人民から切り離された権力の出現に抗して構成される政治的共同体の諸形態が考えられうるのである。これこそが、国家なき社会ではなく国家に抗する社会としての野生の社会の研究において、ピエール・クラストルがもたらした新しい政治人類学の、コペルニクス的転回の教えのひとつなのではないだろうか。(9) そしてこれこそが、ルソーが「人民の身体＝団体《コール》」と「国家の身体＝団体」を区別するよう要求したときに目指していたことなのではないだろうか。いっそう正確に言うならば、ルソーが目指していたのは、国家との対立のさなかに出現するこの人民の身体＝団体なのではあるまいか。国家は、二つの国家形態のあいだの句切れのなかで展開されるような政治的行動を再び我が物とせんと奮闘するものだからである。そしてまた、このかたちの政治的なものの肯定こそが、人民の「政治的能力」、みなでひとつの存在の政治的能力を現実に示そうとするあらゆる近代の革命に刻み込まれているのではないか。このことこそが、一方では国家を奪取せんとするジャコバンの立場と、他方では反国家的な政治的共同体を発現させるべく国家を破壊せんとする共産主義あるいは評議会主義の立場といった、革命の立ち位置をめぐる対立において争点となっているのではないだろうか。後者について言えば、たとえばマルクスはパリ・コミューンを「コミューン的国制」という奇妙な言葉で解したのだった。

（9） Pierre Clastres, *La Société contre l'État*, Paris, Éd. de Minuit, 1974, chap. I, « Copernic et les sauvages ». 〔ピエール・クラストル「コペルニクスと野蛮人」、『国家に抗する社会』、渡辺公三訳、書肆風の薔薇、一九八七年、七―三三頁〕。

国家的でない政治的共同体の斯様な肯定は二重の闘争を伴う。この肯定が、結果的に国家があらゆる可能な政治を包括することになるヘーゲル主義に由来する政治と国家の同一化に抗して闘うことは明らかだとしても、それは「荒削りの」アナキズム、たとえば『ユートピアと社会主義』におけるマルティン・ブーバーのそれをも拒絶する。ブーバーは政治的なものに抗しながら社会的なものに助けを求めることによってヘーゲルを逆転させるに留まったがゆえに、次のように結論づけているのだ。社会組成の再生、社会的なものの到来はただちに、国家的な支配と同一であるにすぎない政治的なものの終焉、消滅をもたらさなければならないと。それゆえ市民社会を再政治化するとは、国家の外部で、国家に抗して、政治的共同体の可能性を見出すことなのである。これを検討すれば、政治的なものの除外、合意のみのガバナンスの一歩手前である市民社会が直面している無力化が実践する脱政治化がよくわかる。この無力化によって問われているのは、非国家的な、さらに言えば反国家的な政治的共同体の「亡霊」を払いのけることなのではないだろうか。

他方で、市民社会の再政治化というこの作業において、ヘーゲルの前段階に立ち返ることは肝要ではないことになる。なぜならば、われわれはヘーゲルを読むことで、豊かさと貧しさの対立がとりわけ重要である市民社会を引き裂く敵対性を解明するに至るからである。市民社会を再政治化することが国家に叛きうる政治的共同体の存在を明らかにするならば、明らかにこの共同体は、有機的全体性としての、画一化され和解した政治社会としての国家のモデルに立脚しては構想されえないのだ。為されるべきはむしろ、あらゆる人間の国家《シテ》に内在する有力者たちと人民の対立を感知するマキァヴェッリ的伝統と手を結ぶことによって、あるいはこの政治的共同体を平等についての係争的な問いへの応答と見なすことによって、共同体を分断されたものとして考えることなのである。

よく考えてみると、市民社会を再政治化するというこの選択、すなわち市民社会にその政治的な意味作用を取り戻させるというこの選択は、われわれが提案する読解上の仮説が受け入れられるのであれば、『ヘーゲル国法論の批判』におけるマルクスの所作を再生産するのではないだろうか。一八四三年のマルクスの対象は、彼が後の一八五九年に認めているような、ある種の批判理論を構成する認識論的なもの――社会的全体性のなかでの政治的なものの位置と地位の規定――ではなく、政治的であると同時に哲学的なものだということになる。問われているのは、ヘーゲルの論理主義の影響下にある官僚的な思考様式からデモクラシーの思考様式へと置き換えることなのだろう。マルクスにとっては、イギリス人たちやヘーゲルにならって市民社会を物質的生の条件の総体として定義し、経済学のなかにこの構造を探し求めるというよりは、家族と市民社会に先立つ原初的主体、すなわち全体としての民衆《デモス》を追求することが問題であった。「為すべきは現実の主体から出発してその客体化を考察することである」とマルクスは宣言している。このような現実の主体の探究のただなかで、政治的客体化の形態としての、組織化する形態をとった政治的国家の消滅を伴う政治的共同体の形態としての真のデモクラシーが現れるのだ。まさしくヘーゲルの転用を逃れるためにこそ、マルクスは、その物質性や事実性ではなく自己の外部への運動のなかで、「脱自」と彼が呼ぶもののなかで、ブルジョワ市民社会を検討したのである。あたかもこの運動のなかで、政治的共同体が真のデモクラシーのかたちで出現するかのようだ。政治的共同体のなかでこそ、市民社会は政治的行為によって自己から抜け出ることができるのである。

これらの概要によって、蜂起するデモクラシーについて理解すべき事柄の輪郭を描くことができる。ルソーの語彙に助けを求めるとすれば、蜂起するデモクラシーは国家の身体＝団体に抗する人民の身体＝団体の出現、言い換えるならば、現実の主体、「全体としての民衆《デモス》」から生じる政治的〈関係〉の表出と定義しうる。さらに、次のことを明確にするのがよいだろう。マルクスとこの表現から離れることによって、それよりもみなでひとつの存在（多数者《ホイ・ポッロイ》）を優先することによって、人民の身体＝団体は自己に閉じこもる実体的な有機体としてではなく、分割され、劈開され、問題含みの同一性の際限なき探求に投げ込まれた身体＝団体として構想されなければならないということである。実際に様々な抗争に耐えてこそ、政治的共同体は次のことを目標として構成されるのだ。つまり、デモクラシーの普遍性、あるいは支配の拒絶として、非支配として考えられる自由の経験を、還元を用いてすべての領域に行き渡らせることである。

蜂起するデモクラシーには三つの特徴が認められる。

――蜂起するデモクラシーは抗争的なデモクラシーの変種なのではなく、その正反対である。抗争的なデモクラシーは国家の内部で、その名称からして根本的な抗争の忌避と考えられるような民主的国家の内部で抗争を実践し、同時に抗争性を永続的な妥協へと仕向けるのに対して、蜂起するデモクラシーは抗争を別の場、すなわち国家の外部に、国家に抗して位置づけるのであり、主たる抗争――国家に抗するデモクラシー――の忌避を実践するのではなく、必要とあれば断絶を前にしてもたじろぎはしないのだ。蜂起するデモクラシーは始原《アルケー》のあらゆる形式に抗するデモクラシーの根底にある衝動、それゆえに始原《アルケー》――始まりであると同時に命令――の古典的な表出に、すなわちなによりもまず国家に叛く無始原的《アナルシック》な衝動を再現動化することなくしては真のデモクラシーは存在しないという直観のなかで生じる。この意味で、蜂起は真のデモクラシーの生ける源泉である。それは、マキァヴェッリが言うように、平民と元老院のあいだの絶えざる闘争と前者の暴動がローマの自由の源泉であったのと同様である。

――蜂起は二つの国家形態のあいだの句切れの時期に当たる。だからこそ、蜂起によって息を吹き込まれたデモクラシーはこの句切れの時期を保存し、そうすることでアレント的な語義での活動が活発であり続け、それが作品へと変化するのを防ぐよう手を尽くすのだ。蜂起するデモクラシーとは製作に抗する行動（l'agir）のために継続された抗争なのである。

――蜂起するデモクラシーの固有性とは、争点をはっきりと移動させることである。解放を政治的なものに対する社会的なものの勝利（和解した市民社会）として、同時に政治的なものの消滅を招くような勝利として構想する代わりに、このかたちのデモクラシーは国家に抗する政治的共同体を出現させ、それが絶えず出現するよう手を尽くす。蜂起するデモクラシーは、社会的なものと政治的なものの対立を、政治的なものと国家的なものの対立へと置き換える。国家の座を奪うことで、政治的なものを国家的なものに叛かせ、あまりにも頻繁に隠蔽されてきた政治的なものと国家のあいだの裂け目を再び開くのである。

国家は政治的なものの終着点でも、その到達点でもない。まったく反対に、国家は〈一者〉の名においてみなでひとつの存在を体系化し、破壊する形態にすぎない。

イタリア語版への序文

蜂起するデモクラシーと制度

デモクラシーの名が破滅的な戦争や悪に対する善の十字軍、拷問と結びつけられるとき、明白にデモクラシーに反するこれらの企て、P・ヴィダル＝ナケ〔一〕の言葉を借りれば「デモクラシーの癌」から切り離すためには、デモクラシーをできるかぎり巧みに形容することが必要であり、喫緊の課題であるのが明らかとなる。それゆえ、すでに長きにわたって、デモクラシーをその無力化から引き離し、卑俗化から解放せんと腐心してきた人々は、その名のもとに隠れようとする支配という現象とのデモクラシーの差異と外在性を取り戻しうる呼称を選択してきたのだった。これらの呼称のなかに、クロード・ルフォールの野生のデモクラシー、あるいはラディカル・デモクラシーも数え上げられるだろう。

いずれにせよ、それを形容し損なうのであれば、デモクラシーは識別可能な相貌を失う恐れがある。というのも、それは普遍的な卑俗化のグレーゾーンのなかに陥ってしまうからだ。われわれの社会の日常的な言語では、デモクラシーは法治国家や代議制の統治体制と絶えず混同されているのではないだろうか。

私としては、「蜂起するデモクラシー（démocratie insurgeante）」という表現を提案する。しかしながら訳者が指摘したように、困難は「蜂起する（insurgeant）」という言葉がフランス語にはせいぜい代名動詞のかたちでしか存在しない点にある。造語すれすれの現在分詞に助けを求めてまで、この呼称を選択するのはなぜなのか。蜂起のデモクラシー（démocratie insurrectionnelle）よりも蜂起するデモクラシーが好ましいと判断したのは、動詞形のおかげで次の二つの特性を説明できたからである。

——デモクラシーは政体ではなく、まずもって活動であり、政治的行動の様態である。マキアヴェッリが「〈有力者たち〉」と呼ぶ人々と対立する民衆《デモス》、すなわち人民の政治的舞台への闖入が国家《シテ》のなかに非支配状態を創設することを目的として闘われるものであるという点にその特徴が表れている。

——これにかかわる政治的活動とは、いっときの活動ではなく、時間に組み込まれた継続的な活動であり、遭遇した障害に応じて再熱する用意がつねにできている活動である。問われているのは複合的な手続きを生じさせること、非支配へと差し向けられた社会的なものの創設を生じさせることである。その存在をよりよく持続させ、それを滅ぼし支配状態へと逆戻りさせようとする反対運動を打ち負かすべく、非支配は絶えず生み出されるのだ。それゆえに蜂起するデモクラシーのほうが蜂起のデモクラシーよりも優れている。後者は人民の行動様態をうまく連想させうるとはいえ、時間のなかで継続する組み込みを考慮に入れることができないからである。

この意味で、フランス革命の経過において画期となった革命の日々に目を向け、またその継起とリズムを観察するならば、フランス革命を蜂起するデモクラシーと定義できるかもしれない。平等派の陰謀〔バブーフの陰謀〕を考慮に入れるとすれば、蜂起するデモクラシーは一七八九年から一七九九年にわたって出現し継続されたのだった。この十年間に幾度となく人民が革命の舞台に闖入しなければならなかったのは、あたかも旧体制の国家およびその残滓と同時に、新たな国家、すなわち「革命政府」に抗して行動するという使命を宣言し、非支配を掲げながら政治的なものの存在様態への彼らの愛着を再確認するためであったかのようである。ソフィー・ヴァニシュの近著『人民の長き忍従』はこの方向に傾いている。

〔一〕　ピエール・ヴィダル＝ナケ（一九三〇―二〇〇六）は、フランスの歴史学者。古代ギリシア史研究のほか、アルジェリア戦争研究、歴史修正主義反駁活動を行った。著作に『アテナイ人クレイステネス』（一九六四年、P・レヴェックとの共著）、『記憶の暗殺者たち』（一九八一年）などがある。「デモクラシーの癌」はアルジェリア戦争についての著書『共和国における拷問――現代史・現代政治評論』（一九七二年）の英訳副題にも採用されており（『拷問――デモクラシーの癌（*Torture. Cancer of Democracy*）』）、アバンスールはたびたびこの表現に言及している。

この観点からすれば、共和暦三年の最後の蜂起、すなわち芽月《ジェルミナル》の蜂起（一七九五年四月）、とりわけ牧月《プレリアル》の蜂起（一七九五年五月）は特筆すべきものである。この時期に人民は――それまではパリのセクションに留まっていたのだが――、この出来事に先立つ『パンを得るための、権利を獲得するための人民の蜂起』というパンフレットに見出すことのできる「パンと一七九三年憲法を」という二重のスローガンとともに国民公会になだれこんだのだった。憲法とパンの要求を結びつけることによって人民が行ったのは、なによりも一七九三年憲法が彼らに認めた蜂起への権利を要求することにほかならないのではないか。人民が行ったのは、主権者たる彼らに属する権力、すなわち憲法制定権力を取り戻すために闘うことにほかならないのではないか。牧月の最初の二日に全面化したこの騒擾のなかに、制度を創設するデモクラシー（démocratie instituante）の特徴が読み取れる。人民と当時の〈有力者たち〉のあいだの仮借なき対立がそれである。これらの蜂起を論じた歴史家であるK・D・トンネソンによれば、問われていたのは都市の第三身分の二つの部分、ブルジョワジーと零細市民のあいだのあからさまな断絶だったのだ。ほぼ排他的に人民のものであった共和暦三年の蜂起は、一方にパリのサン＝キュロットによる人民の権力、もう一方に統治権力という二重権力の状態を作り出し、後者を前者へと置き換える計画を携えていた。実際に、明白に政治的なその目的とは革命政府の廃止、一七九三年憲法の即時施行、現職の統治者たちの罷免と逮捕であった。より深層に現れ始めていたのは、蜂起を活気づける原理、政治的関係の探究、命令とは異なった、活発で激しく身分に基づかない政治的紐帯の探究、そして人民の行動する能力を保存し、市民たちのあいだに紐帯を作り出すものが高所から行われる強制的で垂直的、身分に基づいた秩序へと再び堕するのを妨げるための闘争である。紐帯と秩序の対比がこれ以上なくはっきりと現れるのを見るにはパンフレットである『人民の蜂起』を読むだけでよい。「友愛の無秩序においては、すべてのセクションの男女市民は近隣のセクションの動きを待たずに至るところから出発するだろう。そして、狡猾で不実な政府が普段どおりに人民の口を封じ、買収されわれわれを欺く首長たちを用いて群れのように人民を操ることがこれ以上できないようにするべく、他のセクションとともに行進するだろう」(1)。これは首長たちの権力に抗する友愛の無秩序、要するに非支配であり、秩序に抗する強制なき平等な政治的紐帯なのである。

もっとも頻繁に私に差し向けられた批判のひとつに、蜂起するデモクラシーとはまずもって否定性であり、蜂起という出来事の現前のなかに根差しているのだから、制度を無視している、あるいは少なくとも制度にわずかな位置づけしか認めていないというものがある。蜂起するデモクラシーは否定性から制度、すなわち「活動の肯定的なモデル」への移行を避けており、蜂起と制度のあいだには必然的な敵対性が存在するというのだ。なるほどこの批判は重大な困難を言い当ててはいる。しかしながら、それがあまりに単純化しすぎているのは、蜂起するデモクラシーと制度のあいだの関係を敵対

(1) K. D. Tonnesson, *La Défaite des sans-Culottes*, Presses Universitaires D'Oslo, Clavreuil, 1959, p. 251.

性の旗印のもとでのみ表象している点である。あたかも一方は束の間の沸騰のなかでつねに展開し、他方は不可避的に大理石のごとき静止状態を余儀なくされているかのようである。第一に挙げるべき暫定的な返答が提示されなければならない。すなわち、一七九三年憲法においてそうであったように、憲法の文面、すなわち基本法としての規範が人民に蜂起への権利を認めた以上は、蜂起するデモクラシーと制度のあいだに取り結びうる関係が、両立可能な関係が存在するのである。そして一七九三年憲法への回帰を要求することは、蜂起の正当性を要求することであった。しかるに、牧月の蜂起の敗北が結果としてもたらしたのはまさしく、有産階級の秩序を神聖化した共和暦三年の新憲法〔一七九五年憲法〕による蜂起への権利の削除であり、このことは政治的想像力に癒しがたい打撃をもたらしたのだった。強力な政府、全体主義的な支配、権威主義的な実践が行われたこの数十年間は、憲法の文面に蜂起への権利を記載することをとことん構想しがたいものとしている。あたかもそれは、既存の秩序の担い手たちが進んでそう語るように、憲法制定権力がそこで「乗り越えがたき地平」に直面したかのようである。しかしながら、デモクラシーが支配とは一線を画し、非支配を掲げて社会的なものを創設せんとする政治的共同体を創設することを目標とするならば、それが有力者たちにとっての支配への欲望が人民にとっての自由への欲望よりも強大になる恐れがあるとそのたびごとに訴えるべき蜂起への権利でないとすれば、この原理を保存しうる装置とは何であろうか。これは理解しがたい真理ではあるが、その困難は真理それ自体というよりも時代の精神にかかわるものである。

ところが、蜂起するデモクラシーにとっては、蜂起する権利の創設に結びつけられるだけでは問題を解決するには十分ではない。さらに、非支配を原理とするこのデモクラシーが政治的に空虚で未分化の時空間のなかで展開されるのではないと指摘しなければならない。沸騰との関係は人目を欺くべきではない。沸騰は瞬間性の謂いではないからだ。さらに言えば、デモクラシーは現在にのみ属しているわけではない。人民の政治的行動を救い出すために、デモクラシーはまた諸制度にも目を向けることが可能である。これらの制度は、それが創造されるに当たって、このような人民の行動の実践を利することを目的としていた。かくして、牧月の出来事の際には、蜂起はパリのセクションに立脚したのであり、それを支持した山岳派の議員たちは、牧月一日に、侵入を許した国民公会において、一七九三年九月九日のデクレで削除されたセクションの永続化を採択させたのだった。蜂起と制度のあいだの回路を創設しうるのと同様に、蜂起するデモクラシーは出来事の現在と過去のあいだの回路を活用するのであって、それによって数多くの自由を約束する解放の諸制度がそこに再び見出されるのである。この場合、人民は既定の解放の諸制度が彼らの要求するほどには十分ではない現在に対して蜂起する。それゆえに、次のようなより控え目な定式が導き出されるのだ。蜂起するデモクラシーは、その原理上あらゆる制度やあらゆる過去との関係に敵対するのではなく、それを選別するということである。すべての政治的運動と同様に時間に属しているので、デモクラシーは人民の政治的行動に適した制度とそうでない制度を区別する。その判断基準は非支配のそれである。制度がこの非支配状態を保存するために働き、支配せんとする有力者たちの欲望を妨げ、それによって人民の自由という経験を可能にする防波堤として機能するのであれば、蜂起するデモクラシーと制度のあいだには必然的な敵対関係は存在しない。反対に、あらゆる統治の制度や新たな有力者たちの手に支配の新たな状況を奨励しうるその他の制度は、蜂起するデモクラシーの敵意を掻き立てるばかりなのである。

制度側の問題を取り上げるのならば、同じ類の複雑性が明らかとなる。これを検討するためには、『共和国の制度』でサン＝ジュストが拓いた道を辿るのがよいだろう。それはすなわち、制度と法の対立という道であり、制度に与えられた優位と法に差し向けられた軽蔑である。草稿には次のようにある。「制度に反する法は暴政的である。［…］法に従うこと、これは自明ではない。というのも、法はしばしばそれを課す者の意志にほかならないからである。人は圧政的な法に抵抗する権利を有する」(2)。サン＝ジュストのアプローチの全体には立ち入らずに、次のことを指摘しておこう。共和国はまずもってもっとも重要な基盤であるところの制度の組成によって構成されなければならない。これは「統治機械」である政府だけでなく、恣意的な権力の行為をつねに隠蔽しうる法とも区別される。これらは私心を離れた関係によって男女市民を結びつけることを目的とするこれらの制度はそれ自体が、その形式においても内容においても、共和国の、すなわち共和政の原理の本質を、動的な全体性のかたちでの期待を備えていなければならない。まさしくこの理由においてこそ、制度は「共和国の魂」であると宣言されるのである。

サン＝ジュストの思想が完全には仕上がってはいなかったとしても、彼が法や統治機械に還元不能な制度の特性に光を当てることができたことは指摘しておこう。この特性は同じくマルクスによって、『フランスにおける階級闘争』で認められている。そこでマルクスは、ブルジョワ的共和政である一八四八年二月の共和国は、プロレタリアートの圧力のもとで「社会制度」を備えるように義務づけられたと指摘している。彼はその制度に、たとえそれがその臆病さを批判するためであったにせよ、「理念上の、想像上の」[3]ブルジョワ的共和国を乗り越えようとする運動を見出したのである。枠組みというよりは母体である制度はそれ自体のうちに想像的な期待の次元を含んでいる。この次元は、制度が告げ知らせる解放へと向かう習俗あるいは態度と行動を生み出し、引き起こすことができるように駆り立てる潜勢力をそれ自体が備えている。まさしくこの意味において、制度すなわちジル・ドゥルーズの言うところの「期待のシステム」は法に対立する。というのは、制度はそれ自体のうちに要求——他の自由を認めるような自由への要求——を含んでおり、この要求が、尊重されない場合には処

（2） Saint-Just, *Œuvres complètes.* Édition établie et présentée par Anne Kupiec et Miguel Abensour, Paris, Gallimard, 2004, p. 1136.
（3） Karl Marx, *Les Luttes de classes en France. 1848-1850.* Présentation par Pierre Nora, Paris, Jean-Jacques Pauvert (Libertés 14), 1965, p. 85-86.［カール・マルクス「フランスにおける階級闘争——一八四八年から一八五〇年まで」、全集第七巻、二七頁］。

罰を伴うような法に固有の責務から制度を根本的に区別するのである。それゆえジル・ドゥルーズは次のように制度と法の差異を定義する。「後者は活動の制限であり、前者は活動の肯定的なモデルである(4)」。

ひとつの反論が残されている。沸騰のただなかの現在に現われ、極度の変動に曝される蜂起は、制度とは両立しがたく、矛盾しているのではなかろうか、というのがそれである。この両立しがたさはいくつもの側面を有している。この沸騰は制度がそこで場を占めることができない類のものではあるまいか。加えて、制度は不動性へと向かうのではないにせよ、その本性からすれば少なくとも変化やデモクラシーの時間性に抗するといった安定性へと向かうのではなかろうか。第一の点に関しては、すでに見たように、蜂起は現在と過去との回路を用いて、所与の政治的文脈を知らせる何らかの制度に依拠するといったことがありうる。あるいは同様に、次のようなことがありうるかもしれない。蜂起するデモクラシーは、自らの存在を持続させるために、そして一瞬の煌めきに身を切りつめることがないように、いわば制度を要求し、生み出す。この場合、斯様な制度は非支配の原理を明瞭化し、時間のなかで、二つの時間性の対立のなかで固定化を果たすように差し向けられている。第二の点に関しては、拙速な結論は差し控えなければならない。メルロ＝ポンティによれば、制度は経験に持続的な次元を与える(5)。しかしこの時間のなかで追求される持続という特徴は、不動性とは同等ではなく、その次元においてベルクソン的な意味での創造的な、刷新的な持続を垣間見せるものである。したがって問いは次のかたちで提起される。制度の期待という特徴、それと想像的なものとの関係、企図との関係はその内部から「持続性」に働きかけるのではないかということである。あたかも持続的な次元が、変化に抵抗しその障害となる代わりに、自らの姿を踏台に変え、相対的な安定性によって発明と刷新を作動させることを可能にする基盤であることが明らかになるかのようである。このような制度の期待という構想においては、減速と平衡を生み出す遅々として画一的な持続に反して、創造的な持続を特権化することが重要だということになろう。法学者であるモーリス・オーリウが制度についてわれわれに伝えるのは、まさしく持続のこれら二つの形式の区別である。オーリウは次のように記している。「制度はあらゆる点からして運動のカテゴリーである」[6]。この場合、制度はデモクラシーの時間性のうちに苦もなく定着することだろう。ここからひとつの両義性が現われる。いかなる要素に優先権を与えればよいのだろうか、力動性か、それとも永続性と安定性か。国家に抗するデモクラシー、そして制度の名において主権と法から距離をとることを含意するような蜂起するデモクラシー

（4） Gilles Deleuze, *Instincts et Institutions*, Paris, Hachette, 1953, p. IX.〔ジル・ドゥルーズ「本能と制度」、加賀野井秀一訳、『無人島 一九五三—一九六八』、前田英樹監修、宇野邦一ほか訳、河出書房新社、二〇〇三年、三四頁〕。
（5） Maurice Merleau-Ponty, *Résumés de cours, Collège de France 1952-1960*, Paris, Gallimard, 1968, p. 61.〔モーリス・メルロ＝ポンティ『言語と自然——コレージュ・ドゥ・フランス講義要録』、滝浦静雄、木田元訳、みすず書房、一九七九年、四四頁〕。
（6） 次の著作から引用。George Gurvitch, *L'idée du droit social*, Paris, Recueil Sirey, 1932, p. 664.

という仮説においては、制度はひとえにより大きな適応性を、より大きな出来事の幕開けを、そして新たなものを迎え入れるいっそう強固な方向性への道を選ぶのである。

蜂起の側と制度の側といったこれら二つの複雑性が交差することで、われわれに対してなされた批判とは反対に、次の点について垣間見ることが可能となる。つまり、いかにして蜂起するデモクラシーとそれ固有の時間性、そして制度を包括的に考えるかということである。というのも、制度は特定の時間性のなかで把握されるならば、デモクラシーの沸騰と無縁ではなく、そしてそれを妨げるのでもない。次の特徴ゆえにいっそう、制度はこの沸騰に応答することが可能なのだ。このようなデモクラシーは、それが非国家的な権利、さらに言えば反国家的な権利の表明、すなわち社会権として現れるときにまさしく、国家に抗して構想され実践されうるのである。実際、制度の思想はしばしば、国家は権利の第一の源泉ではないというテーゼを伴う。われわれがサン゠ジュストと彼が行なった法と制度、そして統治機械とのあいだの有益かつ制度の哲学者にとって無縁ではない区別に耳を傾け続けるならば、そのときわれわれは次のことを理解する。一方では法と統治機械、他方では蜂起するデモクラシーのあいだにこそ、抗争と両立しがたさが存在するのであって、デモクラシーと制度のあいだには存在しない。

国家と統治〔政府〕を混同するのは慎むべきにせよ、『政治的正義の探究』（一七九三年）の著者であるウィリアム・ゴドウィンに目を向けてみよう。彼は明敏にも、統治と人間性の移ろいやすさのあいだの癒しがたい抗争を見出すことができたのだった。「統治というものは、われわれがいかなる見地からこの問題を検討するにせよ、不幸にも嘆かわしく残念な意図に満ちている。人類の真の利益は、絶え間なき変化を、永続的な刷新を命じるように思われる。しかるに統治は変化の永遠の敵である。統治という規定された体系について見事に感取されたことは大部分がすべての統治にとって真実なのだ。それらは社会のなかで噴出する好機を我がものとし、社会の運動に待ったをかける。その性向とは権力の乱用を残存させることである。[…] 本性上、(実定的な) 統治制度は人間精神の順応性と進歩を妨げる傾向にある」(7)。

(7) William Godwin, *Enquiry concerning political justice*, edited by Issac Kramnick, Penguin Books, 1976, p. 252-253.

序説

このところ、マルクスを「死んだ犬」と扱う傾向が弱まっているようだ。マルクスへの回帰、あるいはマルクスの回帰は、明らかに異なった意図に基づいて、そこかしこに姿を現し、手はずを整えられている。追悼論文の時期は終わりを告げ、「マルクスとともに語る」時期が始まるというのだろうか。つまり、回帰は複数存在する。だが、目的にしたがってそれらを区別するよりはむしろ、マルクス主義――ないし既存のマルクス主義――の側に与する回帰か、それとは離れた、もしくは反対するような立場を選ぶ回帰かによってまずは区別するのがよいだろう。マルクスによって運動、党、国家に息を吹き込み続ける回帰なのか、そうしたマルクスの利用を避け、彼の特異さを他と区別するようなかたちで迎え入れる回帰なのか。

マルクスは次のように明言していたものだった。「私が知っているのはただ、私がマルクス主義者ではないということだ」。不当に創始者として祭り上げられた者による挑発的な皮肉しかこの言葉に見出さないならば、それは大きな誤りであろう。マルクスが「ユートピア的代理主義」——社会運動を代理しているかのように振る舞うユートピア主義者——をおおいに告発し攻撃したのは、「偉大な理論家」の父称を、名もなき解放、つまり被支配階級の自己解放に置き換えてしまう「理論的代理主義」に対して叛かないでいるからである。この意味で、マルクス主義とはマルクスその人の思想をまさしく転倒させたものなのではないか。なぜなら、マルクスの思想は、彼の弟子を自称する党ないし国家によるその翻案というよりはむしろ、フロラ・トリスタンの労働組合計画に近いからである。この観点からすれば、みだりに社会主義を騙ったマルクス主義的体制の崩壊は、われわれにマルクスを、われわれと彼のあいだの障害となる観念論的な具体化から解き放たれたマルクスを「取り戻させる」という格別な恩恵を与えた。実を言えば、こうしたかたちでのマルクスへの回帰、さらに言えばマルクスの再発見は、マルクス主義よりさらに進んでこの崩壊を予期していたわけではなかった。それゆえ、異なる二方向を目指して、マクシミリアン・リュベル(二)とミシェル・アンリは、マルクスの声に改めて耳を傾けるべくそれぞれの道を拓いたのだった。

ミシェル・アンリが聞き取ったのは哲学的な声であった(1)。彼の判決はこのうえなく明快だ。「マルクス主義とはマルクスに関する誤解の総体である」。ここで表明されているのは、マルクスの哲学的著作についての相変わらずの無知によって強められ、脈々と受け継がれた誤読である。なぜなら、ミシェル・アンリが繰り返し主張しているように、驚くべきことにマルクス主義はマルクスの哲学的思考を参照することなく、それを完全に無視したうえで形成され、定義されているからだ。実際、リャザーノフの手によってマルクスの主要な哲学的テクストが発見されるには、一九二〇年代を待たねばならなかったのである。こうした事実確認から始めて、ミシェル・アンリは、マルクスの革新的読解を提示する。それが主張するところによれば、第一に、マルクスの歴史哲学的テクストが目新しくはない概念に基づいているということ、第二に、マルクス主義の重要な概念はマルクスにとって現実性でも説明原理でもないのだから、マルクスの重要な概念ではまったくないということである。これによってヘーゲルと同様にフォイエルバッハにも取り逃がされた現実性を模索したマルクスの哲学へと至る道が拓かれる。この現実性とは実践、すなわちあるがままの純粋な活動にほかならない。

〔一〕 マクシミリアン・リュベル（一九〇五―一九九六）は、主としてフランスで活動したマルクス研究者。正統派マルクス主義およびルイ・アルチュセールとは一線を画したマルクス解釈を提示し、独自の方針に基づいてプレイヤード版『マルクス著作集』の編者を務めたことで知られる。アバンスールは彼の研究を高く評価しており、主著のひとつである『マルクス主義の批判者マルクス』（一九七四年）は Payot 社の『政治の批判』叢書に収録されている。

（1） Michel Henry, *Marx*, I : *Une philosophie de la réalité*, Paris, Gallimard, 1976, p. 9.〔ミシェル・アンリ『マルクス――人間的現実の哲学』、杉山吉弘、水野浩二訳、法政大学出版局、一九九一年、一頁〕。

マクシミリアン・リュベルが聞き取ったのは、より直接に政治的な声であった。彼はマルクスとマルクス主義を同一化しようとするどんなわずかな試みをも強く拒むことで、マルクスをマルクス主義批判の立場におく。『資本論』の著者はマルクス主義の父という神話と十月革命の神話から、言い換えれば彼の批判的思考が党や国家のイデオロギーへと改竄されることから解き放たれることにより、彼がつねにそうあり続けたもの、すなわちユートピアと革命という二つの倫理的要求に応える労働者の自己解放の思想家へと立ち戻るのである。(2)

現在のフランスで生じている政治哲学の回帰が身にまとう復古的な形態に目を向けるならば、次のような疑いを抱くのもやむなきことであろう。すなわち、マルクス主義から離れたマルクスへの回帰は、彼の思想が無力化されるに至るか、あるいは、反抗とメシア主義との本質的な絆と切り離されて、アカデミズムの枠内へと組み込まれるに至るのではないかという疑いである。このようなジャック・デリダの恐れは的を射ている。(3) ところが、この回帰が新たに解放の問いとそれを実現せよという命令を投げかける以上は、この無力化は必然というわけではないのだ。

実のところ、むしろ再活性化と形容すべきこのようなかたちの回帰の側にこそ本稿は位置する。ここでわれわれは刊行の点ではマルクス主義の成立におおいに遅れて世に出たマルクスの並外れて優れたテクスト、すなわち一八四三年夏に執筆されたと推定され、一九二七年にリャザーノフによって刊行された草稿『ヘーゲル国法論の批判』に注目する。この草稿において、マルクスはヘーゲル法哲学の、より正確に言えば国家論を取り扱う第三部第三章、第二六一節から第三一三節までを対象とするほとんど単調とも言える批判に取り組んでいる。われわれにとってはこの議論全体の新しい解釈を提示することよりも、二つの重要な問いへの応答を探ることが重要である。ヘーゲルにおける論理主義に抗して、この場合は政治的な事柄の論理を引き出そうとするこのテクストにおいて、マルクスは政治的なものにいかなる地位を付与しているか。そしてもうひとつは、彼の言う「真のデモクラシー」の到来が国家の消滅を伴うというのであれば、この語によって彼が目指すのはいかなる形態の政治社会か。あたかも、真のデモクラシーがフランス革命とともに生まれた謎を引き継ぎ、もっとも引き立たせるに至るかのようだ。

だとすれば、マルクスとマルクス主義との隔たりについてなお語りうるだろう。なぜならば、われわれと同時代にあり、歴史哲学のなかに、あるいは科学化という企図のなかに失われた政治的なものを再発見するためになされるマルクス主義批判において構成されると考えられるマキァヴェリアン・モーメントの分析を提示することで、はじめの一歩からマキァヴェリアン・モーメントはすでにマル

(2) Maximilien Rubel, *Marx critique du marxisme*, Paris, Payot, 1974.
(3) Jacques Derrida, *Spectres de Marx*, Paris, Galilée, 1993, p. 60-62.〔ジャック・デリダ『マルクスの亡霊たち』、増田一夫訳、藤原書店、二〇〇七年、八〇―八三頁〕。

クスのなかに存在していたと考えることができるからだ。政治的近代性の源泉のひとつ——もしくは実験室のひとつ——である青年ヘーゲル運動と、このモーメントは無関係ではない。というのも、この運動を母体として数年のあいだにラディカルな政治的リベラリズム（ルーゲ、マルクス）、社会主義、共産主義（モーゼス・ヘス、エンゲルス、マルクス）、アナキズム（バクーニン、シュティルナー）、そしてシオニズム（モーゼス・ヘス）が誕生したからである。

次のことを明確にしておこう。マルクスを外在的な準拠軸に照らして読むことではなく、マルクスの内在的読解を、そして彼の諸概念と諸直観の再活性化を提示することが重要なのだ。気づかされるのは、彼がマキァヴェッリとスピノザとの関係から政治的なものを繰り返し問い直しており、神学－政治的なものと封建制の残滓から、件の「政治的共同体《レス・プブリカ》」を解放しようとする実践的意志を持っていたということだ。

つまるところ、次の特徴を備えたこのテクストは何をもたらすのだろうか。マルクスの注意深い批判——バンジャマン・コンスタンがルソーを批判しながらもなお尊重し続けたように、これらの批判は同時に対象を尊重してもいるのだが——とH・アレント、Cl・ルフォール、T・W・アドルノの批判を照らし合わせるならば、このテクストでは政治的なものとデモクラシーの議論が非常に強固に結びついているように思われるのである。本当にマルクスは、端的に言えば《ブレウィタティス・カウサ》社会的なものによって政治的なものを再発見しようとし、経済的なものを政治的なものの起源とし、支配の終わりが問題になるやいなや、静寂主義《キエティスム》のなかに閉じこもってしまうとでもいうのだろうか。『否定弁証法』でアドルノは次のように述べている。「支配は経済以外の何物にも起源を持たないのであるから、経済は支配よりも優越しているというわけだ。〔…〕マルクスと彼（エンゲルス）が彼らの願いをそう呼んだように、革命とは全体としての社会の経済的関係の革命なのである。〔…〕それは支配のルールや政体の変更どころではない」(4)。しかし、真のデモクラシーが思考されるのはむしろ、不安定と疑問という領域においてではないか。

国家に抗するデモクラシーとは何か。この表題は第一義的な意味からしてあえて逆説的となっている。まず、デモクラシーの支持者たちの臆見《ドクサ》に叛いている。というのも、彼らにとってデモクラシーと国家は指と手のごとく強くつながっているからである。彼らは両者を同一視しているために、「民主的国家」という表現をさしたる検討なしに作り上げてしまうのだ。この二つの言葉の同盟関係は自明であるように思われているが、そうではない。後者はギリシアの都市国家《シテ》とともに生まれたにもかかわらず、なぜ国家とデモクラシーとのあいだにははじめから調和が必然的に存在すると見なされる

（4）　T. W. Adorno, *Dialectique négative*, Paris, Payot, 1978, p. 251.〔アドルノ『否定弁証法』、木田元ほか訳、二〇〇一年、三八九―三九〇頁〕。

のだろうか。もしこの表現が可能だとすると、国家が主権を有し、それを取り巻く状況や指導者たちの霊感に左右されながら、権力の民主的行使という様態に訴えるか、あるいはその権威的行使という様態に訴えるかを選択するということになってしまうだろう。

しかし、デモクラシーは国家の権力という様態へ、いわば統治の手法へと還元される、あるいは還元されうるのだろうか。仮にそうではなく、デモクラシーとは社会的なもののある種の政治的創設であるとしても、デモクラシーと国家とのあいだには、ただちに対立や緊張関係、さらには矛盾が生じるのではないだろうか。

これらの言葉の順序を入れ替え、国家の観点からではなく、デモクラシーの観点から問いを立ててみよう。「国家的デモクラシー」という表現を想像するのは造作もないことなのだろうか。政治的なデモクラシーと社会的なデモクラシーの対立は容易に考えることができるし、それが耐えがたき愚弄として用いられているにせよ、人民のデモクラシーという冗語法を考えることすら可能だが、「国家的デモクラシー」を考えることはできない。あたかも言語上の抵抗によって、デモクラシーと国家のあいだの密かな、隠された、黙示的な敵対関係の存在が明らかとなり、国家とはけっしてデモクラシーが表出する最良の形態ではないということがこの思考実験において明らかになるかのようだ。われわれの社会は訴権喪失に似た奇妙な機能を知っている。つまり、ある状況が問題を引き起こすや否や、社会は乗り越えがたき地平へと、さらに悪いことには、踏み越えられぬ障壁へとただちに状況を変容させるのである。ここから、乗り越えられないものを揺るがした通路を忘却の彼方へと押しやり、隠蔽する実践が生まれるのだ。つまり、これは国家にかかわる事柄である。ピエール・クラストルが「国家に抗する社会」の名で告知した福音について、誰がいまだにきちんと議論しているというのだろうか。

さらに、国家に抗するデモクラシーという表題はデモクラシーの敵対者たちの臆見《ドクサ》にも叛いている。デモクラシーを「デモクラシーのごときもの」と名付ける彼らもまた支持者たちと同じく、議論の余地がないかのように、デモクラシーと国家とを同一視する。国家を拒否しつつ、返す刀でデモクラシーを拒否する。両者のいかなる隔たりも認識することなく、そしてその初発の志向においてデモクラシーがおのずと国家に叛くよう仕立てられうるということを考えもしないからこそ、デモクラシーをもいとも容易く拒否してしまうのだ。しかるに、マルクスの一八四三年の草稿の美点のひとつ――それもひとかたならぬ美点なのだが――とは、国家の廃墟に屹立するデモクラシーを考えるよう誘うことにある。この草稿はこうして、政治的なものの経験のこの奇妙な形態へ接近するために、そして、真のデモクラシーの謎に立ち向かうために身を乗り出すべき突破口を開くのである。

たとえマルクスが終生亡霊に苦しめられていたとしても、解放へ向かって闘う彼の多くの同時代人たちと同じく、彼はフランス革命の残した謎につねに対峙したのだった。『ライン新聞』の共同編集者であるモーゼス・ヘスこそが、一八四二年四月十九日の記事で、十九世紀の謎に満ちた地平をこのうえなく的確に定義していたのではないだろうか。「フランス革命は現代にこの謎を負わせた。自由と平等、私はそれらを望む、とこの世界規模の革命は述べる。［…］だがそれは、最初に考えられていたほどには簡単なことではなかった。自由と平等の最初の形態、原始的で粗野、そして荒々しい形態――サン・キュロット主義――は長くは続かなかった。帝政はそれが生み出した病理であり、王政復古とはその墓場であった。まさしくこの時期に、謎あるいはむしろその解決の真の歴史は始まったのだ。七月王政――それは自由と平等を実現するための理性的で精神的な最初の試みにほかならないのではないか。［…］だが、一八三〇年以来、フランス、イギリスないしドイツ国民のなかに生じた変革がいかなるものだったかを見れば、謎は解決への一歩を踏み出したという希望を躊躇なく抱くことができるのだ(5)」。

十九世紀と二〇世紀との差異とは、前者が解決策を有している、または有することができると信じていたのに対し、後者はその謎を謎のままにしておくことにある。なぜなら後者は、歴史と政治とが問いのままに――終わりなき問いとして――留まり続ける運命にあると知っているのだから。

（5） *L'Énigme du XIXe siècle*, cité par M. Rubel, K. Marx, *Œuvres*, IV : *Politique I*, Paris, Gallimard, 1994, Introduction, p. LXI.

序章

I

近代のデモクラシーは、それを考えようと努める者たちには、ただちにひとつの謎ないし逆説の連鎖として現れた。このことはマルクスと同じく、トクヴィルにとっても当てはまる。

『アメリカのデモクラシー』（一八三五年）の著者は、民主化の革命を「人間の力を日々逃れる」、「天祐の事実」であると解した。トクヴィルは理解しようと欲したものの、この「抵抗しがたい革命」を前に、「一種の宗教的畏れ」を抱いたと告白している。デモクラシーそのものを例証しているというこの理由によって、アメリカ合衆国は近代の世界に影響を与える「社会のおおいなる謎の言葉」を示すのである。(1) トクヴィルは新たな政治学を作り上げるよう呼びかけたが、それは、この民主化の革命が文明に対して自由に、無始原的に叛くがままにしておくためというよりむしろ、この革命を有用にし、文明へと従わせるために、「デモクラシーの野生的本能」を支配し矯正しようと試みることを目指していたのではないか。これ以降、トクヴィルにとっての二者択一は、もはや貴族的社会か民主的社会かではなく、秩序と人為性に従うデモクラシーか、「無秩序で」、「堕落した」、「苛烈な怒りに委ねられた」デモクラシーかである。(2)

「民主的国家」という表現は、彼の著作の序章から登場するが、あたかもデモクラシーの荒波を国家という寝台へと押し戻すことが問題となるようであり、トクヴィルの計画をもっともよく表現しているのではないか。デモクラシーを国家と結びつけるに当たって、トクヴィルにとって重要であったのは、デモクラシーを革命から切り離すことなのではないか。というのも、国家という寝台はデモクラシーにとって、プロクルステスの寝台(二)だからだ。トクヴィルはデモクラシーの曖昧さを明るみに出そうと注意していたので、それに内在する反対意見と逆説とを曝露するよう気を配りながら、デモクラシーについての主張を提示するのである。

それゆえ、デモクラシーは人民主権という原則のうえに立てられるにもかかわらず、これまでにない、名状しがたい専制の一形態を生み出す危険に曝されている。この形態とは、専制的な権力である以上に、「調節された、緩やかで、穏健な」(3) 新種の隷従へと導く、後見的権力である。こうして、民主化の革命は、永続的な革命運動において継続されるどころか、革命的情熱を干上がらせる運命にあり、それと新たな情熱を置き換える。転覆することよりも、既存のものを維持することにかかわる情熱である。

ドイツにフランスの政治モデルを移入しようと闘争していた若きドイツ人哲学者、マルクス博士の目にデモクラシーは、ヘーゲル法哲学の批判を目的とする一八四三年の草稿の語に従えば、「すべての国制にとって解決済みの謎」と映っていた。だが実のところ、この謎は解決済みどころか繰り返されている。なぜならマルクスは、彼と同時代のフランスの書き手に目を向けつつ、新たな謎の出現を指摘していたからだ。「〈特殊〉としての国家は、たんに〈特殊〉であり、〈普遍〉としての国家は現実の〈普遍〉である［…］」。現代のフランス人はこのことを、真のデモクラシーにおいて政治的国家

（1） Tocqueville, *De la démocratie en Amérique*, Paris, GF, 1981, t. I, p. 97.〔トクヴィル『アメリカのデモクラシー』第一巻（上）、松本礼二訳、岩波文庫、二〇〇五年、六二頁〕。ほかの引用はいずれも序章に由来している。

（2） Tocqueville, Lettre du 21 février 1835 à E. Stoffels, citée par J.-P. Mayer, *Alexis de Tocqueville*, Paris, Gallimard, 1948, p. 48-49.

〔一〕 プロクルステスの寝台とは、ギリシア神話に登場する盗賊プロクルステスが、旅人の身体を自分の寝台の丈に合わせて切断した逸話から、「杓子定規であること」を表す定型句である。ここではデモクラシーを国家による規定に従わせることを指している。

（3） Tocqueville, *op. cit.*, t. II, p. 386.〔トクヴィル『アメリカのデモクラシー』第二巻（下）、松本礼二訳、岩波文庫、二〇〇八年、二五八頁〕。

は消滅するであろうという意味で理解した」[4]。この神秘的な定式を解明すべく、後ほど立ち戻り詳細に検討しよう。デモクラシーが完全な開花を果たすまでに成長する場合には、国家は衰退していくのである。さしあたり、最初の問いを次のように提起しておこう。ある政治的共同体、この場合は真理に到達したデモクラシーは、いかにして政治的国家の消滅として現れうるのか。すなわち、ある政治社会はいかにして国家の消滅として展開しうるのか。言うなれば、政治と国家とあいだに違いが見出されるべきではないだろうか。トクヴィルの筆致のもとにふと現れた「民主的国家」という表現を拒みながら、国家に抗する近代のデモクラシーを考えるべきではないだろうか。あたかも、デモクラシーの現出それ自体が、結果として国家の制約を突破してその彼方へと赴くかのように考えるべきであり、あたかも、デモクラシーの使命が、そうした限界を乗り越え、国家という寝台から出ていくことにあり、その結果として肥沃で豊かな川の流れのごとく社会的なものの領域全体に拡がっていくかのように考えるべきではないか。

マルクスは〈現代のフランス人〉による言い回しの正当さを認識していたので、彼らの分析を自分の主張に取り入れる。ライン川を渡った彼の賛意は、一八四八年に先立つ諸国民の春に無関係な「ただ見客」のそれではない。もし、われわれが政治的共同体《レス・プブリカ》の旗印のもとで、この時期における彼の政治的な介入に基づいて判断するならば、彼の賛意はこの諸国民の春のまさしく中心にあり、「マキァヴェリアン・モーメント」〔一〕と呼びうるものの性質を備えている。この言葉がマルクスに適用されると、曖昧さを生むわけではないにせよ驚きをもたらすかもしれない。そこで一八四二年から一八四四年の青年マルクスの政治的テクストの読解を通じて目指されているものをよりよく位置づけるために、いくつか注意を促しておこう(5)。

後に見るように、ここではマルクス主義政治学に、あるいは政治的なものに関する「地域科学」に貢献することは問題とならない。後者については、マルクスにおいてあまりに頻繁に見過ごされてき

（4）　K. Marx, *Critique du droit politique hégélien*, traduction et introduction de A. Baraquin, Paris, Éditions sociales, 1975, p. 70.〔マルクス『ヘーゲル国法論（第二六一節―第三一三節）の批判』、全集第一巻、二六四頁〕。これ以降われわれは、当該版からこのテクストを引用する。

〔二〕「マキァヴェリアン・モーメント」は、ケンブリッジ学派の大家として知られるJ・G・A・ポーコックが、マキァヴェッリおよびその同時代人を担い手としたルネサンス期フィレンツェにおける共和主義復興の時期および思考様式を指すものとして用いた表現であり、彼の主著（一九七五年、仏訳は一九九七年）の表題にもなっている。本書はポーコックの用法に基づきつつ、モーメントの原語に当たる「moment」を「瞬間」「契機」等、文脈に応じて訳し分けている。

（5）　取り上げる文献は主に次のものである。一、一八四二年五月から一八四三年三月までの『ライン新聞（*Rheinische Zeitung*）』に発表された、マルクス記者による記事。二、一八四三年三月から八月までに書かれたと思しき草稿、『ヘーゲル国法論の批判』。補遺として、ドイツで書かれ、一八四四年二月末にパリで出版された『独仏年誌』にてフランスで公刊された『ヘーゲル法哲学批判序説』、そして『ユダヤ人問題によせて』。これらのテクストは今では、マクシミリアン・リュベルによる校訂版でフランス語で読むことができる。Karl Marx, *Œuvres*, III : *Philosophie*, Paris, Gallimard, « Bibliothèque de la Pléiade », 1982. これ以降のテクストでの参照は次のように示される。*Œuvres*, III : *Philosophie*.

た政治的側面の重要性を正当にも把握していた英米圏の批評が、このことをしばらく前に試みていた。この批評は、社会と歴史とに関する唯物論的な観点からこの側面を明るみに出そうとしたのだ。そしてまた、国家に関する唯物論の洗練に加わるということも問題とならない。マルクスにおいては断片的な状態でしか存在しないはずの一貫した理論を生み出すために、残念な欠点を補ったり、これらの様々な著作に散りばめられた要素をかき集めたりすることが重要だとして、洗練に加わることは問題とならないのだ(6)。

このことが意味するのは、われわれが意図的に自らの位置づけをマルクス主義から離すということであり、より正確に言えば、これらの精巧なかたちのマルクス主義から離すということである。後者は、審級の多元性やその現実性、有効性を尊重するにもかかわらず、経済学による政治的なものの軽視に終止符を打つためとはいえども、政治的なものを経済的なものの下位へと差し戻すに至り、そうすることで政治的なものの社会学化を助長するのである。

むしろ重要なのは、クロード・ルフォールの解する意味での思考の所産として、すなわち、認識への意志によってもたらされ、言語活動をその本質とする所産として、青年マルクスの政治的なテクストを理解することである。そのうえ、マルクスが伝統と取り結ぶ紐帯を考慮すれば、この所産を政治哲学の観点から解釈すること、より適切には、近代政治哲学の運命に属するものとして解釈することは正当である。まさしくこの計画の内容それ自体にしたがって、われわれは次の両極端の反流に逆らって道を拓こうとすることになる。それらは対立しているにもかかわらず、この点においては合流する。第一に、哲学的思弁に固有の政治的なものの思考形式を放棄する功績を果たした人物として、マルクスを高く評するマルクス主義者たちの反流。そして第二に、マルクスのなかに、政治思想の伝統に終止符を打った人物のひとりを見出すようなマルクス主義者たちの反流である。これらの二極のあいだに拓かれている道を通って、マルクスの所産の目立たず隠蔽された次元――政治的なもの、政治的なものの本質についての哲学的な問いという次元――を再発見することが重要なのである。それが非常にはっきりと際立つのは一八四二年から一八四四年にかけてであるとはいえ、やはり著作の全体を貫いていると思われる次元であり、諸々の政治的なテクストが描き出す隔たりにおいて再び現れる次元である。したがって――これが最初の仮説になるのだが――、マルクスの所産を、マキァヴェッリによって先鞭をつけられた近代政治哲学と再び結びつけることで、もっともよくこの次元を際立たせることができる。

マキァヴェッリの名に惑わされるべきではない。その名がここで意味するのは、マルクスも受け継いだ、実証的かつ客観的な政治学の創設に準拠することではないし、「政治的現実主義」に準拠することでもない。後者は、政治理論とは諸々の力関係についての省察だとするものであり、一方は近代

（6） たとえば、次を参照。J. Maguire, *Marx's Theory of Politics*, Cambridge University Press, 1978.

国民国家の構築を、他方はプロレタリアートの解放を目的としているという意味において、マキァヴェッリとマルクスに共通しているとはいえ、それに準拠することが問題なのではない。マキァヴェッリを現実主義に縮減できないとすれば、やはり、マルクスとマキァヴェッリの関係もまた、この現実主義の繰り返しに縮減することはできないし、マルクスとはプロレタリアートのマキァヴェッリであるというテーゼを示すことによって、異なる行為者を用いた別の社会・歴史的領野への置き換えに縮減することもできない。われわれが主張するのはむしろ、青年マルクスは、彼が政治的なものに関して立てた哲学的問いにおいて、マキァヴェッリと本質的な関係を保ったが、それはマキァヴェッリが規範的政治哲学、すなわち古典的な政治哲学とは異なる評価の基準と原理に立脚した近代政治哲学の創設者であるかぎりにおいてだということである。

したがって、マキァヴェリアン・モーメントへのマルクスの帰属について問うことは正当なのである。エリック・ヴェイユは、一九五一年に、今日のマキァヴェッリに関する省察において、われわれの文明でのマキァヴェッリのありうる二つの存在形態を区別するよう促した。一方は、彼の著作とその意味、その争点の起源について、学者や解釈者たちが議論するような学問的段階であり、他方では、目下の問題に対して可能な応答としてその名が援用されることによって、マキァヴェッリが突如として政治の舞台へと再登場するような公共的段階である。後者の場合、次のことが観察されることになる。すなわち、時代の違いや異なる思考の枠組みにもかかわらず、彼を援用する人々とほとんど同時代的となるよう、マキァヴェッリの立場が変化している。なぜならば、重要なのはもはやマキァヴェッリについて考えることではなく、マキァヴェッリとして考えること、さらに言えば現在の政治的な事柄についてマキァヴェッリとともに考えることであるからだ。「しかしながら、異なるモーメントが現れ、以前は他の思想家と大差なかった者に新たな生命を与える。彼にこそ政治という存在に関する情熱的な問いが差し向けられ、同時代人と同じように彼とともに議論が行われるのである［…］」。(7) この争点が根本的な性質を備えているのは、次の点においてである。こうしたマキァヴェッリとの会話において、何を為すべきかあるいはいかに為すべきかを超えて、行為するか否かという最初の問いが発せられることになろう。政治的活動の正当性とは何か。政治と悪のあいだにありうる関係について疑念を抱くならば、行為しないという選択肢へ至るべきではないか。問われているのは、しかじかの政治的選択ではなく、政治そのものである。この政治について有名なマキァヴェッリ主義者のひとりであるナポレオンがわれわれに教えたように、それは近代的人間の運命なのである。

したがって、この最初の意味において、われわれはマルクスが彼の時代のマキァヴェリアン・モーメントに参入したと肯定的に結論づけることができるし、彼が属した青年ヘーゲル派の運動が、ある点まではこのカテゴリーを用いて分析しうるだけにいっそうそのように結論づけうる。マルクスが哲

(7) É. Weil, « Machiavel aujourd'hui », in *Essais et conférences*, Paris, Librairie Vrin, 1991, t. II, p. 190.

学と闘争的ジャーナリズムを結びつけながら、「政治という存在に関する情熱的な問い」を、複数の方向へと発展させながら差し向けたのは、『君主論』と『ディスコルシ』の著者に対してであった。

――政治的なものを哲学的に思考するための諸条件とは何か。

――政治的な事柄をいかに考えるか。

――政治的なものの地位とは何か。政治的なものの本性について、その本質とは何か。

――社会的なものの構成における政治的なものの地位とは何か。

――政治的近代性に固有の特性とは何か。

これらの問いから出発して、マルクスはマキァヴェッリと特権的な関係を取り結ぶ。レオ・シュトラウスによれば、この関係は近代性の最初の波を表象しており、そのことによって、マルクスが当事者である政治的思考の真の「マキァヴェッリ化」がもたらされるというわけである。(8)

実際に、マルクスは、一八四二年七月の記事のなかで、同時代の政治哲学、すなわち解放の思想が、いかに伝統との関係のなかで形作られていたかを認めている。国家の理念、つまり、マルクスが「国家概念の自律性」と名付けるものは、彼にとって最新の政治的教説による空想的発明であるどころか、よくよく見れば、ある伝統との生きた関係の帰結であるということが明らかとなる。それはマキァヴェッリとカンパネッラによって、そしてマキァヴェッリが果たした近代政治哲学の創設によって始められた何世紀にもわたる伝統なのである。(9) 実のところ、この言い回しは「マキァヴェッリ化」という語よりもはるかに満足のいくものである。なぜなら、例外はあるにせよ、この語は、近代性に関する、つまり、地平の喪失、狭量さ、偏狭さという旗印のもとで衰退していく過程という観念に関する、シュトラウスによる政治哲学の時代区分の前提を逃れることが困難であるからだ。(10)

このように批判的に明らかにしたところで、マルクスの〔マキァヴェリアン・モーメントへの〕参入に関するわれわれの問いを再開し、先に進めることにしよう。マルクスは、第一の意味でのマキァヴェリアン・モーメントよりも規定され、責任を負い、より正確な内容を持つ、第二の意味でのマキァヴェリアン・モーメントという性質を備えることになるのではないか。マキァヴェッリ化の主題群に比べて、その主題群は開かれていて一般的であり、マルクスをもっぱら伝統的な書き手であると見なすよう強いるわけでもない。加えて、エリック・ヴェイユによって提示された主題群よりも複雑であ

(8) Leo Strauss, *Les Trois Vagues de la modernité.* 〔レオ・シュトラウス「近代性の三つの波」、石崎嘉彦訳、『政治哲学』、一号、二〇〇二年三月、三―二一頁〕。また、マルクスとの関係については次の項目を参照。« N. Machiavelli », in Leo Strauss et Joseph Cropsey, *History of Political Philosophy*, University of Chicago Press, 1972, p. 273.
(9) Marx, *Œuvres*, III : Philosophie, p. 219-220.〔マルクス「『ケルン新聞』第一七九号の社説」、全集第一巻、一一九頁〕。
(10) この例外はM・P・エドモンによってわれわれに提供されている。著書『政治哲学』(*Philosophie politique*, Paris, Masson, 1972) で彼は、まさしくシュトラウスの時代区分という足枷を逃れるために、「政治哲学のマキァヴェッリ化」(第七、八、九章) とホッブズとともに始まった政治的領域の「〈馴化〉」とを入念に区別している。

る。マキァヴェッリの再出現、さらに言えば、近代史における彼の布置をよく観察すれば、そこに政治的で哲学的な思考の真の潮流が出現するのを見ることができるにもかかわらず、実のところヴェイユの分析は、彼の再出現を、一種の構造化されない恣意的なままでの運動として示すという過ちを犯したのではないか。この潮流の発見はとりわけ、マキァヴェリアン・モーメントを扱うJ・G・A・ポーコックの大著(11)から現れたものだ。この著作は、それまで法治的自由主義のモデルにもっぱら支配されていた、近代政治哲学の古典的な説明を、その「隠された顔」、つまり別のモデルの存在、政治的《シヴィック》で、人文主義的で、共和主義的なパラダイムの存在を曝露することで覆した。H・バロンのシヴィック・ヒューマニズムに関する仕事を引き継いで、ポーコックは、彼によればフィレンツェの人文主義に始まり、マキァヴェッリとハリントンとを経由してアメリカ革命にまで波及した、別の近代政治哲学を解明したのである。この政治哲学は、人間の政治的本性を肯定すること、そして、もはや権利の保護ではなく、この最初の「政治性」の、市民としての公共的な事柄への能動的参加というかたちでの活用を目的として政治に割り当てることからなる。

このマキァヴェリアン・モーメントと、それに属する布置は三つに区分される要素を示す。

(一)政治的な思想家と為政者は、数世紀にわたって、観想的生《ウィタ・コンテンプラティウァ》に与えられた優位性と、天上の国家《シテ》の名で政治の信用を傷つけてきたキリスト教とに反して、古代人の活動的生《ウィタ・アクティウァ》、より正確には政治的生《ビオス・ポリティコス》——政治的な事柄に捧げられた生——を再活性化しようと努めてきた。この政治的生《シヴィック》——

国家《シテ》における、国家《シテ》のための生――の復権はアリストテレスの主張の反復を土台としている。それによれば人間とは、市民としての条件のなかで、市民としての条件によってのみその卓越性へと到達しうる政治的動物である。プラトンの伝統と観想的生へ与えられた特権とから離れるということに加えて、この政治の再発見は中世の人間に関する精神的な革命をも意味している。中世の人間は理性に訴えることで、観想に与り、不動の秩序に基づく永遠なるヒエラルキーを自らに啓示した。その秩序において、偶然性と歴史的特殊性の世界を、抜け出すべき非理性的なものの側へと送り返すことによって、彼には定まった位置づけが与えられた。それに対して、シヴィック・ヒューマニズムの支持者は観想的生を活動的生へと置き換えることと同時に、偶然性と特殊性の領域における混沌に対してかたちを与える人間的で政治的な秩序を活動によって打ち立てうる理性の新たな形象を発見したのだった。共同の決定を下すことを指向しているので、この新たな政治的存在様態は人間の言語的本性を認識し、真理への接近を自由な会話の成果と考える傾向にあった。この会話において、古代の国家《シテ》にはしっか

(11) J. G. A. Pocock, *The Machiavellian Moment. Florentine Political Thought and the Atlantic Republican Tradition*, Princeton University Press, 1975.〔ポーコック『マキァヴェリアン・モーメント――フィレンツェの政治思想と大西洋圏の共和主義の伝統』、田中秀夫ほか訳、名古屋大学出版会、二〇〇八年〕。この著作に関しては、次の特筆すべき論文を参照。J. F. Spitz, « La face cachée de la philosophie politique moderne », *Critique*, mai 1989, n° 504, p. 307-334.

りと現前していた修辞学がその役割を回復していたのだ。共同体が法を作る《キウィタス・ファキット・レゲム》という法諺《ほうげん》は、永遠なる秩序の成就を目指すダンテの愛国主義とも、ローマのデマゴーグであるコーラ・ディ・リエンツォの折衷主義とも対立する新たな原理を規定した。

ほとんどアレント的な語を用いて、ポーコックは、新たな地上の国家《シテ》が創設する、このマキァヴェリアン・モーメントの政治的な次元を理解する。「本書は、西洋近代初頭において古代の理想が再生した歴史的経緯について部分的に語ってきた。それは、政治的人間《ホモ・ポリティクス》、すなわち政治的活動を介して自らの存在と徳とを肯定する、アリストテレスの言う政治的動物という理想である。そのもっとも近い肉親は言論人《ホモ・レートル》であり、その対立命題《アンチテーゼ》はキリスト教の信仰人《ホモ・クレデンス》である」(12)。

(二) 市民としての生《ウィウェレ・キウィレ》において花開くよう定められた政治的動物としての人間の要求と、世俗的歴史性の発見という要求とを満足させうる国制《ポリテイア》の唯一の形態として共和政を選択することが第二の要素である。したがって、ダンテとの対立が強められることになる。ダンテは実際、普遍的君主政という選択によって、観想の対象である永遠の秩序を護ることを可能にするために、歴史性を留めることを目指したのではないか。これに対して、フィレンツェ建国神話の修正――つまり、カエサルから自由の英雄たる共和派のブルータスへと置き換えること――を超えて、共和政を選択することによって、支配から離れて政治的共同体を構想すること、そして、実践の時間性へと近づく道を拓くことが重要であった。〈帝政〉ないし普遍的〈君主政〉に固有の時間の拒否とは反対に、共和政の観念は時間の包摂と、さらには人間の行動という観念に結びつけられている。この行動は時間のなかで展開するので、まさにその現実性において政治的秩序を自然的秩序から切り離そうと努める。

（三）したがって、このような共和政という形態の復権は時間への帰属を伴う。歴史の潜在的な創造者である共和政は、永遠性に服従しつつも、同時に危機に瀕しており、過渡的なものである。そのうえ、普遍的でない共和政は、歴史的に特殊な共同体として現出する。世界内在的で世俗的な、出来事の偶然性に服する秩序を創造しようという意志から生じる共和政という形態は、この事実によって時間の有限性、時間の試練に曝されている。ここから生まれるのが、新たな問題設定である。共和政とは、ある点まではアリストテレスの言う最良の国制《ポリテイア》を再作動させることなのだが、時間において不動性を許容しうる政治的共同体の形態なのではないか。言い換えると、徳を政治化することによって、その存在のなかで保持しようとする意志を、運命のいたずらと、腐敗という結果とに対置しうる政治的共同体の形態なのではないか。

したがって、このように政治的領域が再び自らの中心となることを、一八四二年にマルクスはマキァヴェッリの功績として評価しており、彼の時代にあった神学－政治的なものの残滓に抗いながら、この挙措をよりいっそう力強く繰り返そうと欲したのである。さらに進んで、マルクスはアリストテ

（12）J. G. A. Pocock, *op. cit.*, p. 550.〔前掲、ポーコック『マキァヴェリアン・モーメント』、四七九頁〕。

レスの名と結びつく古代の偉大な発見、すなわち政治的動物としての人間へと眼差しを向けることを課題としたのではないだろうか。

アリストテレスとマキァヴェッリを混ぜ合わせることは、この点において、マキァヴェッリの布置の精神的内容と非常に近い。よって、このより特殊なマキァヴェリアン・モーメントへのマルクスの帰属について判断を下すために、われわれは次の問いを取り上げることにする。

――縮減不能な政治的領域、政治的な場、あるいは政治的なものの場を境界画定しようとするマキァヴェッリの意志に、どの程度マルクスは忠実であり続けたのか。

――政治的なものを自律化させようとする意志、あるいは、一八四二年におけるマルクス自身の語を用いるならば国家概念を自律化させようとする近代政治哲学の意志の正しさを、現実にはマルクスはどの程度認めていたのか。

――最後に、封建的なキリスト教国家に抗する政治的なものの再発見、実のところ非国家であるこうした国家形態に抗して政治的解放を構想する方法は、どの程度政治的《シヴィック》で、人文主義的で、共和主義的なパラダイムから生じているのか。アリストテレスとマキァヴェッリとを混ぜ合わせることを超えて、マルクスの「ギリシア的息遣い」を超えて、一八四三年の「真のデモクラシー」と共和主義的人文主義の諸傾向との関係を見て取ることは正当なのだろうか(13)。

II

一八四三年におけるマルクスの社会・政治的な著述が、『ヘーゲル法哲学批判序説』によって始まったと考える大部分の解釈者とは反対に、少なくとも目下の問いに関連して、われわれは諸テクストの二つの布置を区別する。すなわち、真の危機である一八四三年の危機によって隔てられた、一八四二年のテクストと、一八四三年から一八四四年のテクストである。第一の布置は、理性的国家というユートピアを論じる諸テクストを含んでいる。この布置の終わりを一八四三年一月二五日に定めることができよう。この日にマルクスはルーゲに宛てて次のように書いている。「ドイツでは、も

(13) ポーコックが語の政治的な意味での有徳な人間という公民的《シヴィック》理想との関係において、疎外を乗り越えた人間というマルクスの理想についてここで手短に言及していることは指摘するべきだろう (*op. cit.*, p. 502 et 551〔同前、四三五、四八一頁〕)。フランスでの紹介者〔J・F・スピッツ〕は、よりいっそう明示的に述べている。シヴィック・ヒューマニズムと商業的イデオロギーの闘争について問いつつ、彼は次のように書いている。「それゆえ両者に断絶は存在せず、労働者とマルクス主義の批判は次のような考えを直接に受け継いでいる。機能の専門化は、人々を政治的動物として定義するのを止めることで、人々の人格を貧弱にすると同時に、人々に公民としての能力と美徳とを失わせるという考えである。これにより、マルクスを孤高の、先駆者を持たない天才であると表象する代わりに、ヨーロッパの人文主義の伝統へと再び帰属させることができる」(*art. cit*, p. 333-334)。同様に、次の著作を参照。E. Grassi, *Humanisme et marxisme*, Lausanne, L'Âge d'homme, 1978.

はや何も着手できません。ここでは人々は無気力なのです」。第二の布置は、ヘーゲル政治哲学の批判を目的とする一八四三年における諸々の重要なテクストと、「ユダヤ人問題によせて」を指す。このテクスト群には「論文「プロイセン国王と社会的改革——一プロイセン人」にたいする批判的論評」(一八四四年八月)が追加されなければならない。これらは総じてマルクス＝ルーゲ往復書簡(一八四三年三月から九月までのもので、一八四四年二月に『独仏年誌』において発表された)を土台として読まれるべきである。これら初期のテクスト群に現れた近代国家論や政治的なものの思考を強調することで、政治の批判に関する後の計画の意義をよりよく把握することができるだろう。それはあたかも、一八四二年のテクスト群と一八四三年から一八四四年のそれとを対照することによって結論づけられるのが、マルクスにおける政治的なものの位置づけに関する、いわば二つの観点《トピック》の存在であるかのようだ。というのも、第二のものが出発時の立場に対する批判としての価値を有するからである。これらの二つのテクスト群を区別しないならば、一八四三年の危機とその争点、そしてその帰結である革新が取り逃されてしまう。まさしくそれゆえに、マルクスが一八四三年初頭に行った視点の変更が取り逃されるのだ。

二つの観点《トピック》とは、まずは次のような意味である。すなわちそれは、一八四二年のテクスト群が、政治的立場の次元で少なからず強調されたデモクラシー論をたんに標榜するわけではけっしてなく、理論の水準で、政治的解放というよりも神学的なものからの政治的なものの解放、あるいはキリスト教国家という複合体からの解放という旗印のもとに位置づけられるということである。このように政治的なものの自律性を本質的に肯定することが、共和政の観念をゲルマン世界へと導入する試みであると表現されるのならば、さらに進んでこの肯定は政治的なものの真の再発見へと至る。すなわち、政治の場は縮減不能であり、固有の確実性を持っていると考えられ、規定するものであると見なされる。つまり、この点でマルクスは、「すべてが根底的に政治にかかわる」と考えたルソーと近いのだが、彼はいわばマキァヴェリアン・モーメントの新たな形象を練り上げることで、政治的世界をその軌道に置き直し、中心へと戻すのである。

だが、二つの観点《トピック》とは次の意味でもある。すなわちそれは、一八四二年のテーゼとは反対に、一八四三年のテクスト群は、少なくとも国家という形象のもとで政治的なものを規定するこの権力の問い直しを始めたということである。近代国家の批判は、市民社会の自律性と結びつけるかたちで、政治的なものの新たな類型を政治的なものそれ自体に対して脱中心化する道を拓く。したがって、このような国家概念の自律性への侵害に直面して、次の問いが生じる。このとき、マキァヴェリアン・モーメントの何が残されているのか。

さらに、一八五九年の『経済学批判』序言においてマルクスは、後の研究の「導きの糸」として役立った概括的な成果の発見を、こうした一八四三年の危機に遡っている。彼の語るところによれば、『ライン新聞』の記事と本紙の挫折の後に、彼を「襲った疑念を解決するべく」、マルクスは最初の仕事、すなわち「ヘーゲル法哲学の批判的修正」に着手する。この危機を総括しつつ、マルクスは、マルクス主義者たちが慣習として「史的唯物論」という語で示すもののいわば核となる著名な諸命題を執筆する。その帰結のひとつは、政治的なものと法的なものの自律性をはっきりと否定することにある。「法的関係は国家の諸形態と同じく、それ自体によっても、世に言う人間精神の一般的発展によっても説明されえない。むしろ、それらは生活の物質的諸条件〔…〕すなわち市民社会のなかに根差している。そして、経済学においてこそ、市民社会の解剖学を探し求めるべきなのだ〔…〕。自らの生活の社会的生産のなかで、人間は一定の、必然的な、自らの意志から独立した関係を取り結ぶ。これらの生産関係は、物質的生産力が発展する一定の段階に対応している。これらの関係の総体が社会の経済的構造と現実の土台を形作るのであって、法的・政治的機構はその土台のうえに構築され、一定の社会的意識の形態はこの土台に応じる」(14)。したがって、これは核心となる危機なのだ。それは次の二つの異なる解釈を受け入れうるように思われる。

——ほとんど「教典のような」このテクストを、一八四三年の批判のこの自己解釈を読むと、政治的なものが真に脱中心化するのを認めざるをえない。以後、政治的なものは派生的でいわば二次的な現象として考えられている。マルクスは、政治的なものの自律性を否定すると同時に、下部構造の必然性ないし力関係の総体という依存の領野に組み入れることで、政治的なものを馴化する。ここでマキァヴェッリによる革新との断絶が明らかとなる。つまり、近代政治哲学の創設との関係が消え去り、社会全体を対象とする科学に場を明け渡すのである。

――だが、一八五九年の同テクストにおいて、マルクスは次のように強調する。「ひとは、誰かを彼の自己評価からは判断しない」。もし解釈者が、マルクスが一八五九年に為したようにその帰結を認めようとする代わりに、何らかの閉幕を目指すことなく、帰結に向かうマルクスの道程を再開することを受け入れるならば、つまり、一八五九年に言表され、受け止められた帰結を必ずしも導かない道を辿ることでそうするならば、そのとき彼は一八五九年のマルクスによって忘れられ抑圧された、一八四三年のテクストの別の次元に気づくのではないか。解釈者は、彼が思考過程に認める一八四三年の批判の優位性によって、政治的なものについての継続的な問いかけというかたちで、まさしく哲学的な次元を看破するのではないか。既存の権威とあらゆる支配の計画とから離れて、きわめて明白にマルクスの特殊な読解をもたらす解釈者の立場とは、マルクスの諸々の問いをひとつの答えのなかに閉じ込めてしまうことなく、それらによって導かれることを受け入れる読解であり、むしろ諸々の矛盾、テクストに走る緊張、側面的な含意を、封を解くという仕事に従事するために用いる読解である。

（14） *Critique de l'économie politique*, in Karl Marx, *Œuvres*, I : *Économie I*, Paris, Gallimard, « Bibliothèque de la Pléiade », 1965, p. 272-273.〔マルクス「経済学批判　序言」、全集第十三巻、六頁〕。

問いがこのように提起され、一八五九年の自己解釈から離れるならば、たんに次のように考えることがまだ許されるというのだろうか。マルクスは、一八四二年において政治的領野にその確実性を与え、近代国家に神学的なものから手を切らせることで再びこの領野を中心化した後に、一八四三年には反対方向へ進み、経済的なものに由来させることで政治的なものを基軸から外した、という考えである。実際に、神学‐政治的なものからの解放によって一八四二年に回復された政治的なものが、一八四三年には再び中心から外され、経済‐社会的なものへの従属によってひっくり返されたと結論づけうるというのだろうのか。

つまり、一八四三年においては認識論的危機が重要であり、そのなかでマルクスが政治的なものを「科学的に」説明することができる基盤を探し求め、見出したとするか、あるいはまた、政治的で哲学的な危機が重要であり、そのなかでマルクスは、国家とは異なり、彼自身が「政治的原理」と呼んだものを極致へと至らせる新たな政治的主体を探し求めたとするかが問われているのである。一八四三年の脱中心化とその結果の現実性について判断するために、特権的な場がわれわれに与えられている。すなわち、マキァヴェリアン・モーメントの中止、消去――このモーメントをマルクスの発展におけるたんなる一段階に還元し、ひとえに歴史的な意義を与えること――と判断するか、あるいはまた、マキァヴェリアン・モーメントの移動、屈折――このモーメントにマルクスの仕事がつねに有する次元という性質を与えること――と判断するかが問われているのだ。この理論的な場は一八四三年に、デモクラシーの問いの定式化のなかで、そしてこの命題の謎のなかで形作られる。これがわれわれが明らかにしようとする謎であり、われわれが最初から呼びかけているように、〈現代のフランス人〉の発見に関する謎である。そこにおいて、政治に固有の環境の探究によって特徴づけられ、「真のデモクラシー」の謎めいた場においてもっともよく表れることとなるようなマキァヴェリアン・モーメントへの、新たな参入が強調されることになるのではないか。政治の批判と人間の解放とのあいだに定立され、場合によっては維持されるべき関係はこの問いへの答えにかかっている。さしあたり問いを片付けずに、われわれは次のようにだけ述べておく。すなわち、社会全体の弁証法理論における政治的なものの馴化、その組み込みというかたちで、政治的なものを隠蔽する傾向をマルクスに看取できるとしても、彼の仕事は同時に、反対の方向性によって働きかけられているように思われる。あたかも、政治的なものの異質性、政治的なものを創設する権力といった事柄が生涯彼につきまとい続けたかのようであり――政治的著作の豊かさと複雑さがこのことを示している――、あたかも、マルクスは政治的共同体の基礎づけの謎、そして人間の共生の謎について問い続けたかのようなのである。

われわれの読解は、とりわけ後半においては、『ヘーゲル国法論の批判』に基づいている。われわれが強調してきたように、これは一九二七年に初めて出版された草稿であり、『ヘーゲル法哲学批判序説』と混同されてはならない。後者は、プロレタリアートに固有の否定性の発見が告示されているがゆえに短いながらも衝撃的なテクストであって、マルクスによって一八四四年にパリにおいて、ルーゲとの往復書簡や「ユダヤ人問題によせて」と同じく『独仏年誌』のなかに公刊されたものである。

その評判については、この草稿は芳しくない運命を辿った。『一八四四年の草稿〔経済学・哲学草稿〕』が、若きマルクーゼの解釈からキリスト教ないし精神主義的な読解に至るまで数々の解釈を引き起こし、全体主義的支配に抗する反官僚主義的な闘争を生気づけた一方で、『ヘーゲル国法論の批判』はむしろ学術的に、マルクスの思考の創成期における重要な段階として研究されてきたが、あくまでもひとつの段階としてであった。[15] たしかに、一八四三年の『批判』は、経済学の批判が近代社会の統一的な批判へと変貌する、一八四四年の草稿ほどの広がりを持たない。一八四三年の『批判』はそれでも、次のような意味で類を見ないテクストである。すなわち、それはヘーゲル法哲学――当世の思考としての近代国家論――を通じて、デモクラシーという旗印のもとで、政治的近代性に対する真の批判を練り上げているのだ。ミシェル・アンリによれば、『批判』はかぎりない哲学的射程を持った特筆すべきテクストなのである。

だとすれば、このような相対的な無関心の理由は何であろうか。マルクスによって公刊された『ヘーゲル法哲学批判序説』が、『批判』を予備的作業の段階へと貶めたことにより、疑念を引き起こしたと考えるべきだろうか。あるいはまた、一八五九年のマルクスの判決が、結果として彼の自己解釈と対立するあらゆる読解への道を阻んだのだろうか。

おそらくその理由はもっと深い。一八四三年の『批判』の開かれた注意深い読解は、マルクスの型通りのイメージを揺り動かし、この思考の別の次元を明らかにするのではないか。かくして、政治の馴化と並行しながらも、マルクスには、「政治という存在に関する情熱的な問い」と、それに劣らず情熱的な、自由の諸形象についての問いとが存続している。これらの形象は「真のデモクラシー」ないし国家の消滅という名で現れるのである。

（15） しかし、いくつかの例外が存在する。ドイツ語版は次を参照。« Kritik Der Hegelschen Staatsphilosophie », in *Marx, Die Frühschriften*, éd. S. Landshut, A. Kröner Verlag, 1953, p. 20-149. 注目すべき英語版としては以下を参照。K. Marx, *Critique of Hegel's philosophy of right*, edited with introduction and notes by Joseph O'Malley, Cambridge University Press, 1970. また、M・リュベルの版はJ・オマリーの業績を考慮に入れている。*Critique de la philosophie politique de Hegel*, in K. Marx, *Œuvres*, III : *Philosophie*, Paris, Gallimard, « Bibliothèque de la Pléiade », 1982, p. 863-1018. さらにK・パパイオアヌーが序文を執筆した次の版も存在する。*Critique de l'État hégélien*, Paris, « 10/18 », 1976. 最後に、本書が引用しているA・バラカン版もこれに含まれる。このテクスト全体の研究としては次を参照のこと。J. Hyppolite, « Le concept hégélien de l'État et sa critique par K. Marx », in *Études sur Marx et Hegel*, Paris, Marcel Rivière, 1955, p. 120-141.〔イッポリット「ヘーゲルの国家観とカール・マルクスによるその批判」、『マルクスとヘーゲル』、宇津木正、田口英治訳、法政大学出版局、一九七〇年、一三二―一五八頁〕。S. Avineri, « Marx, critique of Hegel's philosophy of right in its systematic setting », in *Cahiers de l'ISEA*, S. 10, n° 176, août 1966, p. 45- 81. Michel Henry, *Marx*, I : *Une philosophie de la réalité*, Paris, Gallimard, 1976, p. 35-83.〔前掲、アンリ『マルクス』、三〇―九六頁〕。

われわれの問題設定が自らの現在についての問いかけにその起源を持っていることに疑いの余地はない。われわれは、マルクスとマキァヴェッリとの関係のなかで、さらには両思想の対立のなかで形作られる、マキァヴェリアン・モーメントに直面しているのではないか。だからこそ、われわれの方針は次のようになる。この対立を際立たせるよりもまず、マルクス自身の内側に存在するマキァヴェッリ＝マルクスという概念装置を浮かび上がらせ、それをマルクスの思考内部での緊張として再び出現させる。そしてこの行程によって、マルクスの著作に、緊張の領野として構想された近代性の複数の潜在性が存在することを明らかにするだろう。

第一章　理性的国家というユートピア

一見すれば、一八四二年と一八四三年初頭（モーゼルのぶどう園に関する記事）のマルクスのテクストは、理性的かつ民主的国家に関する理論の完成し首尾一貫した表明と評価されうる。この表明はフランス革命期におけるデモクラシーの潮流の実践的闘争と、W・ベンヤミンが「一七八九年のドイツ人」と描いた人々の後を継いだドイツ人哲学者たちの理論的闘争の一種の要約であった[1]。一八四二年にラディカルなジャーナリストとなったマルクスはそれゆえ、ヘーゲル左派運動のライトモチーフとして回帰した主題、現代は政治の時代である——あるいはむしろ、そうあらねばならぬ——という主題に着手する。一八四一年にA・ルーゲは、バウアーとフォイエルバッハを中心とした新たな潮流をドイツの土壌に「山岳《モンターニュ》」の旗が現れたと称賛した。そして一八四二年、『ドイツ年誌』において、同じくルーゲは時代の特徴についての宣言からヘーゲル法哲学の批判を開始した。「われわれの時代は政治的であり、われわれの政治は現世での自由を目的としている。今後は神聖国家の土台ではなく、世俗国家の土台を固めることが肝要である。人々が息を吸い込むそのたびごとに、国家における自由という公共的問題に対する関心が強まっている」[2]。

ルーゲの目には、この政治の発見、さらに言えば政治的要素の発見は、政治的徳という旗印のもとで新たな生を獲得することによって成就する精神的革命の現出であった。この新たな生の名においてこそルーゲは、ここではカントやヘーゲルといったドイツ人哲学者たちと、彼らのどっちつかずの妥協に至る傾向を批判したのだった。「彼らの体系は非理性と自由の欠如のなかで組み上げられた理性と自由の体系である」[3]。だからこそルーゲはヘーゲルの諸々の矛盾を強調せんと努める。国家の本質を倫理的理念の実現と考えることができ、政治的実践を重んじるがゆえにドイツ人たちの政治的無価値を痛罵したこの人物は、それにもかかわらず理論に偏った視座に囚われており、理論と実存の関係に目を向けず、精神的領野においてのみ思弁的媒介作用としての和解を構想したというわけである。実存のただなかで理性が実現するよう力を尽くし、人間の意志へと目を向けるべく理論にかぎられた視座を放棄することによって、新たな潮流はこれらの矛盾を乗り越えるべく進む。新たな批判的傾向は――この点で政治的要素に深く根差しているのだが――、意志と思考の統一として現れ、精神の哲学を意志と活動の哲学へと置き換えようとしているのである。

論争を挑むかのように、こういった青年ヘーゲル派の紛うことなき信仰に対して、一八四五年にシュティルナーは『唯一者とその所有』で批判の矛先を向けた。「国家だ！　国家だ！　これが広く聞かれた叫びだったのであり、それからは良き国制のみが、『最良の国制』すなわち最良の国家形態のみが探し求められたのだった。国家の理念は万人の心に熱狂を呼び起こした。この地上の神に奉仕することが新たな宗教、新たな崇拝となった。まさしく政治的な時代が始まったのだった」[4]。それゆえに『ボリシェヴィズムの歴史』でアルトゥール・ローゼンベルクがマルクスに通俗的語義でのジャコバン的着想を見抜いたのは正当である。要するに、『ライン新聞』の編集者であるマルクスにとって、重要であったのは革命的国家のフランス型モデルをドイツに導入し、理性の国家を築き上げ、依

（1）　これらのテクストが有しているのはマルクスの経歴におけるひとつの段階――リベラル・デモクラシーという出発点――としての価値ばかりではないということは指摘されるべきである。実際、マルクスは一八五一年にケルンで刊行された『K・マルクス選集』にこれらのテクストのいくつかを、とりわけプロイセンの検閲訓令に関する記事や第六回ライン議会に向けられた記事（出版の自由、木材窃盗）を収録することを自身で決定している。

（2）　アメリカで刊行された次のきわめて有益な選集から引用。*The Young Hegelians*, edited by L. S. Stepelevitch, Cambridge University Press, 1983, p. 211.

（3）　*Ibid.*, p. 220.

（4）　Max Stirner, *Œuvres complètes*, Lausanne, L'Âge d'homme, 1972, p. 161.〔マックス・シュティルナー『唯一者とその所有』上巻、片岡啓治訳、現代思潮新社、一九六七年、一三二頁〕。

然として精神が動物の水準に沈んでいる同胞たちを政治的近代性へと到達させること、すなわち彼らを市民からなる人民へと作り変えることであった。一八四二年三月、とりわけ国内体制に関してヘーゲル自然法の批判を練り上げる意図をルーゲに告げたマルクスは次のように述べている。「この批判の根底にあるのは、立憲君主政に対する反駁です。この政体は折衷的で矛盾含みのものであり、自らの誤りを証し立てています。ドイツ語には政治的共同体《レス・プブリカ》に相当するものが存在しないのです(5)」。ルーゲと共同で『独仏年誌』の唯一の号を出版した「十九世紀の首都、パリ」へと旅立つ少し前、挫折に曝されながら、マルクスはフリードリヒ・ヴィルヘルム四世のドイツでこの計画を完遂することの虚しさを打ち明けることになった。「ドイツは泥沼にはまり込んでいますが、さらにどっぷりと浸かっていくことでしょう。[…]しかしながら、オランダにいながらでさえ国民としての恥の感情が覚えられています。もっとも高貴なドイツ人と比べたとしても、どんなに劣ったオランダ人でさえもがよりいっそう市民であるのです(6)」。オランダへの言及には注意が必要である。というのも、この国はマルクスの道程において少なからず示唆を含んでいるからだ。オランダはまずもってマルクスが一八四一年にその重要な抜粋ノートの題材とした『神学‐政治論』の著者スピノザの国である。加えて、絶対主義隆盛のヨーロッパのなかで、共和主義モデルを具現化した稀有な例のひとつであり、共和政を過去の美しき肖像ではなく現代世界の実現可能な将来と見なすことができたオランダ的例外なのであった。

政治的ジャーナリストであるマルクスの貢献は、第一にはジャコバン主義と左派ヘーゲル主義の調和のとれた結合として分析されうる。この結合が表明するのは、世俗的な政治的共同体の創出によって国家を宗教から解放する意志であると同時に、旧体制の政治形態――身分制の階層構造、特権による治世――を破壊し、それを政治的平等に立脚した民主的共和政へと置き換える意志であった。

しかしながら、たんに政治的な観点からこれらのテクストを読解しようとするのは、それがどれほど正確であったとしても、明らかに不十分である。というのも、そこで主張されている政治的立場は言うなれば派生的であるからだ。実際に――この新たな潮流のなかにマキァヴェリアン・モーメントの出現を見ることを正当化するものなのだが――、この政治的主題系のうちには、キリスト教国家や旧体制という政治形態との対立を超えて、まったく別の規模を備えた現象――マルクスが問いに付したのは社会的なものの存在そのものであり、思考と活動の、哲学的なものと政治的なものの関係であるのだから――の再活性化、次いで反復が読み取られる。クロード・ルフォールが合理的で普遍的な

(5) Marx-Engels, *Correspondance*, t. I, Paris, Éditions sociales, 1971, p. 244.〔マルクス「マルクスからアルノルト・ルーゲ(在ドレスデン)へ」(トリール、〔一八四二年〕三月五日)、全集第二七巻、三四二頁〕。

(6) Marx, *Lettre à Ruge de mars 1843*, in *Œuvres*, III : *Philosophie*, p. 335.〔マルクス「『独仏年誌』からの手紙」(マルクスからルーゲへ、D・へむかう曳船にて、一八四三年三月)、全集第一巻、三七三頁〕。

政治の構想の出現を条件づけるものとして、彼の場合はフィレンツェの人文主義の事例において探し当てることができたのがまさしくこの現象であった。この現象が根源的であるのは、「政治思想のみならず現実的なものの規定を要請する諸々のカテゴリーにまで影響を及ぼすラディカルな変化」[7]が問われているゆえである。世界の神学的表象から手を切ることによって明らかとなるのは、「思考にとっての政治の場であり、それゆえに現実的なものが有する政治に固有の場への志向である。かくして出現するのは、この場との関係であり、新たな政治的言説ではなく、政治それ自体に関する言説である」[8]。

このような「最大限に開いた」読解の正当性を打ち立て、マキァヴェリアン・モーメントの構成を把握するべく、われわれは二つのテクストを取り上げることにする。ひとつはフォイエルバッハの、もうひとつはマルクスの手によるこれらのテクストは、次のことをもっとも見事に示している。一八四一年から一八四三年にかけてドイツを舞台として述べられた「現代フランス的な」政治的言説は、どれほど政治と政治の場に関する創始的な言説から派生した結果であったのか。この言説は、政治的次元、すなわち人間性の本質をなす次元を、端から端まで再征服せんと目論むものなのである。

一八四二年の『哲学の改革の必要』において、フォイエルバッハは哲学の変革を要求し、この計画の急進性と新規性をよりよく指摘するために、二つの型の改革を区別した。「哲学的欲求の子」である哲学の内的改革と外的改革、すなわち哲学の領域を離れており、ゆえに人間性の欲求を満たしうる歴史的外在性を指し示す改革がそれである。フォイエルバッハが促したのは第二の型であって、彼は現代を画期づける二つの交錯した表徴によってその必要性を識別した。それは一方でキリスト教の否定というかたちでの宗教的変革であり、他方では人間性の新たな欲求、すなわち政治的自由の欲求、さらには政治的欲求の出現である。つまり、キリスト教と人間性の新たな根本的欲求の原理上の敵対性、マキァヴェッリ的な言葉で描写される敵対性が存在するのだ。「今日、人々が政治に身を投じるのは、キリスト教のうちに彼らの政治的活力を破壊する宗教を認めるからである」[9]。要するに、政治が宗教に成り代わったのである。いまや天上ではなく地上へと向き直った人間の眼差しのこの転換から、フォイエルバッハは哲学改革の要求とこの改革の趨勢を演繹する。実際、哲学にこそ次の課題が割り当てられる。宗教へと変貌すること、あるいはむしろ、政治が宗教へと変貌することを可能にする、すなわち頭脳に触れるのみならず、人間の心情へと染み渡ることを可能にする「至高の原理」を練り上げることがそれである。

（7） Claude Lefort, « La naissance de l'idéologie et de l'humanisme », in *Les Formes de l'histoire*, Paris, Gallimard, 1978, p. 236.
（8） *Ibid.*
（9） L. Feuerbach, *Manifestes philosophiques*, éd. L. Althusser, Paris, PUF, 1973, p. 101-102.〔フォイエルバッハ『哲学の改革の必要』、『フォイエルバッハ全集』第二巻、船山信一訳、福村出版、一九七四年、二五頁〕。

それゆえ、人間の歴史の新たな時期に属する欲求としての地位が認められる政治的欲求こそが、哲学の改革を命じ、要求する。加えて、すぐれて弁証法的な展開においてフォイエルバッハが実行した真の反転を指摘することになるだろう。なぜならば、宗教の否定は政治的なものを取り戻す可能性の条件として定立されているからである。政治的なものと神学的なものの錯綜の解消、そして宗教的なものからの政治的なものの解放は、哲学を介した政治の宗教への変貌を準備する契機に相当する。さらには、このような政治の新たな神聖化はフォイエルバッハによって構築された国家概念に対して全面的に形態を与えることになる。

その発生の観点からすれば、フォイエルバッハ曰く国家は宗教の否定から導き出される。宗教的紐帯が打ち砕かれるか解体されたときにこそ、政治的共同体は出現しうるのであり、神との関係が消滅するときにこそ、間人間的紐帯が打ち立てられうる。これが否定的な形態、すなわち無神論のもとでの新たな至高の原理の働きである。

その構成それ自体の観点からすれば——そこで肯定的な形態、すなわち「実在論」のもとでの至高の原理の働きが生じるのであるが——、国家は一方が他方に影響を及ぼす二つの時間からなる複合的な過程を経る。あたかも宗教的連結の停止が分散、分離、解体を引き起こし、新たな連結すなわち政治的連結が生じなければならないかのようだ。後者の連結は政治的なもののなかで、政治的なものによって構成される連結なのである。実際、神学－政治的なものはつまるところ想像を超えた混合物である。なぜならば、それは相反する方向に働く二つの論理を取りまとめようとするからだ。「通常の宗教はいささかも国家の紐帯ではなく、むしろその解体である」。神を父として、施す者として、「世界という君主政の摂政であり支配者」として定立することは、政治の領域に固有の間人間的紐帯に空虚の念を掻き立てる。「ゆえに人間は人間を必要としない。〔…〕人間は神を信頼するのであって人間を信頼するのではなく〔…〕、ゆえに人間は偶然によって人間と関係するにすぎない」。新たな結合の契機である政治的紐帯の構成を可能にするのは、分離の契機である宗教的紐帯の消去にほかならない。国家の主体的な発生を考慮に入れるならば、宗教的なものの解体と国家の形成のあいだにある関係が現れることになる。「〔…〕人間が集合するのは彼らがいかなる神をも信じず、〔…〕宗教的信仰を否定するという唯一の理由による。諸国家を創設したのは神への信仰ではなく、神に対する不信である。人間の神としての人間への信仰こそが国家の起源を主体的に説明する」[10]。したがって、神学－政治的なものからの脱出が遂行されるのは、分散と集合、解結と連結の運動においてである。この運動は人間という主体をその有限性へと立ち戻らせると同時に、新たな上昇過程を拓き、有限の主体という不完全な地から飛び立つ新たな無限の主体の出現への道を拓く。特筆すべきは本来の姿を取り戻した人間関係から現れるこの新たな主体に付与された諸々の特徴である。国家は無限の存在として、全体性

(10) *Ibid.*, p. 100-101.〔同前、二四頁〕。

として、純粋な活動として、自己規定として、要するに神性のあらゆる属性を備えたものとして定立される。「国家とはあらゆる実在の総体であり、人間の摂理である。そのなかで人間たちは互いを表象し合い、補い合う。［…］私は普遍的存在に包み込まれており、全体の一員である。真正の国家とは限界なき人間、無限で、本物の、完璧な、神聖なる人間である。国家が、そして国家のみが人間なのであり、自己規定する人間、自己と結びつく人間、絶対的人間である。［…］国家とは人間たちの神であり、だからこそ国家は〈陛下〉という神聖なる呼称を要求するのである」[11]。

われわれの議論からすればこれは重要なテクストである。

――実際に、近代性に特有の欲求として政治的欲求を承認することを超えて、このテクストが力を尽くしているのは、世界の神学的表象の廃墟に哲学による政治的なものの創設を読み取ることである。この創設によって、「実在論」という新たな哲学原理を働かせる水準まで引き上げられた政治的なものが、絶えず歴史につきまとう問いを思考し、解決することを最終的に可能する場となり、さらに自分自身に対して完全に透明であり、自己との同一化において地上の和解の時代を創始する普遍的な主体の自己回帰となる。すぐれて近代的である政治的なものの上昇、そこには争う余地なく次のような運動を認めることができる。それはJ・タミニオーによれば近代性、すなわち「有限性の封印あるいは排除とすら言いうるような先入観」を特徴づける運動であり、有限性を――フォイエルバッハの場合は愛情、欲求、官能の源泉であるところの「心情」の祈願によって――自白する思考のただなかに出現させさえする運動である。[12] 最終的にこのテクストは、青年マルクスが思考を巡らし筆を運んだ精神的風土をもっとも見事に定義するようにわれわれには思われる。あたかも政治的なもののこの上昇が地平を——ともすれば理論的母体を——形成し、そこから出発してマルクスは続けざまに近代国家を、「真のデモクラシー」を、共産主義を思考し、そして歴史の謎がとうとう解明されたということを、自己との同一性が達成されたということを示そうとする多くの名称を思考したかのようなのだ。これはフォイエルバッハが実在論の名で目指したもの、「われわれ自身と世界の、実在の無媒介的な統一性」[13]であった。したがって、一八四二年のマルクスのテクスト『ケルン新聞』第一七九号の社説」をこの政治的なものの復権に照らして解釈することは正当である。このテクストはマキァヴェッリ＝スピノザ的であり、さらには〔フランス革命記念日である〕七月十四日の日付が記されたささやかな宣言となって現れたのだった。実のところ、マルクスにとって重要だったのは、キリスト教国家の論理から着想を得たがゆえに、哲学が出版物のなかで理性を用いて政治的問題を取り扱う権利を否定する社説を反駁することだったのではないだろうか。

(11) *Ibid.*, p. 101.〔同前、二五頁〕。
(12) J. Taminiaux, « Modernité et finitude », in *Recoupements*, Bruxelles, Ousia, 1982, p. 74-90. この試論の一部はジャック・タミニオーに捧げられた次の論集を初出としている。*Phénoménologie et politique*, Bruxelles, Ousia, 1989.
(13) L. Feuerbach, *op. cit.*, p. 102.〔前掲、フォイエルバッハ『哲学の改革の必要』、二五頁〕。

マキァヴェッリ＝スピノザ的宣言というのは、スピノザの、一八四一年のあいだにはとりわけ『神学‐政治論』の熱心な読者であったマルクスは、哲学に政治的問題を取り扱う権利を承認することを目指す反撃のための論理構成のすべてを、スピノザから引き出された原理に基づいて作り上げたからである。よく知られているように、スピノザはマキァヴェッリに自由への愛を認めた最初のひとりであった(14)（『神学‐政治論』第五章）。まずもってこのテクストで幾度となく遭遇するのは、歴史上その悪魔的な力能が多くの悲劇を引き起こしてきた無知に対する口さがない批判である。しかしとりわけマルクスは、服従と振る舞いの熱情とを目的とする神学あるいは信仰と、真理を目的とする哲学との権利上の分離というスピノザ的主題（『神学‐政治論』序文および第十五章）を再び取り上げながら、真理の認識という哲学の使命を自然の認識モデルに基づいて明らかにしたのだった。「植物や天体の普遍的本性が存在するのと同様に、人間の普遍的本性が存在するのではないだろうか。哲学が知らんと欲するのは、何が真であるかであって何が許されているかではない(15)」。そこから帰結するのは、哲学的言説に認められた固有の性質である。すなわち、理性の産物である哲学的言説は、理性に耳を傾けることを望むのだ。「諸君は省察なしに語るが、それ（哲学）は省察とともに語る。諸君は情動に訴えかけるが、それは理性に訴えかける《シテ》(16)」。さらにマルクスは、人間理性の権利、哲学が人間にまつわる事柄に専心する権利、国家を組織する権利を明らかにする。そしてこのことは「私的な見解で乱された言語によって」ではなく、「公共精神の明快な言語によって」果たされる。「新聞というものは政治的主題を論じる権利のみならず義務を有する。先験的《ア・プリオリ》にこの世界の叡智である哲学は、もうひとつの世界の叡智である宗教よりも、現世の王国に、すなわち国家に専心する権利を有しているように思われる」(17)。それゆえスピノザからマルクスが汲み取ったのは、哲学することの自由にとって好都合な『神学‐政治論』の中心的命題のみならず、政治的共同体《レス・プブリカ》を創造するためには神学‐政治的な連鎖《ネクサス》を破壊すべきだという考えである。この連鎖とは、信仰、信条、言説の不純な混合物、神学的なものと政治的なものに特有の同盟である（マルクスと同時代のキリスト教国家がそれに当たる）。この同盟のなかでは、神的権威を拠りどころとして神学的なものが国家《シテ》になだれこみ、政治的共同体を隷属へと切り詰め、さらに悪いことには、固有の論理に別の次元に属する論理を重ね合わせることによって、余すところなくその配列の均衡を損ねるのだ。

マキァヴェッリからスピノザを経てマルクスに至る連続した線がはっきりと現れており、政治的なものにそれ固有の存立性を取り戻させ、それによって理性的国家の到来を可能にするべく、政治的共同体を神学的専制から解放する。マルクスによれば、この到来のためには「哲学が実現する産物であ

(14) M. Rubel, « Marx à la rencontre de Spinoza », in *Cahiers Spinoza*, nº 1, été 1977, p. 7-28.
(15) *Œuvres*, III : *Philosophie*, p. 207-208.〔前掲、マルクス「『ケルン新聞』第一七九号の社説」、一〇八頁〕。
(16) *Ibid*., p. 214.〔同前、一一四頁〕。
(17) *Ibid*., p. 216.〔同前、一一六頁〕。

る理性の国家を人間的関係のなかで生み出すこと」で十分である。それゆえ、「キリスト教によってではなく、まさしく国家の本性によって、国家の本質によってこそ、諸君は政治的構成の法〔憲法〕を定めなければならない。キリスト教社会の本性によってではなく、人間社会の本性によって」[18]。

解釈者にこの連続性を強調することが許されているのは、キリスト教国家の支持者たちに対する攻勢のなかでマルクスが選択したのがまさしくこの前線だったからである。さりとてマルクスにとっては、たんに戦略的な立場をとることが重要であったのではなく、むしろ彼自身の政治哲学史の解釈を言明し、彼によれば政治的なものの思考に対して近代性がもたらした固有の寄与を構成する要素を定義することが重要であった。このテクストに〈宣言〉としての価値を付与する、特筆すべきいくつかの定式を取り上げよう。実のところ、マルクスの眼目とは、今後はそこから政治的な事柄を考えることが可能となる始まり《イニティウム》を規定することである。彼によれば、まさしく真のコペルニクス的転回こそが重要なのだ。「コペルニクスが真の太陽系という偉大な発見を果たした瞬間とわずかに前後して、同時期に国家の引力法則が発見され、その重心が国家それ自体のうちにあることが明らかになった。〔…〕はじめにマキァヴェッリとカンパネッラが、次いでスピノザ、ホッブズ、フーゴー・グロティウスからルソー、フィヒテ、ヘーゲルに至るまで、彼らは神学によってではなく理性と実験によって、人間の目で国家を考察し、その自然法則を説明し始めたのだった」[19]。政治的なものについての哲学的な問題設定の正当性は、政治的なものの自律性に立脚している。これとは逆に国家概念の自律性は、哲学の批判的作業へと、それ自体に集中する政治的なものの現世における知を可能とした解放の運動へと結びつけられねばならない。政治的なものに関するこの世俗的な知に、マルクスは諸権力の均衡という近代的理論を関連づける。こうしてマルクスは、政治体系の発見を啓示や信仰からの諸学の全面的な解放の運動に組み入れる。彼はこの解放をヴェルラムのベーコンを援用しながら位置づけるが、彼によればベーコンは自然学を神学から解放することができた人物であった。しかしながら、次のことに留意すべきである。近代の革新を認めながらも、マルクスは、あたかも古典古代に特有の問題設定の形式を取り戻すべく近代性がキリスト教を飛び越えたかのように、この革新が古典的な政治思想と取り結ぶ関係を強調しているのだ。「近代哲学はかつてヘラクレイトスとアリストテレスによって着手された課題を継承したにすぎない[20]」。ソクラテス、プラトン、キケロもまた歴史的文化の極致の象徴として、人間の生が栄華を極めることで哲学が発展し宗教が頽落した契機の象徴として引用される。古代人たちとのこの関係が重要であるのは、それがこのテクストの、両義性とは言わないまでも複雑性を見事に示しているからである。そこでは近代科学との関係と、マキァヴェッリの名における

(18) *Ibid.*, p. 218.〔同前、一一八頁〕。
(19) *Ibid.*, p. 219.（強調は引用者）〔同前、一一九頁〕。
(20) *Ibid.*〔同前、一一九頁〕。

政治的なものの自律性の再発見とが共存しているが、だからといって後者が思考を経験論の道に迷い込ませることはない。この二つは正反対ですらある。実のところ、国家概念の自律性という観念は、その他の規定によって豊かになり、あるいはむしろその思弁的な特徴の拡張を被る。人間の目で国家を考えること、国家の引力法則を発見すること、国家の重心は国家それ自体のうちにあると定立することは、二つの意味で解すべき指導的定理なのである。つまり、（一）国家の論理を理解するには、神学的なものから解放されなければならないということ、（二）この解放（émancipation）はたんに分離や否定というかたちでの解放（libération）ではなく、定立、すなわち肯定的な自由の水準にまで到達しなければならないということである。これが示しているのは、この自律性が獲得された以上、思考が取り戻したばかりのこの次元がすぐさま隠蔽されることがなきよう、政治のこの論理を政治的なものとは異なる秩序、国家の経験論的発生が起こりうるような秩序へと結びつけるのは慎むべきだということである。

だからこそ、マルクスは意図的に近代自然法理論（ホッブズ、グロティウス、カント）と距離を置く。その相違にもかかわらず、彼らの理論は社会学・心理学的類型に基づく経験論的発生から出発して国家の表象を練り上げた点では共通しているからである。「かつて公法の哲学教師たちは、本能、野心、社会性から、ときには理性からとはいえあくまで個人の理性から出発して国家の理念を練り上げた[21]」。反対にマルクスは、「観念論的でより深遠な構想」――これは疑いなくヘーゲルの構想である

――を表明した最近の哲学を範として政治的なものの思弁的概念へと向き直ることを選択したのだった。

マルクスによって国家は有機的全体性として、それに特有の存在様態が体系であるところの存在者として構想される。かくして国家という体系が、あるいは体系としての国家が実現する多の画一化は、多の連合あるいは連結から生じる帰結としての統一性として考えられるべきではなく、すなわち調和的であるか抗争的であるか（これは経験論的観点である）を問わず、有機体的特徴を備えた統一性のモデルに基づいて考えられるべきである。より観念論的、すなわち思弁的な国家の理念は〈全体〉の観念から出発して、あるいはマルクスが述べるように「社会の理性」から出発して構築される。このような国家の思弁的な構想からもうひとつの帰結が生じる。個人‐市民と国家の普遍性との分離、外在性といった思考はすべて、特異性を有機的統一性に統合するために、より正確には個人の理性とそれ自体は人類の理性によって創始される国家制度の理性との完璧な合致を承認するために撥ねつけられる。[22] このような国家の思弁的思考への帰属は強調するに値する。というのも、自律性の観念に結びつけられるべき次元は、これによって可能なかぎり正確に評価されるからである。国家概念の自律性という観念は二重の語義で理解されるべきである。否定的には、自律性を定立することは契約モデル

（21）*Ibid.*, p. 220.〔同前、一二〇頁〕。
（22）*Ibid.*〔同前、一二〇頁〕。

の拒絶とまったく同様に経験論的発生の拒絶、あるいは個人の理性の競合から始まる発生の拒絶を含意している。肯定的には、国家をその概念に基づきつつ原初の形態として、統合的かつ組織化的な形態として思考することは、自律性をもっとも強固な領域内で思考し、政治的共同体のなかに社会的なものを創設する権力を認めるまでにこの概念にすべての含意を産出させることを要求する。国家とは「巨大な有機体」であると主張し、あらゆる派生関係を超えて国家を定立することは、同時に国家の卓越性を自白し、社会的なものの創設の場そのものに国家を配置することなのである。

マルクスのテクストはフォイエルバッハのそれよりも控えめに留まってはいる。とはいえどちらのうちにあっても、世界の神学的な表象に抗する闘争が政治的なものの再発見への、「現実の政治的なものに固有の場への志向」への道を拓くということに気づかされる。たとえフォイエルバッハがはっきりと言明した要求——「政治はわれわれの宗教とならねばならない」——が、近代性において政治的なものと宗教的なものの紐帯の問いは解決されていないということを露呈するとしても。

第二章　政治的知性

国家概念の自律性の及ぶ範囲がその規模を明かすのは、マルクスにとってのマキァヴェリアン・モーメントの構成ではなく、出版に関する考察と国家の再建についての理論的練成とのかたちで彼が寄与した貢献を検討するに際してである。このうち後者を取り上げよう。国家が理性の自己回帰であるとすれば、理性の視点のみが正当な見地であり、そこから国家についての思考が発せられるということになる。これが示しているのは、青年マルクスの諸テクストのなかでは政治的批判は哲学的批判に従属しているということ、私的利害の批判は経験論の批判に従属しているということである。「国家、この自然の精神界は、感覚的経験の事実のなかにその真の本性が見出されるべきではないし、それは可能でもない」(1)。〔木材窃盗取締法に関連する〕「若木の権利」を人権に従属させるべく、マルクスは

「政治的知性」の理論を展開せんとする。政治的知性とは感覚的経験の諸事実を解釈し、規定し、編成する精神の働きを指す。別の言い方をすれば、感覚的経験の事実は政治的知性の働きのなかで、その働きによってのみ意味を獲得することができるのである。近代的世界観の水準にあるかぎりにおいて、立法者は、諸事実をそれらの直接性において経験的に取り集めるのではなく、反対に国家の眼鏡を通してそれらを把握し、国家という精神的土壌に移し入れることによってそれらに意味を付与しなければならない。政治的知性とは始まりと根拠という二重の意味での原理である。それは組織化する魂なのだ。政治的知性は政治におけるコペルニクス的転回に当たる新たな能力を意味する。すなわち、それが定義するのは立法者が遭遇する諸対象がそのまわりを回転せざるをえない極であり、そこから出発して諸対象を理解し、具体化するべき意味の地平である。「政治的知性が国家の格率に沿って規定するのは、例を挙げれば土地所有であるだろう。それは後者〔土地所有〕によって前者〔国家の格率〕を規定するのではないし、私的な利己心によってではなく、公的な本性によって所有地を運用するだろう[2]」。いかなる外在性をも還元する政治的知性は全体化の器官であるので、国家という形態のなかで、その形態によって、精神の自己回帰を可能にするものなのである。「知性にとって外在的なものは何ひとつ存在しない。なぜならば知性とはすべてを活気づけ、規定する魂であるからだ[3]」。

前述の視点からは複数の政治的帰結が予想される。所有のために定立された規則は——政治的知性は所有を批判し、支配しなければならない——、全体化と普遍化の過程から逃れるべくその外在性を盾にとるいかなる要素に対しても有効である。私的利害の論理に対抗して、マルクスは国家の論理を意識的な組織化の領域として定義せんとする。より正確には、私的利害の視点と国家の視点を断絶させるのだ。国家の領域は自律的で光に満ち、壮大とも言える領域であって、その尊厳、同一性、特有の存在様態を失わないようにするためには、いかなる理由によっても偏狭な限定や利害、私的所有といった卑小な次元に縮減することはできない。「たとえひとつの点についてであっても、国家がそれ固有の様態ではなく私的利害の様態にしたがって行動するようになってしまえば、すぐさま国家はその手段の点で私的所有の限界に迎合しなければならなくなるだろう」[4]。ほんのわずかな妥協、国家の手段と魂の部分的な放棄であっても、それは必然的に国家の諸制度の堕落、破損のみを生み出し、互いに異質な二つの次元の混同のみを引き起こしかねない。市民社会を形成する諸利害によって行使される規定に対する国家のこの独立、そしてこの異質性に沿うように、マルクスは政治的近代性を公法の時代と定義するのである。

（1）*Œuvres*, III : *Philosophie*, p. 297.〔マルクス「プロイセンにおける身分制議会委員会にかんする『アルゲマイネ・ツァイトゥング』第三三五号および第三三六号付録」、全集第四〇巻、三二六—三二七頁〕。
（2）*Ibid.*, p. 308.〔同前、三三六頁〕。
（3）*Ibid.*〔同前、三三六頁〕。
（4）*Ibid.*, p. 254.〔マルクス「木材窃盗取締法にかんする評論」、全集第一巻、一四六頁〕。

「権利と自由が滅びる」私的利害の原理に、マルクスは正反対の、「むしろ私的利害が滅びる」原理を対置する。国家の使命は現世的な事柄の移ろいやすさを癒やすことではない。これが示しているのは、国家が私的利害に与える保障には限界があるということである。というのも、それは普遍性へと向かう国家の使命に従属しているからだ。マルクスは森林の所有者たちに次のことを思い起こさせる。つまり、「国家と比較すれば、もっとも巨大な木であってもせいぜい材木の一断片にすぎず[5]」、損害が補償されない場合には権利の有する不死の利害が利害の有する可死の権利に優先するということである。「そのせいで世界が蝶番から外れることはないだろうし、国家は正義の軌道を逸脱しはしないだろう[6]」。一八四二年のテクストでは、政治的観念論と政治的上昇の理論家であるマルクスはつねに政治的解決策に賛同した。この解決策は、物質的闘争を前にして、これらの闘争が現れる領域のうえに立ち、全体性の理性的視点を承認させることを可能にするものである。国家と私的利害の領域との関係を権威による外的支配の様態に基づいて考える解釈は誤っているということになろう。私的利害と権利の闘争に通じていたので、マルクスは近代国家の本性そのものと同程度の広がりを備えた「政治的実体変化」という根本的現象を理論化する。カトリック神学にあっては、〈聖体〉の秘跡で起こる実体変化はパンとぶどうの実体がキリストの肉と血に変化することを指す。同様の次元に属する働きが実体の変化を可能にする近代国家の根幹にある。この変化によって、人間とその自由のあいだを媒介する機能を国家が永続的に遂行し、市民社会を揺るがし分断するすべての問題、すべての問いかけを変貌させる作用が生じる。したがって、国家の領域に組み入れられることにより、私的利害は、従属を強いられ支配されるというよりはむしろ、同時にその外在性を縮減する変型、精神化を被ることになる。重要なのは国家の干渉主義のように利害を締めつけ窒息させるのではなく、市民社会の仄暗い底から脱出させるべく国家の光のなかに私的利害を迎え入れることである。国家の精神的円環へと迎え入れられた私的利害はその平凡な外皮を、私的利害としての生《なま》の外観を脱ぎ捨て、国家の衣装を身にまとう。それゆえ、近代性のただなかには抗争が存在するのだ。これはマルクスによれば二つの論理の、マルクスが木材窃盗取締法についての記事（一八四二年十―十一月）で定義した私的利害の論理とプロイセンの諸身分についての記事（一八四二年十二月）で提起した政治的再生の論理の闘争である。マルクスの有機体のイメージに則れば、一方の場合――私的利害の論理――においては、政治体は解体、消滅し、所有者の抑圧的な団体に場を明け渡す。政治体の解体と同時に起こるのは底辺へと向かう下降と失墜なのである。(7)

(5) *Ibid.*, p. 273.〔同前、一六六頁〕。
(6) *Ibid.*〔同前、一六六頁〕。
(7) *Ibid.*, p. 259-260.〔同前、一五一頁〕。

もう一方の場合、すなわち国家の論理の場合では、国家の真の再建あるいは政治的再生を引き起こす実体変化という現象が生じる。これは物質性、受動性、依存を消し去ることができるものであり、国家の諸要素に上昇過程を辿らせる。この過程で諸要素はある領域へと運ばれ、自由と正義の太陽を周回しながら、そこで抗しがたい変貌を遂げることになる。「真の国家には土地所有も、産業も、物質的実体も存在しない。これらの要素は生《なま》のままに留まりながらも国家と合意を取り結びうるものである。存在するのはひとえに精神的潜勢力であり、社会的復活のなかで、政治的再生のなかでこそ、自然の潜勢力は国家のなかに自らの声を響かせることができるのだ。国家は自然全体に精神の繊維を張り巡らしているのであって、いかなる点においても支配するのは質料ではなく形相であるということが明白であらねばならない。支配するのは国家なき自然でも、隷属した対象でもなく、自由な人間である」(8)。

ここでマルクスが助けを求め、彼の政治的なものの思考の哲学的基盤への通行口のようなものとなっている隠喩の連なりは、政治的再生という現象がマルクスによって国家概念の自律性の頂点と考えられていることを十分に示している。この極致を考慮に入れることによって、マルクスがこの概念にもたらした著しい拡張が推し量られるとともに、この自律性の観念に、国家の発生の水準ではなく、その本性と機能の水準において、どれほど政治的なものの思弁的構想がすみずみまで刻み込まれているかということが推し量られる。政治的再生、社会的復活とは、有機的全体性のモデルに基づいた国家についての思考を作動させることでないとしたら何であろうか。

これらのテクストで自然、すなわち自然の統一性と国家のあいだに打ち立てられた関係によって、マルクスにとっての自由の体系が真の政治的宇宙《コスモス》の地位へと到達するとわれわれは結論づけることが可能である。ある意味で、近代性に固有のものとは、自然の水準で自己意識が辿った道、すなわち最初の感覚的知覚から自然の有機的生命による理性的知覚への通路を、政治の水準で辿ることなのである。[9] 成熟した思考、要するに思弁的思考は、諸利害の混沌の多様性を超えて、生きた統一性たる精神を際立たせるに至る。つまり、特殊なものが普遍的なものを周回する国家に特有の過程を理解するに至るのだ。まさしくこの点に関して、マキァヴェッリはコペルニクスが自然に対して為したことを政治に対して為したと言えるだろう。

国家の本性には、有機的全体性のあらゆる特徴が認められる。

（一）国家は、異質で硬直化し、凝り固まった諸部分が分離された状態で一並びとなった順列と考えられるべきではない。この順列は、機械的かつ表面的、すなわち諸部分を改変しないような仕方で、

（8） *Ibid.*, p. 310.〔前掲、マルクス「プロイセンにおける身分制議会委員会にかんする『アルゲマイネ・ツァイトゥング』第三三五号および第三三六号付録」、三三八頁〕。

（9） *Ibid.*, p. 142.〔マルクス「出版の自由と州議会議事の公表についての討論」、全集第一巻、三四―三五頁〕。

それゆえにそれらを画一的な連続に統合するのに失敗するような仕方でのみ、政治的構造に組み入れられるものであるが、国家はそのように考えられるべきではない。

（二）反対に、マルクスは国家の内部構造、「公共の有機体」、「公共の生」を、現実に存在する差異にとって第一の構造――時系列的な意味ではなく、可能性の条件という意味において――として定立する。「これらは器官なのであって部分ではなく、運動なのであって状態ではなく、統一性の差異なのであって差異の統一性ではない」[10]。

（三）精神的生命であるところの国家の生命は、差異化－画一化の複合的な過程のうちに、すなわち画一化に従属している差異化の契機のうちに存する。なぜならば、差異が――統一性の差異として――現れうるのは、全体の統一性に貢献し、そこから高次の性質、すなわちすぐれて政治的な性質を備えた画一化が生じるような変化の対象となる場合にかぎられるからである。

（四）国家の運動、国家の過程（これらの力動的な隠喩が重要なのは、国家の生命が発展するにつれて物象化された分断をまさしく破壊し、粉砕するということを強調するからである）は、したがって一種の継続的な自己創出として、巨大な有機的過程として分析されうる。つまりそれは、物質性、過去、必要性といったものから生じるすべてを、これらの変貌させられた諸要素が画一化する神経組織の日常的な再生産のなかに現れるように混ぜ合わせる、精神的な代謝なのである。

こうしたことが思弁的な基盤であって、それによって近代国家のなかで物質的部分を精神的なもの全体の器官に変化させる実体変化の過程が理解されうるのである。

マルクスのこのような国家の構想が主体性の形而上学に属するということは疑いを容れない。体系についての近代思想と同様に、国家はまさしく有機的統一性のかたちで考えられる。人間という存在者の諸特徴（表象、意志）と目される所有物に準拠してこそ、人間という存在者の体系化する活動のモデルに基づいてこそ、国家は考えられるのだ。この観点から、有機的全体性である国家と、全体化し建築する能力を備えた、マルクスの筆によれば「すべてを活気づけ、規定する魂」であるところの政治的知性のあいだに生じる密接な相関関係を示すのがよいだろう。国家についてのマルクスの最初の思想が主体性の形而上学に帰属することは強調に値する。というのも、この帰属が浮かび上がる思弁的な場がこのように発見されるのであれば、この思想の構造《エコノミー》のなかで社会的なものの創設を政治的なものに帰することが正当なのはいかなる基盤に拠っているかが規定されるからである。精神化によってそれのみが社会的復活を生み出しうる政治的再生の理論へとマルクスを導いた哲学的道程を再構成することによって、政治的なもののこの新たな志向がどれほどマルクスのうちに根を張り、哲学的に基礎づけられているか、それがどれほどマルクスの思想と共存しているかがもっともよく見出さ

（10） *Ibid.*, p. 298.〔前掲、マルクス「プロイセンにおける身分制議会委員会にかんする『アルゲマイネ・ツァイトゥング』第三三五号および第三三六号付録」、三二八頁〕。

れる。要するに、青年マルクスの傾向を明るみに出す政治的立場が重要なのではない。重要なのはむしろ、体系についての近代的構想と主体性の哲学という二重の源泉によって国家の論理を作り上げた政治的なものの思考なのである。国家とは主体である。そのかぎりにおいてこそ国家は純粋な活動として、〈精神〉として、統合する全体性として、外在性の縮減として、自己との一致という志向として、精神の自己回帰が実行され実現する場として考えられるのだ(11)。

ヘーゲルという思弁的母体、正当にもこのように言うことができるだろう。さらに付け加えるべきは、ヘーゲルにおいては絶対精神の知への従属によって相対化されるに留まったこの政治的領域が、マルクスによって絶対的なものに昇格されたということである。

この意味では、青年ヘーゲル派の計画の跡を辿って「政治的絶対者」について語りうるかもしれない。この計画が企てたのは、実践《プラクシス》、あるいは活動の哲学の名において、哲学を政治に変貌させることによって、精神の現象学を意志の現象学へと置き換えることであった。政治的生はその普遍的優位を主張しなければならないとA・フォン・チェスコフスキーは同時期に記している(12)。

マキァヴェリアン・モーメントにかかわるマルクスの論考は、彼のなかではこのモーメントの構成に相当するものの水準にある。それは旧体制とキリスト教国家への二重の批判のなかで現れたこの新たな政治的なものの思考を弱めることなく作動させることなのだ。

それゆえマルクスの展開に目を向けるのであれば、政治的なものの自律性を取り戻させうる神学—

政治的なものへの批判の勢いを借りて、マルクスは国家の引力法則を、国家の求心的運動を発見したように考えられる。二つの精神的領域を互いに引き離すことで満足せず、政治的なものを宗教的なものから解放するために、マルクスは社会的領域のすべての次元のなかで取り戻された宗教的領域に対するこの自律性を作動させ、一般化し、他の次元へと拡張したのだろう。この自律性をすべての領域にも、それゆえ物質的領域に対しても等しく通用する普遍的法則として定立するまでに拡張するのである。国家概念の自律性もまた、マルクスに政治的なものの真の発見へと至らせるほどに著しい拡張を遂げたとすれば、われわれが仮説を提示したように、マルクスはそれを思弁的領域に負っており、そのただなかでマルクスは自律性のための闘争を先導したのだった。体系についての近代思想の旗印のもとで国家を巨大な有機体と考えたがゆえに、主体性の哲学の影響下で国家を主体と考えたがゆえに、マルクスは社会的領域の全体性に対しての国家の自律性を定立することができたのであり、国家を自律的領域として、さらには異質的領域として考えることができたのであった。この領域は精神的、観念論的でもあって、この意味においておおいに強力であり、敵対性を乗り越え、社会的なものの分断を超えて共同体を創出することを可能にする領域と考えられている。哲学を政治的領域に移し替え

(11)　A. Renaut, « Système et histoire de l'être », in *Les Études philosophiques*, 1974, n° 22, p. 254-264.
(12)　A. von Cieszkowski, *Prolégomène à l'historiosophie* (1838), Paris, Éd. Champ libre, 1973.

ることによって救い出そうと決心したがゆえに――テミストクレスがその支配力を海洋へと移すことによってアテナイを救い出そうと決心したのと同様に――、マルクスは高所へと、上昇へと向かうのと同時に、変容の光の旗印のもとで、目と鏡とを次々に参照する視覚の問題系への明らかな準拠へと向かう政治的要素を考えることができたのだった。

最終的には、次のことは疑いを容れない。質料／形相、自然／国家、物質的なもの／精神的なものの対立によって永続化されているこの政治的なものの思考は、R・ルグロがその「青年ヘーゲル」についての研究で、和解の思考として指し示したものの路線に属している。それはすなわち「知解可能なもの、形態、普遍、無限の地上での完成[13]」という計画であり、マルクスの場合にはこの計画は革命運動のかたわらで生じるのである。すぐさま次のような問いが生じる。この道を通じて政治的なものが物質主義的な頽落を逃れ、その還元不能性を獲得するとすれば、このように絶対視された政治的なものは〔識別可能な〕相貌を失うのではなかろうか。というのも、マルクスにはフォイエルバッハと同様の逆説的な反転が指摘されうるからである。神学‐政治的なものの批判から出発したマルクスは、政治的なものの自律性を絶対視するほどまでに思考したがゆえに、政治をわれわれの宗教にするに至ったのではなかろうか。「政治に熱を上げ」（これは彼自身の弁である）、その熱狂の宗教的調子によって酔いしれ、虜となってしまったので、マルクスは同時に政治の土壌から離れたのではなかろうか。実際、後にメルロ＝ポンティによって嫌疑をかけられることになる「最高到達点〔一〕（point sublime）」

を占拠し、あらゆる対立が解消し廃棄された幻想の場となるのを慎むことによってのみ、政治はおそらくその同一性を保持するのである。

(13) R. Legros, *Le Jeune Hegel et la Naissance de la pensée romantique*, Bruxelles, Ousia, 1980, p. 9.

〔一〕 メルロ＝ポンティが『弁証法の冒険』（一九五五年）の序文で用いた語。当初ロシアのプロレタリアートが目指した革命とは、「現実的なものと諸価値、主体と客体、判断と規律、個と全体、現在と未来が、衝突し合うのではなく少しずつなじみ合う」最高到達点であった、という文脈で批判的に用いられている。Maurice Merleau-Ponty, *Les aventures de la dialectique*, Paris, Gallimard, 1955, p. 12.〔モーリス・メルロ＝ポンティ『弁証法の冒険』、滝浦静雄ほか訳、みすず書房、一九七二年、六―七頁〕。

第三章　一八四三年の危機から政治の批判へ

マキァヴェリアン・モーメントの変貌は危機から批判への移行のなかで生じるのではないだろうか。ここで一八四三年の危機に目を向けるならば、それを国家の脱神聖化という試みとして一挙に解釈することが可能である。この試みは二重の観点から為されている。あたかもマルクスが国家を、無限かつ規定する主体、あらゆる外在性を包含し、自分自身に一致する主体のモデルに基づいて構想するのを止めたかのようである。したがって、複合的器官たる出版に媒介としての機能を付与することによって、受動性と有限性の要素への道はすでに拓かれていたのである。他方で、これと同様の展開のなかで、マルクスは神聖な構造、二元的であると同時に垂直的であるような構造の政治的領域における再出現を妨げようとしていたかのようである。なぜならば政治空間は、低所――世俗の生――と高所、すなわち国家の天上といった高低を念頭に置いて配置されているからだ。言い方を換えれば、一八四三年の危機への入口は、そこで作動する政治空間の再整備を観察することでありうるだろう。この再整備とは、水平の次元の優越性の旗印のもとで、垂直性を水平性へと置き換えるものである。重要なのは、マルクスの思想のなかに、複数の焦点を備え、多数の方向に光を放つ主体を中心とした政治的舞台を掘り当てることであるだろう。これこそがマルクスが「真のデモクラシー」と名付けたものなのである。

一八四三年の危機はまずもって政治的危機である。一八四二年のマルクスが共有していた理性的国家という青年ヘーゲル的なユートピアとの訣別を超えて、クロイツナハでの省察は複数のテクストからなる特筆すべき布置を生み出した。これらのテクストはその相違にもかかわらず、中心点に向けて収斂する。それは革命のラディカルな形態のために政治的革命を告発することである。パリで『独仏年誌』に発表した『ヘーゲル法哲学批判序説』において、マルクスは次のように宣言する。「ラディカルな革命、人間の普遍的な解放こそがドイツにとってのユートピア的な夢想なのではない。むしろ部分的な革命、たんに政治的な革命、家屋の支柱を残したままにする革命がこれに当たる」[1]。

マルクスはそのドイツでの経験から近代社会全体にも妥当する結論を引き出す。今後は政治的解放、すなわち革命的階級としてのブルジョワ階級が世界にもたらした解放(émancipation)の形態を批判することが重要である、というのがそれだ。しかるにこれは解放(libération)という制限された形態である。というのも先に規定された階級は、特定の歴史的状況を特徴づける諸条件と偏狭な内容から出発して全面的な解放を思考するからである。

(1) K. Marx, *Œuvres*, III : *Philosophie*, p. 393.〔マルクス『ヘーゲル法哲学批判序説』、全集第一巻、四二四頁〕。クロイツナハでの危機は複数に及ぶ。それはまず主観的な危機であって、『ライン新聞』の廃刊(一八四三年五月)からパリへの出発(一八四三年十月)にかけての後退の時期にかかわる。それゆえ、マルクスは彼を悩ませていた疑問に応答しようとしたのだった。それはヘーゲル政治哲学の批判的検討を、彼にとっては現在の位置にある婉曲的な手法によって執筆することによって果たされた。これに加えて、マルクスが研究したのはフランス革命史と、政治の批判を育むことを可能にする著者たち、すなわちマキアヴェッリ、モンテスキュー、ルソー、ハミルトンであった。続いてそれは客観的な危機でもあった。というのもクロイツナハへの退却は近代社会に影響を与える特有の危機の発見に対応しているからである。すなわち、「産業、富一般の世界と政治的世界との関係が近代の主たる問題である」(*Œuvres*, III : *Philosophie*, p. 387〔同前、四一九頁〕)。

こうして批判と危機は交差することになる。なぜならば批判は危機を解消することを目論む実践的関心に応えるからである。

この点に関しては次を参照。M. Rubel, *Karl Marx. Essai de biographie intellectuelle*, Paris M. Rivière, 1971, p. 43-50 ; K. Marx, *Œuvres*, I : *Économie I*, *Chronologie*, p. LXIII-LXV ; J. Habermas, « Le marxisme comme critique », in *Théorie et pratique*, t. II, Paris, Payot, 1975, p. 26.〔ハーバーマス「哲学と科学の間——批判としてのマルクス主義」、『理論と実践——社会哲学論集』、細谷貞雄訳、未来社、一九七五年、二七二—二七四頁〕。

しかしながら、さらに言えば、この政治的批判は政治の批判に変化する。実際に、前述のテクストでマルクスは、宗教の批判から政治の批判への移行が果たされたことを認めているのだ。歴史のために果たすべき哲学の課題とは、今後は「これら世俗の形態の自己疎外を暴き立てることである。[…]かくして天上の批判は地上の批判へと変化する」(2)。あたかもマルクスの道程のなかで一八四二年の運動からの後退運動が生じ、政治的なものの再発見へと導いた政治的なものの過大評価の後を継いだのが、過小評価ではなくして別の方法での政治的なものの評価であったかのようである。実のところ、この運動を反転のかたちで、あるいは計量的な表現を用いて多から少への移行のかたちで考えることは慎まなければならない。ゆえに過小評価という言葉は適切ではなく、政治的なものの消去という言葉はなおのことふさわしくない。それよりもこの過程の複雑性を再び把握せんと努めるべきである。この過程でマルクスは、彼が崇拝したものを焼き捨てるのではなく、反対に政治的なものの過剰成長を予防するよう取り計らう。それはいわば、政治的なものを規定し、限界を割り当てながらそれを救い出すためである。これこそがまさしく、複数の水準で繰り広げられる政治の批判の計画が目指し、思い描いたものなのだ。まず、社会・歴史的水準では、近代国家は一方では永久に聖なる天秤、すなわち近代国家をそれ自体より下回る範囲で機能させる旧体制の追憶につきまとわれており、他方では新たな大問題、既存の構造における癒しがたい社会的分断の表徴である「産業、富一般の世界と政治的世界との関係」に直面している。要するに、どちらからしても、近代国家は欠陥をもたらす二重の源泉を白状しているのである。続いて哲学的水準では、世俗の形態において、生産——国家——がその生産者である人間を逃れ、それとは異質の潜勢力を自任しながら人間を裏切るといった宗教的疎外の反復を告発することが重要である。宗教の批判が占めずじまいであった場——神の場《テオス》——に安住すべく、国家は真の国家崇拝を生み出したのだった。政治の天上で蕩尽された人間の潜勢力を取り戻し、国家を脱神聖化し、いま一度コペルニクスのモデルの助けを借りて解放を新たに方向づけること、それによって人間は幻想の太陽である国家のまわりをもはや回転せず、ついに自分自身のまわりを回転するようになる。これが批判の新たな段階を開く方針である。ヘーゲル法哲学の批判を通じてマルクスはこの計画を達成するのであって、それは彼によれば理論の領域において、この領域においてのみ、ドイツ人は近代当時の水準にあるからである。かくしてヘーゲルの理論を批判しながら、同一の所作でもってマルクスは国家のドイツ的構想における抽象化——近代国家における抽象化それ自体の個別的表現にすぎないのであるが——と政治的疎外という社会・歴史的現象を阻止する。課題がこのように定義されるのであれば、ヘーゲルを媒介とした近代国家の批判はまた、一八四二年のマルクス自身の立場の批判としても通用するように思われる。それはあたかも、ドイツの政治的解放の歴史的な不

（2） K. Marx, *Œuvres*, III : *Philosophie*, p. 383.〔前掲、マルクス『ヘーゲル法哲学批判序説』、四一六頁〕。

可能性によって、同時にこの計画の内在的欠陥がマルクスに明かされたかのようである。しかるに、一八四三年九月にルーゲに宛てて書かれた所信表明の書簡を用いて、マルクスがその批判を展開した方法を観察するならば、解放の熱狂はけっして政治の熱狂を無に帰したのではなく、反対に必然的な契機として、ある意味では消去不能の契機としてそれを包含しているということに気づかされる。ギリシア人との政治的関係は強烈なまでに現前しているのだ。「人間の個人的な尊厳である自由、まずもってこれを人々の胸襟に呼び覚まさなければなりません。ギリシア人とともに現世から消滅し、キリスト教とともに天上の霞んだ青みのなかに消え去ったこの感情のみが、社会を再び人間の共同体にすることが可能であり、もっとも崇高な諸目的へと到達しうるのです。民主的国家というのがそれに当たります[3]」。とりわけ有益かつ核心を突いているのは、その「政治性」の欠如が政治論の論調に影響を与えるまでに進んでいるドイツの俗物たちの世界に対する批判に対応するものとして、ここでアリストテレスが参照されている点である。「われわれの社会的条件からその『政治学』を演繹するようなドイツのアリストテレスは、次のエピグラフを付すことでしょう。『人間は社会的動物であり、けっして政治的動物ではない[4]』」。このドイツに典型的な混同に光を当てることによって示されるのは、この点では〔プラトンの〕『国家』の冒頭に忠実なマルクスがどれほど「豚の国家《シテ》」と人間の国家《シテ》とを、社会性と政治性、すなわち本来の意味での政治的紐帯とを区別しようと腐心したかである。マルクスはこの区別を呼び戻そうと気を配ったのであって、それは人間と群れ集まって生きる何かしらの動物とを混同しているがゆえに、種の再生産といった視点でのみ人間の共‐存在を考える彼の同胞たちに反対するためであった。ドイツの俗物たちの世界、マルクス曰く「政治的動物の世界」においては、ひとえに生きることと殖えることが重要である。「ギリシア人」やフランス式の共和主義にならって、この生きることの過剰、生きることの中立性の余剰に基づいてこそ、マルクスは国家《シテ》における共生を隔たりのかたちで、生きることと自由に基づいて生きるという意味での善く生きることのあいだの還元しえない差異のかたちで構想するのだった。

それゆえ、一八四三年九月の書簡によれば、批判的作業は既存の現実における特定の形態それぞれに、理論的意識の形態にせよ実践的意識の形態にせよ、それが向かう実質的な現実を自白させることからなる。現実のそれぞれの形態が傾向としてそれを生み出す運動と調和するよう仕向けることが問われているのだ。これが示しているように、現実にその根底となっているものを発揮させるよう促す

（3） K. Marx, *Œuvres*, III : *Philosophie*, p. 337.〔マルクス「『独仏年誌』からの手紙」（マルクスからルーゲへ、ケルン、一八四三年五月）、全集第一巻、三七五頁〕。指摘すべきはここに「民主的国家」という表現が登場することである。これは当時の言い回しの反復として中立的に用いられているのだろうか、あるいはまた、マルクスが〈現代のフランス人〉の後を受けてデモクラシーと国家とのあいだに発見することになる対立を彼がまだ構想していなかったことの表徴なのだろうか。

（4） *Ibid.*〔同前、三七五頁〕。

こと、現実が表象するのはその不完全かつ未完成の表現のみであるような生まれつつある《イン・スタトゥ・ナスケンディ》高次の形態を発現させるよう促すことが問われているのである。たとえば、立憲君主政にそれを支える原理の真理を、すなわち政治的原理をデモクラシーのうちに認めるよう仕向けることがそれである。「それゆえ批判者は［…］既存の現実それ自体の諸形態から出発しながら、真の現実をそれらの要求や最終目的として展開することが可能なのです」[5]。ゆえにきわめて明瞭に歴史主義へと方向づけられたこの批判にとっては、政治的革命の領野を離れ、社会的革命の領野に力を傾けることが重要なのではない。このことは、解釈しうるかぎりにおいて、第一の革命が第二の革命に向けて狼煙を上げているがゆえに、なおさらそうなのである。

　政治の批判は、一八四三年九月の重要な書簡で公言された計画によれば、解放の解釈学のモデルに則って構想される。ここでこの書簡における批判的観点――現代の課題とは「既存の秩序全体の仮借なき批判である」――と解釈学的観点の衝突を問わずとも、われわれにとってはこの箇所でマルクスが継続する作業が複数のイデオロギー批判の次元よりもはるかに人類による闘争と生産の自己解釈の次元に属するということを明記すれば十分である。とりわけ目につくのは、批判者を彼が自ら判断を下す世界に対して外在的な立場に据えるような教条的な客観視の拒絶である。「ゆえにわれわれの標語は次のようになるでしょう。意識の改革、教義によってではなく、自分自身にも知られておらず宗教あるいは政治において姿を現す神秘的な意識の分析によってなされる改革です［…］。過去と未来の連続を分かつ中断の線を引くことではなく、過去の観念を完成することが重要だということが明らかとなるでしょう。最終的にわかるのは、人類は新たな仕事に着手するのではなく、意識的に古い仕事を実現するということなのです[6]」。この立場が政治について含意しているのは、この領域を軽蔑するのみであった「極端な社会主義者たち」とは逆に、批判者は政治的問題から遠ざかるべきではなく、反対に解釈という作業によって争点と真の意味を明らかにするためにこれらの問題を深めるべきだということである。「それゆえもっとも専門的な問題——たとえば諸身分の体系と代議制の体系との差異——を批判の対象とすることは、けっして諸原理の水準を下回るものではありません。実のところ、この問いが政治的に表明するのは、ひとえに人間の主権と私有財産の主権の差異です。これらの政治的問題に対して、批判者は関心を持ちうるだけではなく持たなければならないのです[7]」。批判が高次の形態へと至る道筋は、必然的に政治の批判を経由するのであって、それはまさしく近代国家に特有の性質ゆえである。近代国家は、実のところ、普遍性への志向と合理的要求、そして現実の諸前提の

(5) *Ibid.*, p. 344.〔マルクス「『独仏年誌』からの手紙」(マルクスからルーゲへ、クロイツナハ、一八四三年九月)、全集第一巻、三八一頁〕。
(6) *Ibid.*, p. 345-346.〔同前、三八二―三八三頁〕。
(7) *Ibid.*, p. 344-345.〔同前、三八二頁〕。

あいだの終わりなき矛盾の場である。これが示しているのは、政治の批判はこの矛盾を利用しなければならないということ、国家を真剣に捉えると同時にその使命に対して誓いを立て、国家がばらまく餌によって国家を捕らえることなのである。言うなれば、政治的幻想、そして政治的観念論の緊張状態に、政治的国家の諸限界を乗り越える効果を生み出させることが重要だということである。かくして、抗争が顔を出し表明される政治的舞台を開幕するものとしての国家は、解放という関心に支えられた解釈者の作業にとっては選出の場なのである。「だからこそ、政治的国家による自身に対することの抗争から出発して、至るところで社会的真理を引き出すことが可能となるのです[8]」。

しかるにより深層では、マルクスにとって政治的国家はその志向、すなわち国家を構成する志向性そのものによって、意味の過剰の虜なのかもしれない。あたかも国家は、自らを超えたところに横たわる予想だにしない地平によって囚われているかのようなのだ。フッサールにおける志向性について、数えきれない地平と言外の内容とに結びついた思考がいかにして「自らが定める対象よりもはるかに多くの『物事』を考える」かを強調したE・レヴィナスの分析を取り上げるならば、政治的知性は「自らが考えるよりも多くを考える」と言いうるかもしれない。政治的国家はその限界を飛び越え、それ固有の限界を超えて国家を運んでゆくことができる言外の原理によって貫かれているからである[9]。したがって政治的国家は、批判にとって二重の資格で特権化された対象である。一方で抗争の表明の舞台として、他方で国家をはみ出し、過剰なものに満ち、国家を貫通しながら原理の自己回帰へ、すなわち政治的原理へと向かう志向的な運動が働きかける場として特権化されている。この原理は政治的国家を包含し、それを乗り越え、国家を超えて拡がる。現実の生に触れることにより、まさしく政治的国家こそが――たとえ社会主義的な要求が意識的には噴出していない時点であっても――そのあらゆる近代的形態のなかに理性の要求を含んでいるのである[10]。認めるべきは、国家が、それが言外の内容と取り結ぶ関係によって、自らのうちにその含意のメタ国家的な地平を備えているということである。そこには政治の批判の複雑な地平がよりはっきりと見てとれる。マルクスにとっては、一八四三年にV・コンシデランが古い政治と名付けたもの、すなわち記者たちの言語では「権力の性質、形態、構成および組成」から遠ざかることが問題なのではない。それだと本来の意味での社会問題、つまり「国家を特徴づける事実の総体、社会の本性と経済」に専念することになってしまうからだ。問題なのはむしろ、もっとも専門的な政治ともっとも広い語義での政治的なもの、V・コンシデランの言葉を借りれば「社会における生のすべての要素の規則」であるところの政治的なもののあい

（8） *Ibid.*, p. 344.〔同前、三八一頁〕。
（9） E. Levinas, *En découvrant l'existence avec Husserl et Heidegger*, Paris, Vrin, 1967, p. 130.〔レヴィナス『実存の発見――フッサールとハイデッガーと共に』、佐藤真理人ほか訳、法政大学出版局、一九九六年、二〇九頁〕。
（10） *Œuvres*, III : *Philosophie*, p. 344.〔前掲、マルクス「『独仏年誌』からの手紙」（マルクスからルーゲへ、クロイツナハ、一八四三年九月）、三八一―三八二頁〕。

だに橋を架けることなのである。この解放の解釈学に再び組み入れられた政治の批判は、当時のマルクスが努めたように、ドイツ的頭脳とフランス的心情の同盟を締結しながら、次のことを課題とする。それは、国家内部の緊張を働かせ、国家の自身に対する過剰を活用し、さらには意味の過剰のこの運動、国家が否応なく《ウォレンス・ノレンス》追求する目的《テロス》へと向かいながら政治的国家を貫く霊感のこの運動の道程をできるだけ正確に継承することである。これが政治的原理の十全な開花なのだ。「それゆえ政治的国家は、共和政としての自らの形態のうちで、国家のかたちのもとで《スブ・スペキエ・レイ・プブリカエ》、すべての闘争、すべての欲求、社会のすべての真理を表明するのです[11]」。だからこそ、それぞれの政治的問題に関して、批判者は政治の言語を解放のより「広い」言語で表現することからなる解釈という作業に従事することに立ち戻る。近代国家に固有のこの意味の過剰と自己超出の運動を足がかりとして、マルクスは代議制について次のように記す。「代議制を政治形態から一般的形態へと高め、それがもたらす真の意味を引き立たせながら、彼〔批判者〕は同時にこの党派に自らを乗り越えさせます。なぜならばこの党派の勝利は同時に敗北であるからです[12]」。謎が明らかに解決済みとなるには程遠いとしても、それでも次のことがよりはっきりと見えてくる。自らの限界を打ち明ける政治的国家はいかにして、国家を超え出る運動によってそれと同時にどのような地平へと運ばれるのかを白状しうるのかということ、そしていかにして、政治形態から一般的形態へのこの劇的な移行の終局を「真のデモクラシー[13]」の名で指し示しうるのかということである。

このように解された政治の批判はマキァヴェリアン・モーメントからの脱出を意味するのではなく、その屈折、さらにはその深化を意味する。政治的領域は活気を失ってもいないし、中心から外れてもいない。むしろこの領域は選ばれた解釈の場として現れる。なぜならばこのなかで、そしてこのなかでのみ、近代的理性の隠れた地平が明らかになる場合がありうるからである。政治の存在へのつねに熱を帯びた問いかけに加えて、一方ではギリシア人へ、他方では〈現代のフランス人〉へと導かれる

(11) *Œuvres*, III : *Philosophie*, p. 344.〔同前、三八二頁〕。
(12) *Œuvres*, III : *Philosophie*, p. 345.〔同前、三八二頁〕。
(13) コースタス・パパイオアヌーは『ヘーゲル国法論の批判』(*Critique de l'État hégélien. Manusctit de 1843*, Paris, « 10/18 », 1976) の解題において、真のデモクラシーを政治的国家の消滅と解釈した「現代のフランス人」について、いみじくもヴィクトル・コンシデランを引き合いに出している (*op. cit*, p. 51 et 312)。しかしながら、パパイオアヌーが促すように『社会の運命』(一八三四―三八年) を参照するのではなく、ちょうど一八四三年に執筆された『十九世紀の民主主義宣言』を参照することによって、マルクスの暗示をはっきりと明確化しうる。「きわめて科学的な剽窃」と結論づけたV・チェルケーゾフの主張を繰り返さずとも、コンシデランのテクストと照らし合わせてのみ、一八四三年の批判におけるマルクスの争点を感知しうるのだ。実際に、一八四三年の『宣言』では、偽のデモクラシー/真のデモクラシーという対立にわれわれは遭遇する。この対立は政治的ならびに社会的な謎という主題と結びついており、階級ではなく全体と同一化するものとしての人民の名においてデモクラシーという言葉を再占有せんとする意志が付け加えられている。最後に指摘すべきは、V・コンシデランにおける「真のデモクラシー」とは、まったくもって政治的なものの消滅を表すものではないということである。次を参照。*Cahiers du Futur*, n° 1, Éd. Champ libre.

この批判は、種を再生産する社会性への閉じ込めに抗って、政治的動物としての人間、あるいは二本の足で立ち上がり、少数であることから抜け出した人間を出現させようと努める。問われているのはもはや、人間にかかわる事柄の移ろいやすさに応えるよう差し向けられた安定した形態としての国家を選択することではなく、もっとも大きな幕開けを可能とする政治的共同体を探し求めることである。この意味とは、国家に自らを超出させる「過剰」が、解放の諸形態がそのような共同体においてもっともはっきりと現れるということである。これらの解放の形態は、政治を清算する代わりに、人間全体に対する解放の諸形象をどのように名付けるかという新たな問いを導入する。マルクスにとっては、近代国家につきまとう「社会主義的要素」を読み解き、承認しうるべきであるのと同様に、新たな教条主義におけるこれらの要求を物象化せず、その結果としてカベ〔三〕の『イカリア旅行記』のような完全に仕上がった体系を撥ねつけるべきなのである。「ゆえにわれわれの標語は次のようになるでしょう。意識の改革、教義によってではなく、自分自身にも知られておらず宗教あるいは政治において姿を現す神秘的な意識の分析によってなされる改革です(14)」。

　ラディカルなジャーナリズムと青年ヘーゲル運動の挫折、クロイツナハへの退却は疑いようもなく近代社会の危機とそれに固有の分裂を曝露したのだった。この危機が引き起こす応答が人間の解放へと向かうことであるとすれば、解釈学的モデルに依拠した政治の批判を展開することとは、政治的解放の拒絶へと至るのではなく、反対にこの解放を解釈に委ねることなのだ。それは満ちあふれる意味の過剰を自白させ、近代国家を超えては見分けることが困難なこの場を規定するためであって、そこでこそ真の意味におけるデモクラシーが到来しうるのである。

〔一二〕 エティエンヌ・カベ（一七八八—一八五六）はフランスの共産主義思想家。ユートピアを描いた小説『イカリア旅行記』（一八四〇年）を著した後、一八四八年に渡米しコロニー建設を試みたが失敗した。マルクスはカベによるこの構想を批判しながらも、そのユートピア思想については一定の価値を認めていたとされている。アバンスールは自身のユートピア研究を集成した『ユートピック』第二巻（二〇一三年）に収録されたインタビュー「人間はユートピア的動物である」や、同じく長編のインタビュー集である『みなでひとつの存在』の政治的共同体』（二〇一四年）でこの点に言及している。

（14） *Œuvres*, III : *Philosophie*, p. 345.〔前掲、マルクス「『独仏年誌』からの手紙」（マルクスからルーゲへ、クロイツナハ、一八四三年九月）、三八二—三八三頁〕。

第四章　読解上の仮説

ホッブズの政治哲学を〈自然〉の学に由来させ、その科学的読解を提示せんと目論んだ人々に抗して示されたのは、この哲学が人為的基礎を有しており、実のところは暴力的な死の恐怖がその中心にある人間の生の経験に立脚しているということであった。(1) このことは一八四三年の批判に対しても当てはまるのではないだろうか。ヘーゲル法哲学を批判するテクストのうちに社会と国家の唯物論的批判の萌芽的要素を見るような科学的読解を選択するよりもむしろ、革命の動乱のさなかに姿を現した近代的自由の政治的経験に基づいて築き上げられる反ヘーゲル的な政治哲学についての、情熱に満ちながらも困難な探究をそのなかに看破することができるのではないだろうか。

一八四三年の諸々の探究に関してマルクスが一八五九年に行った自己解釈に限定するのであれば、

一八四二年の観点が逆転し、新たな批判の学が誕生したと判断しうる。だとすれば、国家の引力法則はもはや国家それ自体のうちにではなく、生の物質的条件、すなわち市民社会の物質的条件のほうに、社会の経済的構造のほうに探し求められるべきだということになろう。このような別の次元への政治的なものの「転位」は一八四三年のテクストのなかにはっきりと現れている。それは政治の批判に適用されたフォイエルバッハによる変革の方法（méthode transformative）の帰結ですらありうるだろう。しかるに、この準拠にわれわれは警戒するべきである。というのは、それはマルクスの批判的作業を、たとえそこでは批判的社会学が問題となっているにせよ、科学的志向とは無縁の文脈に位置づけるからだ。一八四二年に『哲学改革のための暫定的命題』のなかで、フォイエルバッハは思弁哲学を逆転させること、すなわち「述語を主語とし、この主語を客体および原理とする」[2]ことからなる変革の方法を定義した。政治の批判は、「純粋な真理」に到達すべくこの方法を思弁的法哲学に適用することによって、次の逆転を手に入れる。真の主語、それは現実の人間――ブルジョワ市民社会と家族の諸関係のなかに組み入れられた人間――であり、述語はヘーゲルが誤って理念としての主語とした国家となる[3]。すでに『哲学改革のための暫定的命題』でフォイエルバッハは次のように記していた。「人間は国家の根本的本質である。国家は人間の本質の、実現され、練り上げられ、明示化された全体性である」[4]。

まずマルクスは、ヘーゲルによれば国家の二つの規定のあいだで未解決となっている二律背反の批判から始める。一方で、ブルジョワ市民社会と家族に対して、国家は外在的必然性の関係のうちにあり、他方で、国家はそれらの内在的目的であるというわけだ。この二律背反は未解決であり、そこで国家は二重の相貌を示すことになる。外在的必然性の側には、依存と従属が存在するのであって、市民社会と家族という自律的存在は国家の外部に従属しており、同一性はひとえに外在的なものである。というのも同一性は暴力を免れえない関係のなかで獲得されるからである。内在的目的の側では、依存も従属も存在せず、調和的な同一性、内在的同一性が存在する。なぜならば、家族と市民社会は〈理念〉への、国家の客観的普遍性への上昇のなかでの契機にすぎないからである。

（1） Leo Strauss, *La Philosophie politique de Hobbes*, trad. A. Enegrèn, M. de Launay, Paris, Belin, 1991.〔レオ・シュトラウス『ホッブズの政治学』、添谷育志、谷喬夫、飯島昇藏訳、みすず書房、一九九〇年〕。

（2） L. Feuerbach, *Manifeste philosophique, op. cit.*, p. 105-106.〔フォイエルバッハ「哲学改革のための暫定的命題」、『将来の哲学の根本命題 他二編』、松村一人、和田楽訳、岩波文庫、一九六七年、九八頁〕。

（3） H. Arvon, *L. Feuerbach*, Paris, PUF, 1957 ; S. Avineri, *The Social and Political Thought of Karl Marx*, CUP, 1968〔アヴィネリ『終末論と弁証法――マルクスの社会・政治思想』、中村恒矩訳、法政大学出版局、一九八四年〕, et K. Marx, *Critique of Hegel's Philosophy of Right*, Cambridge, 1970, Introduction by J. O'Maley, p. XXVIII et s.

（4） L. Feuerbach, *Manifeste philosophique, op. cit.*, p. 125.〔前掲、フォイエルバッハ「哲学改革のための暫定的命題」、一一二頁〕。

マルクスは、この矛盾を強調することに満足せず、近代国家のただなかに権利と義務の一致が存在するといった内在的目的の牧歌的な見解に異議を申し立てる。国家は市民社会と家族に特有の諸規定のなかで自己を際立たせると考えるヘーゲルとは反対に、マルクスは、媒介が作用する状況と恣意性を引き合いに出しながら、逆転を実践する。国家は市民社会と家族のなかで自らを定立し、出現する主体ではない。起源の問いに答えようとする批判的逆転という特徴的な運動に基づいて、転倒しているとともに神秘化するようなヘーゲルの図式を現実の諸関係へと置き換えながら、マルクスは国家をそれが現れる諸領域への依存のうちに置く、よく知られた次の定式を書き記したのだった。「家族とブルジョワ市民社会は国家の前提である。これらの前提は厳密には活動する審級である。しかるに、思弁においては、このことは逆になる」(5)。

「[…]家族とブルジョワ市民社会は、国家の現実的な諸部分であり、意志の現実的かつ精神的実存である[…]。これらは動くものである。ヘーゲルによれば、それとは反対に、これらは現実の〈理念〉から作られているということになる。[…]政治的国家は家族の自然的基礎なくしては、そしてブルジョワ市民社会の人為的基礎なくしては存在しえない。国家にとってこれらは不可欠の条件《シネ・クア・ノン》である。しかるに、条件は条件づけられるものとして定立され、規定は規定されるものとして定立され、生産するものはその生産の産物として定立される[…]。現実の事実とは、国家は家族の成員として、ブルジョワ市民社会の成員として存在する群衆から生じるということである」(6)。

一八四三年の批判におけるマルクスの思考からすれば、国家の重心はまさしくそれ自体の外部に、家族とブルジョワ市民社会という「活動する審級」の側にある。ゆえに第一の水準にあっては、一八四二年の観点《トピック》の逆転を見ることが可能である。ここに産業、富の世界と政治の世界との関係の問題とマルクスが定義した〈現代〉の主要な問題への最初の返答が獲得される。社会的全体性の弁証法的分析のなかへと政治的なものを包摂するための道がはっきりと拓かれたように思われるのだ。しかしながら――この点が重要であるのだが――、第一歩が踏み出されたわけではなく、道が必然的に辿られるにはそれが拓かれるだけでは十分ではない。実のところ、国家と市民社会の諸関係の「科学的」構想の最初の草案をこのテクストに見出すことが本当に可能なのだろうか。ここではこの問題がテクストの対象なのだろうか。ここでは本当にこの問題がマルクスによって追求され、一八四三年におけるその未完成を指摘するだけで事足りるような目的なのだろうか。

実を言えば、第一歩が踏み出されなかったのは、彼の道程におけるこの瞬間にマルクスはしかるべきと思われる方向へと決然と乗り出したのではなかったからである。この方向は出版されなかった

（5） K. Marx, *Critique du droit politique hégélien*, Paris, Éditions sociales, p. 39-40.〔前掲、マルクス『ヘーゲル国法論（第二六一節―第三一三節）の批判』、二三六頁〕。以後この版から引用し、*Critique du droit...* の略称で指示する。

（6） *Ibid.*, p. 40.〔同前、二三七―二三八頁〕。

一八四三年の草稿にマルクスが回顧的に付与しようとしたものであり、未完成のまま遺されたこのテクストを貫く複数の緊張関係と潜在的可能性をなおざりにしつつ、ひとつのそして唯一の意味をこの方向に公然と与えながらそれは実行されたのだった。一八五九年のこの自己解釈は、それまでを総括するとともに公式的な見解を示すものであるのだが、あたかもそのなかで地すべりが、さらには破壊を伴う混同が生じたかのようだ。この混同はテクストが可能にした、そして可能にしたにすぎない「社会学的」効果――すなわち、社会的全体性の弁証法的分析のなかへの政治的なものの包摂――と、それとは別様により複雑となっているテクストの志向との混同である。別の読解が正当であり、ある意味ではより実りあるものとなる。なぜならば、国家の重心が家族とブルジョワ市民社会という活動する審級の側にあるという命題は、二重の解釈を受け入れることを可能にするからである。それに基づくならば、国家のこの引力は社会学的審級あるいは政治学的審級、言い換えれば規定する審級あるいは活動する諸力に結びつけられることになる。たしかに『ヘーゲル国法論の批判』は、同一の運動のなかでヘーゲル的転倒を告発し、この転倒に抗して歴史における社会的関係の真の規定する審級を探し当てようとする「科学的」志向によって支えられた、本質としては認識論的な批判としても読み解かれうる。つまり、広い意味での社会学的見地においては、家族とブルジョワ市民社会のなかに国家に対する効力を発揮する水準を指し示すことが肝要だというわけである。しかしながら、その運動と同時代性のもとでテクストを把握せんと試みるならば、マルクスが用いる批判は別のところに、正確には哲学的批判と政治的批判の結合点に位置づけられるように思われる。政治的批判というのは、政治と政治的世界を官僚的に思考する様式に政治を民主的に思考する様式を対置し、それによってデモクラシーの思考とその論理に調和した政治の思考を同時に練り上げることからなる政治的意志にマルクスが従うという意味である。マルクスは難解さと形式主義によって汚されたヘーゲルの官僚的知と闘うのだ。こうして、統治権力、すなわち官僚制について、マルクスは哲学的欠陥のかどでヘーゲルを批判する。後者がこの箇所で主張することのすべてにはいかなる独創性もない。さらに悪いことには、国家という組織のたんなる引き写しなのである。厳密な形式的描写が問題なのであって、統治権力のなかで展開されるような政治的組織に固有の論理の強調が問題なのではない。なぜならば、この箇所に存在するパラグラフの大部分はプロイセンの法を繰り返しているからだ。しかるに、ヘーゲルの凡庸さと経験論への告発を超えて、マルクスは官僚的な思考様式の特性そのものを批判の対象とする。実際、ヘーゲルの『法の哲学』、そしてその概念装置は、世界と社会的全体性の官僚的表象を露呈する。この表象は国家を、切り離された自律的な存在と見なし、その結果として、国家が唯一の代行者であり、そして社会内での活動の唯一の場であるという法外な特権を付与する。マルクスによれば、これが官僚制の外部に存在するあらゆる要素を受動性の領域に割り当てる世界の官僚的表象の際立った特徴なのである。より正確に言うならば、官僚制の肥大化は必然的な帰結として、社会のただなかで自発的に生まれるほんのわずかな活動の源泉でさえも官僚自身の目から覆い隠してしまうのだ。「彼（官僚）は、まずもって、現実の生を物質的な生と見なしている。というのも、この生の精神は官僚制のなかに対自的に切り離された実存を有しているからである。それゆえ官僚制は生をできるかぎり物質的かつ受動的にしなければならない［…］。現実の生が死んだものとして現れるのと同様に、現実の学は内容を欠いたものとして現れる。というのも、この想像上の知と想像上の生が本質の代わりとなるからである。［…］それ（官僚制）はすべてを為そうと欲する、つまりは意志をカウサ・プリマ、すなわち第一原因とする［…］。官僚にとって、世界は彼が思うままに取り扱うたんなる対象にすぎない」[7]。ヘーゲル法哲学は官僚的独我論の空想的産物であることが明らかとなるだろう。それゆえ、まさしく政治的な意志がマルクスを活気づけ、政治を別様に考えるよう後押ししたのであり、まさしく反官僚的な衝動が彼の眼差しを物質的かつ精神的領域の自律性へと向け、現実的な解放への意志と、能動性と受動性の極の置き換えが生じる歴史の新たな思考とを、デモクラシーの旗印のもとに合流させるよう彼を誘ったのだ。それにより、彼の思考のなかで、変革の方法と革命的意志のあいだに特筆すべき交流が生じる。革命が変革の方法の実践の領野における活用と定義されうるとすれば、その逆に変革の方法は理論の領野における革命的介入として構成される。一八四三年の草稿と同時期に書かれたことがほぼ確実である次の覚え書きは、革命運動と批判的逆転のこの共通の帰属を見事に物語ると同時に、一八四三年のマルクスにとっての規定するものの探究がいかにして、何かしらの社会学的な志向性とは無縁の次元の内部にある道を、革命と反動の二つの極によって境界画定されたまさしく政治的な道を拓いたかを明かすものである。「ルイ十八世のもとでは、憲法は国王の恩寵（国王によって授けられた憲章）であって、ルイ＝フィリップのもとでは、国王は憲法の恩寵（授けられた王権）である。一般的に、われわれは次のことを指摘することができる。主語から述語へ、述語から主語への変化、規定するものから規定されるものへの転倒は、つねに内在的な革命を告げ知らせる。これは革命の側に留まるものではない〔…〕。反動主義者たちにとっても同様なのである」[8]。ゆえに革命／反動の相反する概念の対に関する本質的に政治的な見地に立ってこそ、マルクスは主語と述語にとって可能な置き換えを思考し、位置づける。このテクストが政治の優位に根差していると強調すること、そして同時にこのテクストを社会学の対象とするような傾向を孕んだ読解から匿うことは、それをたんに政治的な概念化のなかに閉じ込めることを意図するものではない。反対に、政治

（7） *Ibid.*, p. 92-93.〔同前、二八三―二八四頁〕。

（8） K. Marx, *Œuvres*, III : *Philosophie*, p. 1684.〔マルクス「具体的・歴史的国家形態と抽象的国家理念との相互関係についてのヘーゲルの見解に関連して（「クロイツナハ・ノート」一八四三年、から）」、全集補巻一、十九頁〕。このテクストはおそらく一八四三年八月に執筆されたものなのだが、一八四三年の批判のすぐれて政治的な特徴を際立たせつつ、次のように続いている。「ヘーゲルは国家の理念の諸契機を主語に、国家の古い実存を述語に変えたのだが、国家の理念はつねにこれらの実存の述語であるがゆえに、つねに歴史的現実においてはその反対なのにもかかわらず、彼はそれを為したので、当時の一般的特徴、すなわち彼の政治的目的論を表明したにすぎなかった。これはまさしく彼の哲学・宗教的汎神論と同様である。この形而上学は新たな世界観の真理としての旧世界の反動の形而上学的表明なのだ」。

的な準拠軸の強調はただちに政治の批判と宗教の批判の関係を導入する。実のところ、国家の全能性のテーゼに抗って社会の物質的かつ精神的要素の自律性が承認されるために行われる闘争は、神的な全能性に抗って人間の自律性を肯定する哲学的所作を反復してはいないだろうか。ここから同様に、政治的批判と哲学的批判が遭遇する。なぜならば、主語と述語の置き換えは、政治的な規定するものを指し示すことを目的とすると同時に、それを超えて、より深い水準で、起源の問いに答えようと、すなわち政治的客体化を（この場合は国制を）、文化的あるいは物質的客体化を原初の自発性の源泉へと再び導き入れようとするからである。この源泉とは、いわば転倒の交点であり、そこから出発して転倒を作動させることがそれ以降正当となるような基盤である。なぜならば、最終的にそこにおいて、近代史がその真理のなかに照らし出される基礎が手に入るからだ。だからこそ、家族、そしてブルジョワ市民社会を規定する段階に仕立て上げることでそれらに注意を集めるとすれば、恣意的にマルクスの分析を妨げ、真の原初的主体を、彼自身が「根幹」と名付けたものを探し求めるラディカルな逆行の運動を中断させてしまうだろう。原初のものへと向かうこの進行を追跡するならば、実際に次のことを指摘することが可能である。当初マルクスが市民社会と家族へと注意を向けるべく国家から注意をそらしたとしても、彼はこの段階で立ち止まるのではなく、反対にこの観点からすれば派生的なものとして現れる市民社会と家族を、原初の活動の源泉たる主体、すなわち民衆《デモス》、より正確には全体としての民衆《デモス》と結びつけることが可能となるまでにその探究を継続するのだ。「群衆であるところの諸個人［…］、彼らによって国家は構成される」のであるが、この国家を構成する行為はヘーゲルによって〈理念〉の活動と言い表されたものである。それとは反対に「［…］現実の事実とは、国家は家族の成員として、ブルジョワ市民社会の成員として存在する群衆から生じるということである」(9)。一八四三年の批判においてマルクスによってこのうえなく明瞭に言明された哲学原理——「為すべきは現実の主体から出発してその客体化を考察することである」(10)——を考慮するならば、正当にも次のことを主張しうる。マルクス曰く、人民の自己規定としてのデモクラシーとそれ固有の哲学原理のあいだには完璧な一致が存在する。なぜならば、民衆《デモス》とともに、現実の主体、すなわち近代性における歴史の「根幹」が実存に、その真理に到達するからである。「ここで（デモクラシーにおいて）即自的に、本質に基づいてのみならず、実存に、現実に基づいてこそ国制は現実の基礎、すなわち現実の人間の、現実の人民のなかに絶え間なく送り届けられるのであり、それ固有の所産として定立される」(11)。ゆえにデモクラシーは変革の方法の政治的領野での具現化として姿を現すことになろう。同様に、変革の方法は理論の領野での、デモクラシーの原理の領野での活用として姿を現すということになろう。政治の批判を解放の解釈学と見る解釈は、この読解上の仮説を裏付ける。政治の地平およ

（9）*Critique du droit...*, p. 40.〔前掲、マルクス『ヘーゲル国法論（第二六一節—第三一三節）の批判』、二三八頁〕。
（10）*Ibid.*, p. 60.〔同前、二五六頁〕。
（11）*Ibid.*, p. 68.〔同前、二六三頁〕。

びその諸形態と、政治的なものを社会学的に説明することを可能にするような社会的全体性の審級とを関連づけることが問われているのではない。国家の重心がそれ自体の外部に存在すると述べることが指し示すのはむしろ、国家を、それを超出し蝶番から外すようなこの運動と、国家を震えあがらせるこの意味の過剰と結びつけなければならないということである。後者においては、現実の主体は民衆《デモス》の活動的生にほかならない。別の言い方をすれば、現実の人民は近代国家につきまとう意味の過剰という秘密を握っている。さらに別の言い方をすれば、近代国家の意味の源泉、暗黙の地平のかたちで政治的国家に意味を与える（それと同時に相対化する）ものは、民衆《デモス》の多元的にして巨大な、多形の生であることが明らかになるというわけである。

マルクスの展開がこのように把握され、原初的主体がこのように名付けられることにより、ヘーゲル批判におけるマルクスの目的が看破される。それは、政治的なものの本質を——次の補足が重要なのだが——民衆《デモス》であるところの現実の主体に照らして考えることであって、ヘーゲルがしたように主体としての〈理念〉の展開に照らして考えることではない。それゆえ何らかの社会学的な技術《テクネー》に属するのではなく、反対にマルクスはヘーゲルの論理主義と袂を分かとうとする意志によって支えられている。この意志は、政治的主体の活動に応じて政治的なものの特性を解明せんとする付随的な意志をも伴っている。かくして、マルクスが有機体としての国家の理念に立ち戻ることを望まなかったとしても、それでも彼は、政治的なものの本質に関する問いかけを論理の展開へと置き換えたがゆえに道半ばまでしか進まなかったとしてヘーゲルを批判する。なぜならば、政治的なものを問うことこそが肝要であるからだ。一八四三年の批判のテクストと同時期の他の著作、ルーゲ宛て書簡や「ユダヤ人問題によせて」執筆されたテクスト等を照合すると、理論的であると同時に実践的であるこの時期のマルクスの基本的な関心は、近代政治の本質を、政治的国家としての近代国家にとって歴史的に特有の形象をよりいっそう正確に解明することであったと気づかされる。この点に関してとりわけ示唆に富むのは、マルクスが国制の〈理念〉についてのヘーゲルによる説明に対して差し向けた批判である。それによれば、ヘーゲルは国制を、それ特有の本質のなかで国家を構成する各種権力――立法権力、統治権力――を引き受ける国家の発展としては考えず、いかにして政治的有機体がそれぞれの権力の現実的差異に耐えながら、自らを有機体として構成しうるかということを示す課題を怠った。いま一度、〈理念〉は主体として作られ、各種権力はたんにその帰結として解されることになる。しかし他方でマルクスにとっては前提、そして主体は現実的差異あるいは政治的国制の多様な側面なのである。そしてひとえにこれらの特異な本質の関係から出発してのみ、国制の理念と有機体の理念との関係を問うことができるのだ。それゆえマルクスは、ヘーゲルが政治的なものを思考せず、政治的なものを取り逃したとして非難する。ヘーゲルの思考の運動は、論理の図式、すなわち政治的要素のなかへのあらゆる組み込みから、規定とのあらゆる対決から離れた〈理念〉および契機の諸関係に対応しているにすぎないのだ。「抽象的〈理念〉から出発するので、国家におけるその理念の発展が政治的国制であるということになる。その結果として、政治的理念ではなく、それとは反対に政治的要素における抽象的〈理念〉が問われることになる。［…］私は政治的国制に特有の理念なるものについてまだ何も知らない[12]」、そうマルクスは判定を下す。ヘーゲルの諸規定は不出来である、なぜならばそれらに特有の本質から考えられていないからである。ヘーゲルの諸命題は政治的有機体と同じく動物的有機体にも当てはまる。それは論理的理念が、国家においても自然においても、同様に機能するからである。ヘーゲルは政治的なものの本質を、とりわけそれぞれの権力の政治的な本質を取り逃した。それは各種権力がそれらに固有の本性によってではなく、概念の本性によって規定されているからである。それゆえにヘーゲル法哲学は政治的なものの現実的知の見せかけしか提供しないのだ。「彼は対象から出発してその思索を始めるのではなく、反対に対象を思索にしたがって発展させるのであって、この思索は論理の抽象的領域のなかで自らの限界まで進んだがゆえに、すでに自らとともにこの発展を終えてしまっている。政治的国制の規定された理念を発展させることではなく、政治的国制に抽象的〈理念〉との関係を与えることが問題となっているのである[13]」。ここからマルクスは、種差（*differentia specifica*）を与えない説明は説明ではないと結論づける。政治的経験の弁証法の正しさを認めることができなかったので、ヘーゲルは論理学・形而上学的諸規定から出発してのみ国家を思考したのであった。「思考が国家の本性に基づいて規定されるのではなく、反対に、国家が思考に基づいて目的を提供することになっている[14]」。歴史的に構成されながらも論理的定義の展開によって構成されるのではないこの有機体的統一性——問題含みの統一性である——を構築するためには、すなわちそれを試験するためには、第一段階では各種権力のほとんど現象学的な描写をすることが求められ——「各種権力は異なる原理を有し、それによって揺るぎない実在を有する」[15]——、第二段階では、これら各種権力の衝突、敵対性を探し当てるべきであり、それらの統一性を空想のなかで、現実の抗争を超えて発展させるのではなく、あるいは抗争の否認のなかで発展させるのではなく、まさに各種権力の抗争を介してこそ発展させるべきである。というのも、それらの対立から現実の統一性が出来しうるからである。

マルクスの言葉を繰り返すならば、哲学的作業は、思索が政治的諸規定のなかで具体化することを可能にする。マルクス自身が「政治体の論理」として指し示したものを発見するために要求されるのは、「政治的要素」そのものと諸審級の形相《エイドス》のあいだの一種の永続的な対決において政治的な事柄の形相《エイドス》を明らかにすることである。これらの審級は、複合的かつ相違した働き——理論的な力が立法権力に固有のものである一方で、実践的な力は統治権力に固有のものである——のなかで、古典古代の

(12) *Ibid.*, p. 44.〔同前、二四一頁〕。
(13) *Ibid.*, p. 47.〔同前、二四四頁〕。
(14) *Ibid.*, p. 53.〔同前、二五〇頁〕。
(15) *Ibid.*, p. 106.〔同前、二九五頁〕。

都市国家《シテ》や中世とは異なるものとして近代国家を構成するのである。

それゆえ認めるべきは、ある意味においてマルクスの探究は、反駁と肯定とが絶えず錯綜するとはいえ、次の問いに答えんとする意志によって全体が支えられているということである。ひとたび哲学者が有機体の論理的理念から出発してではなく「政治的要素」の特殊性にその正しさを十全に認めることによってこの政治的世界を思考するよう決意したとすれば、政治的有機体の種差（*differentia specifica*）とはいかなるものか。ここには複数の問いがひしめき合っている。あるいはむしろ、種差の問いが十全に受け入れられるためには、それが多様化されることが求められているのだ。いかにして政治的要素は、その特殊性のなかで全体性の理念を発展させるようになるのだろうか。理論的であると同時に実践的な力である民衆《デモス》であるところのこの特定の主体と結びつけられたとき、有機体の理念はどうなるのか。ここに同一化する論理と相反する別の全体化の様態を看破することができるのだろうか。要するに、主体の変化にもかかわらず体系の理念は維持されるのだろうか、それとも主体の変化は結果として体系の理念そのものを侵害するのだろうか。

この問いに答えるためには、政治的な事柄がそこで興じる一種の臨界点としてこのテクストのなかに姿を現す「真のデモクラシー」の場にこそ身を置くべきである。

われわれの読解上の仮説が認められるならば、一八四三年の批判において国家概念の自律性に対して置かれた距離にもかかわらず、このテクストはマキァヴェリアン・モーメントの外部に位置するのではなく、ある意味でエルネスト・グラッシの主張を裏付けるものと思われる。彼はまさしく一八四三年の批判とフォイエルバッハという源泉から出発し、マルクスとイタリアのシヴィック・ヒューマニズムのあいだにはあまり知られていない関係が存在すると結論を下す。そこで彼が見抜くのは、少なくとも二つの類似性の場であって、ひとつには現実の人間の世界を犠牲にして理念の弁証法を特権視する先験的《ア・プリオリ》な哲学のあらゆる形態に対する同様の告発である。もうひとつにはたとえ異なる活動から出発して歴史性が考えられるとしても、どちらの場合においてもその結果として生じる地上の国家と歴史の新たな思考に対する同様の関心である。[16] それゆえ、一八四三年のテクストの読解により、それを活気づける政治的な事柄への「回帰」を引き立たせながら、次のように評価を下すことが可能であろう。ヘーゲル法哲学の批判はわれわれをマキァヴェリアン・モーメントのもうひとつの姿と向き合わせる。メルロ＝ポンティが述べるように、そこではマキァヴェッリの名において、「政治に固有の環境」[17] へと引き込まれることが肝要なのである。

(16) E. Grassi, *Humanisme et marxisme*, Lausanne, L'Âge d'homme, 1978, p. 50 et *s*. 本書はシヴィック・ヒューマニズムとマルクスを対象とするとともに、イタリア人文主義のテクストの有益な選集を提供するものである。

(17) M. Merleau-Ponty, « Note sur Machiavel », in *Signes*, Paris, Gallimard, 1960, p. 270.〔メルロー＝ポンティ「マキアヴェリ覚え書」、『シーニュ』第二巻、竹内芳郎監訳、みすず書房、一九七〇年、一〇五頁〕。

第五章　真のデモクラシーの四つの特徴

「真のデモクラシー」の謎と、これからわれわれが解釈を試みる次の定式に立ち戻ろう。「現代のフランス人はこのことを、真のデモクラシーにおいて政治的国家は消滅するであろうという意味で理解した。これは、国制としての政治的国家であるものが全体としてはもはや通用しないがゆえに正しい」[1]。すでに検討したように、この数行は実のところ謎めいている。マルクスは、政治的国家の消滅が、その真理へと到達する政治的共同体の十全たる自己回帰のなかでのみ、自己回帰によってのみ生じうるというような逆説的な状況を思考するようわれわれに呼びかける。要するに、いかにして国家の消滅は、一八四三年のマルクスの目には完成した政治形態としての性質をも備えているように映った政治形態の到来を伴いうるのだろうか。この争点は看過しえない。というのも、ここで初めて、国家の消滅という主題が政治的国家とデモクラシーの対比と同時に生じる――この点は強調されるに値する――ということに気づかされるからである。この主題の残響はマルクスの業績全体に見出される。一八四七年、『哲学の貧困』では、革命後の階級なき社会に言及しつつ、マルクスは「本来の意味での政治権力」はもはや存在しないだろうと予言する。とりわけ一八七一年、『フランスにおける内乱』では、コミューンに関する記述がこれに相当する。一八七五年、『ゴータ綱領批判』では、国家の消滅は、たんなる否定のかたちというよりは、転倒や変化といった言葉で思考される。「自由とは、社会の上位に築き上げられた機関である国家を、社会に完全に従属した機関へと変化させることからなる［…］。よって、問いは次のように提起される。共産主義社会において、形態－国家はいかなる変化を被ることになるのだろうか。別の言い方をすれば、この社会では、国家が現在果たしている機能に類するいかなる社会的機能が存続することになるのだろうか」[2]。一八四三年の批判でのマルクスの計画は、すでに述べたように、民衆《デモス》であるところの現実の主体に照らして政治的なものの本質を思考することである。これが示しているのは、政治的なものの本質の探究と真のデモクラシーの探究は必然的に同時に生じ、さらには一体となるということである。政治的なものの本質を問うことはデモクラシーの問いに通じ、他の統治形態とのデモクラシーの種差を解明することは政治的な事柄の論理そのものと対峙することに等しい。実際に、このテクストのなかでは、マルクスはライプニッツの定式、「デモクラシー、すなわち政治」[3]を我が物としているかのようだ。真のデモクラシー――すなわち、国制《ポリテイア》の形態として真理へと到達するデモクラシー――は、典型的な政治であり、政治的原理の開花、その終幕である。その結果、真のデモクラシーの論理を理解することは、政治的な事柄の論理へと到達するということになる。政治的なものの本質の探究と、この本質の秘密を明かすことが可能な形態としてのデモクラシーの選出はともに、マルクスにとって瑣末な選択なのではない。少なくともこれらの選択は、批判的な所作がたんなる否定とは混同されないような政治的なものの複雑な思考を証言するとともに、ヘーゲル、M・ヘス、スピノザの三角関係の内部で展開するように思われるだけにいっそう存立性を備えた政治的なものの地位への問いかけを証言するのである。

以降、われわれは真のデモクラシーの四つの特徴を取り上げ、その道中でこの三角関係に取り組むことにする。

(1) K. Marx, *Critique du droit...*, *op. cit.*, p. 70.〔前掲『ヘーゲル国法論（第二六一節―第三一三節）の批判』、二六四頁〕。原文ではこの一節は次のように記されている。« *Die neueren Franzosen haben dies so aufgefaßt, daß in der wahren Demokratie der politische Staat untergehe* », in K. Marx, *Die Frühschriften*, A. Kröner, 1953, p. 48.

(2) K. Marx, *Critique du programme du parti ouvrier allemand*, in *Œuvres*, I : *Économie I*, Paris, Gallimard, « Bibliothèque de la Pléiade », 1965, p. 1428-1429.〔マルクス『ゴータ綱領批判』、全集第十九巻、二七―二八頁〕。

(3) E. Naert, *La Pensée politique de Leibniz*, Paris, PUF, 1964, p. 21.

第一の特徴。「君主の主権か、人民の主権か、ここではそれが問題となっている［…］それとは反対に、まったくもって相反した二つの主権概念が重要である」[4]。ヘーゲルとは反対に、マルクスは人民主権の見地から政治的なものを思考することを選択する。人民が現実の国家なのであり、マルクスはヘーゲルの諸命題をまるごと転倒させるのだ。まず、政治形態の発展段階の規定に関して言えば、彼は『法の哲学』第二七三節で表明されているテーゼ、「国家の立憲君主政への発展は現実世界の所産であり、このなかで実体的理念はその無限の形態へと到達した」とするテーゼの逆を主張する。デモクラシーのなかに恣意的かつ非有機的な状態に留まっている人民の表徴を見るのではなく、それとは反対にマルクスは、デモクラシーという形態を、自由の歴史としての近代史の極致と見なす。さらに、彼はデモクラシーを、立憲君主政か共和政かを問わず近代の政治形態すべてが向かう目的《テロス》とする。それゆえ、君主政体においては政治的原理――J－L・ナンシーが関係と定義するもの――、すなわち「政治的動物《ゾーン・ポリティコン》に特有の性質である過剰を指し示す」[5]結合それ自体がまさに問題であると認める点では、マルクスはヘーゲルに同意するかもしれないが、しかるに両者には相違が存在するのであって、君主政において政治的原理が問題となるのは、それが幻想を生じせしめるがゆえに損なわれた形態、さらには神秘化する形態である場合にかぎられるのだ。

理論的観点からすれば、君主政はそれ自体から出発しては理解されえず、ひとえに地平から、それに働きかける隠れた原理すなわちデモクラシーの原理から出発するかぎりにおいて理解されうるという結果になる。だからこそ、デモクラシーの論理のみが君主政を解く手がかりをもたらすという理由から、君主政を理解するには脱中心化が要求される一方で、反対にデモクラシーは、それ自体の水準で再中心化されながら、自らを理解し、自らを認識することが可能である。というのも、真の主体、すなわち民衆《デモス》は自己との十全たる関係のなかで確立されるがゆえに、デモクラシーはいかなる高次の形態にも属さないからである。それどころか、デモクラシーの場でこそ、政治的原理そのものが申し分なく自らを明かすのだ。宗教のヘーゲル的階層秩序を受け入れるのであれば、宗教と政治の並行関係に忠実でありながら、次のような政治形態の階層秩序を提示しうる。政治の領野においては、デモクラシーは宗教の領野におけるキリスト教と同様の頂点を占める。キリスト教が「典型的な」宗教であり、キリスト教の解釈学がわれわれに宗教の本質を伝えることになるのと同様に、デモクラシーはその解釈が国制の本質をもたらすことになる典型的な国制なのである。われわれは次の命題に到達する。キリスト教の解釈による宗教の本質とは、神格化された人間である。デモクラシーの解釈による

（4） *Critique du droit...*, p. 67.〔前掲、マルクス『ヘーゲル国法論（第二六一節―第三一三節）の批判』、二六二頁〕。
（5） J.-L. Nancy, « La juridiction du monarque hégélien », in *Rejouer le politique*, Paris, Galilée, 1981, p. 55.

政治の本質とは、社会化された人間である。これらはいくらか漠然とした定式であるので、後に立ち戻ることにする。

青年マルクスのこのような立場は比較的よく知られていながらも、その含意の重要性は真の意味では認識されなかったのかもしれない。実際に、政治的なものの思考、政治的なものの地位に関して言えば、デモクラシーとは政治の完成した形態であるというテーゼが引き入れ、身を投じるものを問うことなしに、マルクスとヘーゲルの政治的対立ばかりが取り上げられている。その第一の含意とは、政治的なものの複雑な思考のみがデモクラシーについての命題の可能性の条件でありうるというものである。複雑な思考というのは、政治的なものが二重の公準に基づいて把握されるという意味である。政治的なものが支配－隷従の関係の方向で考えられうるとしても、政治的悪が人間による人間の支配であるとしても、それでも政治的なものは支配の一面のみに還元しうるものとして考えられるべきではない。なぜならば、争点となっているもの、政治的なもののなかで、政治的なものによって到来する当のものとは、自由の、自由な意志の要求に応じて人間の共生を作動させることであるからだ。まさしくここにおいて三角関係が明快となりうるのである。

モーゼス・ヘスは、同一八四三年の『活動の哲学』において、理性的国家というユートピアと公然と袂を分かつ。批判、宗教および政治を同一の所作でもって、彼は率直に主人－奴隷の関係の諸形態として定義する。「支配とその対義語である隷属は、宗教と政治の本質であり、この本質が完璧に現れるならばそれだけ、宗教と政治はいっそう仕上がった形態を有する」[6]。

同様の政治の拒否が『社会主義か共産主義か』（一八四三年）にも存在するのであって、そこでM・ヘスは同じ身振りで啓蒙の獲得物、すなわち法治国家と理性の宗教を退ける。「およそ政治というものは、それが絶対的か貴族的、あるいは民主的であるかを問わず、その自己保存という目的のために、支配と隷従の対立を必ずや維持しなければならない。政治は対立から利を得るのであって、それはこれらの対立に実存を負っているからである」[7]。過ぎ去った歴史は虚構、すなわち二元論の反復、抽象的普遍と真理を持たず精神を欠いた個人との断絶の反復にすぎない。思考の領野で「捨て身の闘争」を実践するM・ヘスは、キリスト教をもっとも仕上がった宗教と認めるのと同様に君主政をすべての政治形態の極致と認める点ではヘーゲルと合意に達するが、それはすぐさまヘーゲルと袂を分かつためなのだ。君主政が政治の頂点であるのは、まさしく政治の本質が主人－奴隷の関係であるかぎりにおいてである。単独の主人（単一者《モノス》）の支配である君主政は、支配としての政治を画する形態である。それゆえ論理的にM・ヘスの結論は、「活動を促進し、生きることへの

（6） Moses Hess, « Philosophie de l'action », in *Cahiers de l'ISEA*, Série 5, n° 16, octobre 1973, p. 1892.〔モーゼス・ヘス「行為の哲学」、『初期社会主義論集』、山中隆次、畑孝一訳、未來社、一九七〇年、七九頁〕。
（7） M. Hess, *Socialisme et communisme*, in G. Bensussan, *Moses Hess, la philosophie, le socialisme*, Paris, PUF, 1985, p. 155.〔ヘス「社会主義と共産主義」、『初期社会主義論集』、山中隆次、畑孝一訳、未來社、一九七〇年、三五頁〕。

意欲を増大させるものが善である」という近代的自由の真の始まり《イニティウム》であるスピノザの公理の名において、社会的生と同じく精神的生におけるあらゆる支配の否定としての無政府状態《アナルシー》へと向かう。モーゼス・ヘスが構想する無政府状態《アナルシー》は、無神論（フィヒテ）と共産主義（バブーフ）が交差する点に位置づけられる。プルードンによってより正確に呼び表される無政府状態《アナルシー》は、「あらゆる政治的支配の否定として、国家あるいは政治概念の否定として」[8]定義される。政治的理性論者と対立する無神論者として、モーゼス・ヘスは法治国家を、たとえそれが共和的な形態であっても排除する。なぜならば彼はこの国家のうちに、統治者と被統治者の分断のかたちで支配と隷従の対が再出現するのを認めるからである。同様に、彼はデモクラシーを明白に撥ねつける。「このデモクラシーは『主観的』あるいは『人格的』自由の名のもとでの個人的な恣意による統治とは別物なのだろうか」、いかなる点でそれは「〈一者〉の支配と区別されるというのだろうか」[9]。「隷従の閉じた円環」を粉砕し、そこから抜け出すために、M・ヘスはスピノザの名を引き合いに出しつつ、宗教的かつ政治的疎外の終焉を真に人間的な歴史の地平として指し示す。この終焉は即自的目的としての活動を構想し、「生全体を包括する哲学的倫理」へと通じるものである。「宗教や政治とともに現れたこの不幸は、宗教と政治の治世が終焉を迎えると同時に消滅するだろう[10]」。

こうして〈現代〉の原理が、あらゆる生の絶対的統一が果たされることになる、というわけである。M・ヘスとマルクスとの差異は、スピノザとの別の関係を争点とするように思われる。M・ヘスが倫理へと姿を変える無政府状態《アナルシー》についてスピノザを引き継ぐ一方で、マルクスはと言えば、スピノザによるデモクラシーの思考へと立ち戻る。実のところマルクスは、立憲君主政を政治形態の頂点として選出するヘーゲルに反対し、デモクラシーをこの際立った地位に選択しながら、きわめて正確にスピノザの立場を踏襲したのだった。後者〔スピノザ〕にとっては、よく知られているように、「組織された集団としてその権力に含まれるすべてに対する主権を享受する人間の結合から生まれる」[11]デモクラシーは、「もっとも自然かつ諸個人の生来の自由をもっとも尊重しうる」[12]ように思われる統治の、社会的なものの創設の形態なのである。だからこそスピノザはその論考のなかで、政治的共同体のこの形態に優先権と優越性を付与する。もっとも理性に合致しもっとも自由である体制としてのデモクラシーは典型的な政治的共同体であり、他方で貴族的あるいは君主的な体制は派生的で十分に練り上げられていない政治制度の形態にすぎない。というのも、よく見てみると、あらゆる主権はデモクラ

(8) *Ibid*., p. 156.〔同前、三七頁〕。
(9) Moses Hess, *Philosophie de l'action*, *op. cit*., p. 1894.〔前掲、ヘス「行為の哲学」、八二頁〕。
(10) *Ibid*., p, 1897.〔同前、八六頁〕。M・ヘスにおける政治の批判を分析するに当たっては、次を参照。G. Bensussan, *Moses Hess, la philosophie, le socialisme*, *op. cit*., p. 99-105.
(11) Spinoza, *Traité des autorités théologiques et politiques*, chap. XVI, Paris, Gallimard, « Bibliothèque de la Pléiade », 1954, p. 886 et 889.〔スピノザ『神学・政治論』下巻、吉田量彦訳、光文社古典新訳文庫、二〇一四年、一六二、一六六―一六七頁〕。
(12) *Ibid*., p. 889.〔同前、一六六頁〕。

シーの本質を備えているからである。(13)
ところで、このように政治的立場の水準でヘーゲルに抗してスピノザを反復することは、政治的なものの思考についてはM・ヘスに抗する意味を帯びる。マルクスにとってデモクラシーが、スピノザにとってと同様にもっとも自然な体制であり、国制《ポリテイア》の範例として、あるいはまた「真の政治的生の最高度のモデルとして」(14)姿を現すとすれば、それはまさしく、マルクスにとって政治の本質は主人－奴隷の関係という唯一の極に帰着することはできず、むしろ人間の結合を作動させることに存するとともに、自由へと差し向けられた共－存在の、国家のかたちのもとで《スプ・スペキエ・レイ・プブリカエ》の創設、あるいはむしろマルクスが「人間の交流」または人間を媒介する活動と名付けるものを作動させることに存するからである。この意味では政治的要素は、諸欲求の弁証法や分業の派生には還元しえない特殊な紐帯として、自由へと身を捧げる人間社会が政治的動物の世界（生きることと殖えること）に再び陥りたくなければ避けては通れない契機としてマルクスによって見事に把握されている。この要素のなかで、この要素によって明らかになるのは、「現実の人間」が、市民の普遍性である人民のかたちのもとで、普遍化の試練に絶えず身を曝す場なのである。

これにより、M・ヘスとマルクスの衝突がどこに位置づけられるかが看破される。

すべては君主政における単一者《モノス》の解釈にかかわる。一方にとって政治の本質とは支配であり、単一者《モノス》は単独の主人の支配と解される――この場合、君主政は支配の範例としての政治の極致であり、デモクラシーはその折衷的形態、恥ずべき妥協にすぎない。他方にとって政治の志向とは人間のあいだに共同体を、モナド論を創設することであり、単一者《モノス》は統一性と解される。そのとき問われているのは――現実には一八四三年の批判におけるマルクスの展開全体にとってそうなのだが――、神とは愛である、ゆえに愛とは神であるというような主語と述語の置き換えのモデルに立脚して変革の方法を働かせることである。このことは政治的領野において果たされる――王とは統一性である、ゆえに統一性とは王妃である――。それに付随して、民衆《デモス》たる現実の主体が単一者《モノス》に取って代わる。というのも、ヘーゲルが構想する立憲君主政は、それが実を結ぶには袂を分かたねばならない一貫性の欠如であるからだ。この場合、政治の本質の完璧な自己回帰としてのデモクラシーは、政治体制の階層秩序の頂点へと上昇する一方で、君主政は不完全な形態の地位へと下降する。

これらの含意、すなわち真のデモクラシーと政治の本質とのいまだ十分には表明されていない相互性が認められるとすれば、彼の道程の少なくともこの瞬間において、マルクスに政治の否認の責任を被せることは、それを咎めるためであっても称賛するためであっても、不可能であることが認められるだろう。

（13） *Ibid.*, p. 889.〔同前、一六七頁〕。
（14） L. Mugnier-Pollet, *La Philosophie politique de Spinoza*, Paris, Vrin, 1976, p. 250.

そのとき認められるのは、一八四三年の批判を――フォイエルバッハの諸カテゴリーと、デモクラシーとキリスト教の並行関係を援用しながら――次のように読解することはきっと正当であるということだろう。つまり、マルクスにとってこの批判は、ヘーゲルを通じて（しかるにこの通路はどうあってもよいわけではない）、ヘーゲルに抗して、政治の教条的本質からその倫理的あるいは人間学的本質への移行を果たそうとする強靭な意志によって支えられているのである。

この意味において、モーゼス・ヘスと同様にマルクスは、次の唯一ではあるが重要な差異を孕みながら、政治的無神論者たちの一団に数えられうる。モーゼス・ヘスが政治とのひとえに否定的な関係を有している一方で、マルクスは偽から真を区別し、国家の消滅をあくまで真のデモクラシーの到来として思考するような批判的な関係を練り上げるのに成功したのだった。

II

第二の特徴。主体の活動、全体としての民衆《デモス》と国制の客体化のあいだの関係は、デモクラシーにおいては、他の国家形態において生じるものとは異なる。たとえこれらの形態が知らぬだけで、そこにおいても主権はデモクラシーの本質を等しく備えていることが明らかになるとしても、異なるのである。デモクラシーにおいては、この関係は全体と諸部分との別の結びつきとして表現される。このことは、デモクラシーの際立った基準として通用する重要な帰結をもたらす。すなわち国制の客体化、国制のかたちでの民衆《デモス》の客体化がそこでは還元の対象となるのである。とりわけこれが次の命題の意味のひとつである。「そこ〔デモクラシー〕では人間が法から作られるのではなく、法が人間から作られる。法が人間の実存であるのに対し、他の国家形態においては、人間が法の実存である。これがデモクラシーの根本的な差異である」(15)。つまり、それ特有の本質――法が人間の実存である――に即したままであり続けるためにこそ、国制は還元の過程に服する。この還元と消去あるいは価値低下を混同するのは誤りだろう。思うに、還元は互いに結び合わさった二つの意味で解される。まずはフォイエルバッハ的な意味での還元‐解決が次の問いに答えることになる。「この場合には政治的客体を生む活動のなかで自らを認め」、反教条的な解釈の志向において解放をもたらす結果を生む「主体の本質とはどのようなものか」。さらなる還元とは、この回帰が果たされ、この承認が為されたならば、考察された客体化をそのありのままの状態――より包括的な過程の契機――に還元し、それゆえ政治的領域では働かない理論的かつ実践的なエネルギーをより統御するために、きわめて正確に客体化の限界を規定するべきであるという意味での還元である。かくして、デモクラシーという国制のなかで賭けられ、生じるものについての高次の観念を有しているがゆえに、まさしくマルクスはここから、実

(15) *Critique du droit... op. cit.*, p. 69.〔前掲、マルクス『ヘーゲル国法論(第二六一節―第三一三節)の批判』、二六四頁〕。

効的操作の発展を危険に曝すことがないようにするには還元が必要であると結論づける。ところで、この実効的操作とはどのようなものか。前述の定式に立ち戻ろう。(すべての国家形態の真理としてのみならず)特定の政治的共同体の形態としてのデモクラシーは、あらゆる政治的国制の本質、すなわち「社会化された人間」を明らかにする、というのがそれだ。この命題は、それが思い違いを招きうるがゆえにいっそう解釈に値するものである。というのもH・アレントに基づいて、読者はそこに、政治的動物《ゾーン・ポリティコン》としてのアリストテレス的な人間の定義を社会的動物《アニマル・ソキアリス》と理解し、政治《ポリス》からではなく経済《オイコス》から出発して政治的なものを考える(ゆえにそれを取り逃がす)ことからなる近代に典型的な誤りを突き止めようとする傾向があるからだ。(16)

しかるに、一八四三年の批判の意義とは、それがマキァヴェッリから得た着想を備えているがゆえに、このような近代的傾向からは無縁であり続けることに存する。われわれは「国家に抗する社会」といった類の社会権の問題系、政治的国制は「社会化された人間」の到来とともに時代遅れとなったがゆえに消滅するというような問題系に直面しているのではない。これとは反対に、マルクスが提起する問題系はもっぱら政治的なのであって、政治的水準では主権の理論を、哲学的水準では主体性の思考を争点とする。主体性の近代的原理に応じるべく人間(君主の人格)を主体化された国家とするヘーゲルに抗して、マルクスにとってはそれとは逆向きに、デモクラシーにおいては類的存在たる人間、人民、すなわち民衆《デモス》(ギリシア語に助けを求めるのは無関係のことではない)が、国家のなかで、国家によって、客体化に到達すると示すことが肝要である。デモクラシーは「国家を客体化した人間にする」という命題が示すのは、この政治形態においては、国家とは人間の社会的実存の諸形象が客体化を被る舞台だということである。人間が普遍的存在として自らを知り、自らを認める――フィヒテの定式を繰り返すならば、人間は人間のあいだでのみ人間である――のは、政治的領域へと到達し、政治的要素のなかに入り込むかぎりにおいて、である。国家のかたちのもとで《スブ・スペキエ・レイ・プブリカエ》、ひとえにそうであるからこそ、人間は社会的存在としてのその使命へと到達するのだ。国制は啓示すると同時に純化する要素として作用する。それゆえ社会《ソキエタス》の到来は政治的共同体《キウィタス》を無用で時代遅れとするのではなく、政治的共同体《キウィタス》への到達によってこそ社会《ソキエタス》が出現する。さらに言えば、人間が「社会的動物《アニマル・ソキアリス》」であるからこそ国制を獲得するというのではなく、むしろ人間が国制を獲得するからこそ、人間が政治的動物《ゾーン・ポリティコン》であるからこそ、人間は現実に「社会化された人間」として現れるのである。さらに先へと進むのがよいだろう。政治的本質、すなわち社会化された人間は、よく見てみると、現実にあっては家族や市民社会の限界、そしてそれらから生じる規定性を免れ、より正確にはそれから解放されるかぎりにおいて姿を現す人間の本質であることが明らかとなる。それゆえ、市民社会のなかで生じる諸関係を通

（16）　H. Arendt, *Condition de l'homme moderne*, trad. de l'américain par Georges Fradier, Paris, Calmann-Lévy, 1961.〔ハンナ・アレント『人間の条件』、志水速雄訳、ちくま学芸文庫、一九九四年〕。

じて人間はその社会的使命を果たすようになるのではなく、政治的国家の市民としての資格で、前述の諸関係に抗い、それらを政治的に拒絶しながらこそ、人間は類的存在としての本質を獲得することができるのだ。したがって政治的な存在様態は、真の普遍的実存の経験へ、共同体の、すなわち人間と人間との統一の経験へと開かれるのである。享受の原理に従属しているブルジョワ市民社会はたしかに紐帯を生み出すとはいえ、それらは癒しがたい偶然性の影響を被るがままとなる。ひとえにブルジョワ市民社会の水準での「解結」のみが、政治的領域に立ち入ることで類としての連結の経験を可能にするのである。マルクスが記すところによれば、その政治的な意味のなかで、「ブルジョワ市民社会の成員はその身分を、現実の私的立場を手放す(17)」。政治的領域のなかでのみ、社会の成員は「人間であることを示す。国家の成員として、社会的本質としてのその規定は、人間の規定として現れる(18)」。政治的領域と社会的諸規定との隔たりは、代議制の問題が検討されるや否やいっそう拡大する。身分による代表と――近代的原理である――政治的代表を区別しながら、マルクスが強調するのは、市民社会の事実性と社会構成から出発してではなく、それとは反対に、それらとその諸規定の否定によってこそ近代的な意味での代表が存在しうるということである。マルクスはこのような政治的実存への到達、このような政治的行為を、市民社会の解体のかたちで、こう言ってよければ、脱社会化というかたちで構想しさえするようになる。その脱社会化はブルジョワ市民社会からの自己の真の脱出、すなわち脱自を伴うのだ。「この政治的行為は[…]、そこでの騒動を、脱自を引き起こすブルジョワ市民社会の行為である」[19]。それゆえ明らかに不連続性の旗印のもとでこそ、マルクスは政治的領域と、社会的だと自称するものとの関係を思考する。国制、すなわち政治的国家は、家族と市民社会のなかで育まれる不完全な社会性の最後を飾り、完成させにやってくるのではない。そうではなく国制は、本質的でない社会性とは切り離された立場に位置づけられるのである。「ブルジョワ市民社会という状態は欲求、すなわち自然の契機も、その原理としての政治も有していない。この状態は、一時的な仕方で形作られ、その形成そのものが恣意的な形成であって組織ではないような大衆の分割である」[20]。全面的な実体変化として定義されるこの政治的行為のなかでは、二つの契機が区別されている。一方は市民社会を括弧に入れる契機であり、「それにおいて（政治的行為のなかで）ブルジョワ市民社会はブルジョワ市民社会としての、私的状態としてのそれ自体を全面的に放棄しなければならない」[21]。そしてもう一方は政治的要素のなかで、政治的要素によって為される「社会化された人間」の自己回帰の契機であり、それにおいて求められるのは、市民社会が「その本質のブルジョワ市民的実存とい

(17)　*Critique du droit..., op. cit.*, p. 136.〔前掲、マルクス『ヘーゲル国法論（第二六一節―第三一三節）の批判』、三二一頁〕。
(18)　*Ibid.*〔同前、三二一頁〕。
(19)　*Ibid.*, p. 174.〔同前、三五五頁〕。
(20)　*Ibid.*, p. 135.〔同前、三二〇頁〕。
(21)　*Ibid.*, p. 131.〔同前、三一六頁〕。

かなる共通点も持たないだけでなく、それと直接的に対立しさえする本質の一部分を強調する」(22)ことなのである。

政治の場はそれゆえ、人間と人間との媒介の場として、人間と人間とを遠ざけるあらゆる非本質的な紐帯に対する浄化《カタルシス》の場として構成される。かくしてわれわれは次の逆説に到達するのだ。その社会的な現存在から離れ、市民としてのその存在のなかに、あるいはむしろ市民としてのそのあるべき存在のなかに、自らを認めるかぎりにおいて、人間は自らが類的存在であると経験する。後のマルクスの宣言を敷衍しながら、次のようにも言いうるかもしれない。民衆《デモス》は政治的であるか、さもなくば無である。忘れてはならないのだが、社会的動物としての人間と政治的動物としての人間を区別できないドイツのアリストテレスをマルクスは憂いていたのだった。政治的行為のこのような逆説的な特徴が強調されるならば、それに劣らず逆説的な還元の働きを把握せんと試みることが可能となる。

まずもって指摘すべきは、デモクラシーが「すべての国制にとって解決済みの謎」であり、「社会化された人間」であるがゆえに、自らがその解決(──主体性の哲学に固有の自己意識と自己認識の契機──)であると知っているがゆえに、デモクラシーは国制の客体化が政治的疎外へと堕するのを避けるようになるということである。実際にデモクラシーにおいては、政治的疎外が回避される。なぜならばこの国制は、一方ではそれが何であるかを認識されており、他方では政治的様態のもとでの人間の交流の十全たる自己回帰へと導かれるので、国制の客体化と自らを客体化する活動の混同が生じることはありえないからである。このように根本的なものへと送り返され、主体のエネルギーと関係を取り結んでいるので、デモクラシーという国制は自らを物象化せず、自らを凝固させず、主体の上位にありそれに抗うような奇妙な潜勢力あるいは形態を自任することはない。(社会化された人間という)国制の解決は硬直化の危険から遠ざかる。なぜならそれは国制の還元を、契機としての諸限界の規定を導くからであり、還元に契機としての地位を割り当てるからである。しかるに、国制をひとつの契機へと還元することによって、この契機を民衆《デモス》の全体的客体化の過程を構成する他の契機と同質なものと見なすことが正当化されるか否かを決定しなければならないだろう。加えて、まさしく同じ理由からこの国制は、それを生み出す過程のなかに置き戻され、再び投げ込まれるので――マルクスによれば、これがデモクラシーによる社会的なものの創設の固有性である――、すぐれて政治的な領域の水準を乗り越え、結果として諸領域の全体へ、すなわち政治的でない領域にも拡がることになる。マルクスの分析を辿っていくと、複数の時間に分解しうるすぐれて複合的な運動にわれわれは直面するかのようである。原初の活動へと「回帰すること」という還元の時間は、第二の時間において、国制のなかで生じるものが民衆《デモス》の生の他の領域へと拡張するのを可能にするようになる。諸限界の規定という意味での還元は、拡張の可能性の条件であるように思われる。あたかも原初的主体への

(22) *Ibid.*〔同前、三一六頁〕。

回帰の運動によって、そのエネルギーが展開するよう求められるすべての領域内でのこの主体の活動の遡及性が可能となり、解放される結果となるかのようだ。マルクスは次のように記す。「デモクラシーにおいては、いかなる契機であってもそれに立ち戻るという意味のほかには何も獲得しない」[23]。この定義がすべての契機に当てはまるとしても、それはまずもって政治的契機に狙いを定めるように思われる。政治的契機についてこそ、とりわけ次のことが危惧されうるのではないだろうか。つまり、この契機は自らに立ち戻るという意味を逸脱し、その枠を超え出る意味を獲得せんとするのではないか。そこにこそ、政治的契機が還元を被っていないために特定かつ法外な地位を認められている他の国家形態との差異が存する。デモクラシーにおいては、現実的にはそれぞれの契機がひとえに全体としての民衆《デモス》の契機である。デモクラシーはまさに、その理論的かつ実践的エネルギーが統一化の原理を構成する、統一する主体へと向けられた体系として考えられるのである。

これとは反対に、君主政においては、そこでも主権がデモクラシーの本質を備えるための起点となるような反教条的な還元が行われなかったので、全体と諸部分の悪しき関係が認められる。「君主政においては、部分が全体の特徴を規定する。国制全体が固定された点に応じて修正されなければならない」[24]。明らかに君主が、ヘーゲルの『法の哲学』第二七九節によれば、「絶対的に全体を決定することの契機」が問われているのだ。これに付け加えられるのが不完全な包摂である。「君主政においては国全体、すなわち人民はその存在様式のひとつに包摂されている」[25]。逆に「デモクラシーにおいては制それ自体が規定として、すなわち人民の自己規定としてのみ現れる」[26]。結果として、君主政においては、規定の関係は神秘化するものであり、それゆえに麻痺させるものということになる。なぜならば、規定するもの、すなわち人民は規定されるものとなり、規定されるもの、すなわち政治的国制は規定するものとなるからだ。君主政においては、われわれは国制の人民、つまりその存在のうちにある人民ではなく、国制によって定立され、承認され、同一化され、要するに規定されるものとしての人民を有する。政治の批判と宗教の批判の並行関係を保ちながら、マルクスは次のように記す。「国制が人民を創出するのではなく、それとは反対に人民こそが国制を創出する」[27]。こうして看破されるのは、一八四三年の批判が、それが君主政から得た着想にせよ貴族政から得た着想にせよ、結果として主体に固有の活動を隠蔽し、同時にそれを抑制しながら、人間という種、すなわち人民を受動性へ、少数性へと追いやるあらゆる見解に抗して全面化された闘争によってどれほど支えられているか、ということである。デモクラシーのなかに現れるのは、反対に、デモクラシーにおいて生じるものと調

(23) *Ibid.*, p. 68.〔同前、二六三頁〕。
(24) *Ibid.*, p. 68.〔同前、二六三頁〕。
(25) *Ibid.*〔同前、二六三頁〕。
(26) *Ibid.*〔同前、二六三頁〕。
(27) *Ibid.*, p. 69.〔同前、二六三頁〕。

和するという意味では申し分ない規定するものと規定されるものの関係、そして国制のかたちで、民衆《デモス》の名のもとでの類的統一性の出現として定義された政治的原理である。デモクラシーとともにわれわれは、法的そしてメタ法的な意味での人民の構成に立ち会う。人民はそこで原理、主体、目的という三重の地位を受け取るのだ。人民の自己構成のなかで、人民の自己規定のなかで作動する自己と自己とのこの関係のなかで、国制すなわち政治的国家はひとつの契機、本質的ではあるがそれでもたんなる契機を表象するにすぎない。人民は自らにとっての自己目的たる主体であるというこの特殊性を示している。ゆえに人民の自己構成は、いかなる約定にも、いかなる契約にも囚われず、理念性という要素のなかで展開する。人民が社会学的な現実と一致せず、何ら社会的でなく、政治的であろうとする存在の内部にすっかり含まれるだけにいっそう、政治的領域は理念性の旗印のもとに置かれている。人民は実存し、自らが人民であろうとするという意味での人民としての同一性を獲得する。人民の偉大さとは、その実存なのである。

だからこそ、正当にもデモクラシーはすべての国制にとって解決済みの謎として現れる。すべての国制にとって真に問題であるものとは、まさしく人民の自己規定なのである。まさにそれだけが問題なのにもかかわらず、問われるに当たってそれは無意識のうちに神秘化となり、さらには否認となってしまうのだ。しかるにデモクラシーは、他の統治形態のなかでは働いているにすぎないものを、終わりへと至らせ、完遂することを課題とする。デモクラシーがそれを完遂するのは、あらゆる政治社会の主体とは人民の活動であり、そのエネルギーの潜勢力であると承知しているからである。解決済みの謎は解決を経るのみならず、自らのありのままを知り、認識する。それゆえこの自己回帰のなかで、十全たる自己認識のなかでこそ、還元の複合的な運動が生じる。複合的な運動というのは、言うなれば、一連の手順のなかで民衆《デモス》による国制の客体化に限界を割り当てることが問題となるからである。結果として、これらの限界そのものによって、諸領域の全体性へと向かうこのデモクラシーの行動が再開するのであって、民衆《デモス》の客体化は民衆《デモス》がその存在の多数性に基づいて姿を現すのに適したすべての領域へと波及するのである。

III

第三の特徴。けっして政治的疎外には堕することのない政治的様態のもとでの人民の自己構成、そして人間の交流の客体化というこの志向は、継続的な自己創設の、自己規定のモデルに則ったデモクラシーによる社会的なものの自己創設の思考のなかで頂点に達する。

マルクスによれば、その本質、とりわけその実存そのものにおいて（現実化しないデモクラシーはデモクラシーではないのだから）、「国制は不断にその現実的基礎の、現実の人間の、現実の人民のなかへと導き入れられ［…］、国制はそれ固有の所産として定立される(28)」。マルクスはここでデモクラシーの時間性の問いを導入するのだが、彼はこの時間性を継続的な創造のかたちのもとで、潜勢力の源泉、基礎（現実の人民）とその所産のあいだでの自己と自己との十全たる接着として構想する。主体とその所産の、さらに言えば主体とその「製作すること」の継続的な同時性が問われているのであって、あたかも時間はこの潜勢力の現働化に齟齬を生じさせるべきではないかのようである。デモクラシーにおいては、その一種の全面的な現前に際して、あらゆる客体化はつねにその基礎へ、その活動の源泉へと結びつけられている。このことは、主体とその所産の関係が時間性のなかで緩むことがないように、時間にいかなる受動性も認めることがないように、政治的現実化が果たされるあいだに他律性が侵入しうるようないかなる時間的な隔たりや亀裂、あるいは裂け目が拡大しないように為される。かくして源泉へと「回帰する」不断の運動によって、硬化の過程に歯止めがかけられ、遮断が客体化から疎外への横すべりに対立する。この運動は、民衆《デモス》のエネルギーが、活気に満ちた力というその性質、その運行を、すなわちその可動性、可塑性、流動性を元のままに保つために行われるのである。マルクスのこの立場は、『政治的正義の探究』（一七九三年）の著者であり、彼がしばしば政治の批判という観念と結びつけるゴドウィンの立場を想起させずにはおかない。実際に後者は絶えざる変化、無限の刷新――人間は終わりなき変化の状態に生きている――を要求する人類の真の利益を、統治に固有の固定性の原理と対決させたのだった。「統治は変化の永遠の敵である」(29)。ここから基本法と通常法の区別の名において、相対的な永続性を非合法的に欲する国制の理念への批判が生じるのである。一八四三年の批判におけるマルクスの側にも同様の対立が見出される。人民は永久に新たな国制を自らに与える無条件の権利を有する。「人民の意志の現実的な表明であるのを止めるとすぐさま、国制は実践的な幻想となった」[30]。ゴドウィンとの関係を超えて、マルクスのなかには、次のようなデモクラシーの思考が出現するのが見てとれる。つまり、同時に原理、主体、目的であるところの民衆《デモス》は永久に自己認識を試験することが可能であり、その存在の客体化のそれぞれに関して、いかなる残滓や痕跡によっても妨げられずかき乱されもしない完璧な鏡像のなかで、その顔を認識することが可能であるとする思考である。まさしくそこでマルクスは、主体 - 人民あるいは主体としての人民から出発して思考されたデモクラシーの要求のひとつに触れている。実際、あたかもマルクスが社会的な自己愛を人民の活動全体へと移し替えたかのようにすべては運ぶのだ。この自己愛は、『ダランベールへの手紙』でのルソーによれば、法悦に浸った祝祭の契機のなかで露わとなり、成就されうるものであるのだが、それに当たって人民は、鏡――ジュネーヴの湖――の表面に映る自分自身の像を見つめる喜びに身を委ねる。共和的な演劇がいかなる目的も有さないことは知られている。「何もない」、

(28) *Ibid.*, p. 68.〔同前、二六三頁〕。
(29) W. Godwin, *Enquiry concerning political justice*, Penguin Books, 1976, p. 253.
(30) *Critique du droit..., op. cit.*, p. 104.〔前掲、マルクス『ヘーゲル国法論(第二六一節―第三一三節)の批判』、二九四頁〕。

ルソーはこう記すのであるが、「そう望むのであれば」であり、これがまさしく人民の自己構成でなく、感覚的現前の出現でないのであれば、ということなのである。「観客を衆目に曝しましょう。彼ら自身を役者にするのです。万人がいっそう結びつくように各人が他者のうちに自らを眺め、自らを愛するようにしましょう」[31]。

このようにデモクラシーにおける共生に固有の可塑性と柔軟性というこうした要請を強調することによって、別の道を通じて還元の根本的な重要性が把握される。デモクラシーに特有のこの操作によって、ある部分と全体の混同が始まるのが避けられる。このような混同は、その部分の非合法的な過剰成長を発生させ、他の諸領域を支配的に規定するという途方もない要求を引き起こす結果となりうるものなのだ。しかしこれに加えて、還元によって、政治的主体は時間の観点から国制の客体化を統御する。すなわち、時間における現実化のさなかで、疎外を回避するに至る。還元は継続的な創造という観念のなかに包含された諸要求を満たす。なぜならば、この道を通じて国制の契機は自己へと引き返す代わりに、根本的な水準へ、創設する活動へ、エネルギーへ、それを生み出す原初の源泉へと開かれるからである。立憲君主政とデモクラシーは、そこでは国制が人間の自由な生産物である点では共通している。しかるに君主政においては、自由な生産物は自己に閉じこもるがゆえに、国制は国家を形成するものとなり、そのとき人民はひとつの契機へと還元される。デモクラシーにおいてはその反対に、自由な生産物は過程の起源にある活動そのものに開かれているがゆえに、自らを客体化する主体－人民へと向かう。だからこそよりいっそうラディカルな運動——民衆《デモス》の自己回帰——のなかに国制は捕えられ、組み込まれ、原点回帰するので、ひとつの契機へ、すなわち主体の特定の実存形態へと還元されるのであって、全体として通用する組織化的な形態へと仕立て上げられるのではない。そこで生じるのは、生産的な活動を取り戻し、活動する主体と対等の立場であろうとする要求によってつねに貫かれている真のデモクラシーの自己徹底化に対して影響を及ぼす自己解釈のようなものである。このようなデモクラシーの思考が、同時期にM・ヘスが展開した活動の哲学の旗印のもとで練り上げられたことに疑いの余地はない。精神に当てはまることは活動にとってもそうであらねばならない。M・ヘスが定義するのは、活動の原理が精神に次のことをいかに要求するかということである。それは、精神がけっして立ち止まらず、硬直化されるがままとはならず、反対にそれ自体の諸規定上に自身を絶えず取り戻すことによって、彼方へ向かい、無限性を肯定することである。「(結果に関しては)その反対に、精神はつねに有限かつ規定された世界に対する優位としてそれを超え出る。これはそのたびごとに規定されたやり方でとはいえ、つねに新たに、活動的な精神として自らを理解するためである」[32]。このように無限性によって方向づけられたこの活動の哲学が自由の哲学なのであ

(31)　Rousseau, *Lettre à d'Alembert*, Paris, GF, 1967, p. 234.〔ルソー『演劇について——ダランベールへの手紙』、今野一雄訳、岩波文庫、一九七九年、二二五頁〕。

る。M・ヘスはこのうえなく明瞭に原理を言明するのであって、その原理のうちには一八四三年の批判でマルクスが行ったような還元の作業を彼が要請していることが苦もなく見てとれるのだ。「自由な行為を奴隷の労働からはっきりと分かつものは次の事実である。隷従においては被造物が創造者自身を導く一方で、自由においては精神が疎外されるあらゆる限界が自然の拘束へと生成するのではなく、自己規定へと生成すべく乗り越えられるということである」(33)。

デモクラシーの時間性、われわれはこのように述べた。しかるに、時間性がまさに問われているとすれば、現在から出発してのみ時間性が思考されうるのだろうか。継続的な創立の原理と置き換えるために「不動性の原理」を逆転することは、一八四二年の『哲学改革のための暫定的命題』でフォイエルバッハがそう促したように、政治のなかに時間を導入するのに十分だと考えられうるのだろうか。フォイエルバッハは次のように述べた。「空間と時間は実践の第一の基準である。その形而上学から時間を排除し、永久の、抽象的な、すなわち時間から切り離された実存を神と崇める人民は、同様の論理に基づいて政治からも時間を排除し、法や理性、歴史とは相反する不動性の原理を神と崇める」(34)。しかるに継続的な自己創設というこの選択のなかに、マルクスの両義性が指し示される。実のところ、両義性というのは次の理由からである。第一の時間において、そこでの現実化が必然的に導入する非同時性を回避し、追い払おうとするデモクラシーの時間性というこの思考のなかに認めることができるのは、継続的な自己創設という志向と一体となるほどの自由の近代的観念、自律性という観念の徹底化のみである。そこから生じるのは、現実に付与された特権であり、この特権によって主体－人民は、絶対的な存在として、純粋な行為として、いかなる受動性をも免れながら展開する自由として構想されるに至る。しかしながら、現在が自由へと差し向けられたデモクラシーにおける共生の根本的な様態として考えられるのが確かだとしても、現在の肯定が自由の条件であるのが確かだとしても、さらにすぐさま付け加えられるべきは、現在の復権が価値を有するのは、デモクラシーによる創設に固有の現在が統制的理念として、歴史のなかで実現されるべき実践的理念として定立されるかぎりであって、実存や客観的な現実として定立される場合はそうではないということである。さらにまた、現在に付与された特権を下支えする同一性は存在すべきものとして定立されるのであって、存在するものとして定立されるのではない。なぜならば、「非物象化」されることも統制的語義で解されることもないので、このような現在の重視は二重の批判に曝されるからである。この重視は同一性の原理の影響下で、差異化の受け入れが可能ではないことが明らかであるうえに、近代の傾向に基づいて有

(32) M. Hess, *Philosophie de l'action, op. cit.*, p. 1895.〔前掲、ヘス「行為の哲学」、八四頁〕。
(33) *Ibid.*〔同前、八四―八五頁〕。
(34) L. Feuerbach, « Thèses provisoires... » (thèse 40), in *Manifestes philosophiques*, éd. L. Althusser, Paris, PUF, 1973, p. 114.〔前掲、フォイエルバッハ「哲学改革のための暫定的命題」、一〇九頁〕。

限性の隠蔽に全面的に加担する。明らかにこのことは、無条件の存在という観念と結びつき、結果として透明性、同一性、自己と自己との一致といったものに価値を与えることになる。継続的な自己創立の旗印のもとで真のデモクラシーを思考することは、人民を無限の主体のモデルに基づいて思考することを含意する。あたかもマルクスは、現在の紐帯を他の時間の次元に分割したがゆえに、不動性とは別の（劣らず形而上学的でもある）道を通って政治の時間を排除したかのようだ。この点に関して彼は、受動的な原理を哲学へと導入するよう要求するフォイエルバッハのテーゼを忘却しているようなのである。

しかしながら、有限性の名において一八四三年のマルクスを仮借なく非難するのは尚早であるかもしれない。J・タミニオーがわれわれに警告するように、有限性は「もっとも無頓着な撤回が横行するように思われるところで自らの到着を告げる」[35]ことが可能であるからだ。二重の公準がマルクスのこの思考を規制するように思われる。自己原因としての主体の観念にかくも依存しているので、この思考は有限性を議論の余地なく薄れさせるのだが、他方でそれはこの思考が、継続的な自己創設の意志を強調し続け、否応なく《ウォレンス・ノレンス》次のことを自白するからである。つまり、この自己と自己との同一性は、時間がその方向に絶えず導入する剝奪と没収によって、永久に征服されたものとしてのみ存在しうる。ゆえに継続的な自己創立の原理によって規制されている真のデモクラシーは、決定的な完成として考えられるのではなく、絶えず差し迫る他律の出現に抗して、永久に自らを製作し、再製作する統一性として、つまりは欲することの無限性の運動のなかに組み込まれた統一性として考えられるのである。

IV

第四の特徴。思うに、われわれは〈現代のフランス人〉の定式を解明させてくれるに違いない指針を手にしている。前述のすべての分析は、立憲君主政や共和政といった他の国家形態との近代のデモクラシーの種差を明らかにすることを目標とするものであった。それらの分析を再び取り上げ、デモクラシーの例外＝抗弁を説明するいくつかの定理として体系化せんと試みることが可能である。

――デモクラシーは政治的国家あるいは国制と、他の物質的ならびに精神的領域全体との、すなわちマルクスが時折「政治的でない国家」と名指すものとの未曾有の関係によって特徴づけられる。デモクラシーの固有性は、全体、すなわち人民の実存の全体がある部分に応じて、この場合は国制（立憲君主政における君主、疎外された形態に留まり、あるいは形態として政治的疎外を証し立てる共和政における公的領域）に応じてはけっして組織化されることはないという事実に存する。そしてこの

（35） J. Taminiaux, *Recoupements*, Bruxelles, Ousia, 1982, p. 9.

ことはまさしく、デモクラシーが部分と全体の——政治的国家と民衆《デモス》の——幻惑的な混同をけっして生じさせはしないからであり、自身が自己目的であるところの主体による創設する活動を可能にするようになるからである。

ひとえに還元を作動させることによってのみ、特定の要素、すなわち政治的国家を、全体、すなわち全体としての民衆《デモス》に包含され、組み入れられたものとして考えることからなる正確な包摂が可能となる。しかし還元がそのまま消滅を意味するのではない。むしろ、消滅するものについて合意に達するべきである。つまり、いかなる意味において政治的国家の消滅が問題となるのだろうか。この疑問に対する返答が可能となる前に、解釈の誤りをよりよく避けるべく還元の諸要素に立ち戻ろう。(一)政治的国家が還元に服するのは、それが正当にもある要素、一要素にすぎないものへと連れ戻されるからである。「デモクラシーの種差とは、ここでは国制が人民の実存の一契機にすぎず、対自的には国家を形成する政治的国制ではないということである」[36]。さらにまた、「デモクラシーにおいて、政治的国家は[…]それ自体が特定の内容にすぎないのだが、このことは国家が人民の特定の実存形態にすぎないのと同様である」[37]。(二)結果として国制は全体の一部分にすぎず、デモクラシーの論理は全体と部分の転倒へと到達するような包摂を妨げる。「国制を特定の契機として語ろうとするならば、むしろそれを全体の一部分と見なすことが求められる」[38]。(三)ここから最終的に生じるのは、他の国家形態のなかで生じるものとは異なり、このように還元された政治的国家はもはや諸部分を支配し規定する全体としては機能しないということである。「国制としての政治的国家であるものが全体としてはもはや通用せず」、「デモクラシーにおいては、抽象的国家は支配的契機であることを止めたのだった[39]」。

　これとは反対に、他の国家形態では還元が生じないので、われわれは全面的に対立した諸特徴に遭遇する。君主政においては、（一）この特定の契機は普遍的なものという意味を獲得する過剰成長を遂げる。（二）その本性は偽装されており、部分が全体と見なされるので、「君主政においては、われわれは国制の人民を有する」。（三）このようにかたちを変えたこの特定の契機には、それに諸部分を支配し規定させる効力が認められる。「デモクラシーと区別されるすべての国家においては、国家、法、そして国制が支配するものなのである[40]」。

　称揚、偽装、支配、これらが政治的幻想の三つの特徴であり、それらは結果としてこの特定の契機と他の要素との、同時に組織化する形態としての地位を獲得する政治的国家とたんなる特定の契機に

（36）*Critique du droit..., op. cit.*, p. 68-69.〔前掲、マルクス『ヘーゲル国法論（第二六一節—第三一三節）の批判』、二六三頁〕。
（37）*Ibid.*, p. 69.〔同前、二六四頁〕。
（38）*Ibid.*, p. 105.〔同前、二九四頁〕。
（39）*Ibid.*, p. 70.〔同前、二六四—二六五頁〕。
（40）*Ibid.*, p. 69.〔同前、二六四頁〕。

留まる他の領域との度を越した階層関係のかたちでの不均衡を打ち立てる。不当にも普遍的なものの地位まで引き上げられたこの政治的契機は、建築的能力たる理性のモデルに基づいた画一化する形態として他の領域と結びつくのではなく、悟性の分析的で分割的な様態にしたがって結びつくということを明確にしておこう。君主政（君主）あるいは共和政（まさしく支配するものとして、いまやたんに政治的な国制であることを止める公的領域）にあって政治的国家は、現実的に支配することなしに、すなわち「政治的国家が政治的でない他の領域の内容に物質的に拡がることなしに」[41]、支配するものの機能を占有する。この組織化する形態は、政治的国家と政治的でない国家の二元論のなかに入り込み、さらには現状のまま残された特殊性に比して想像上の普遍性をよりいっそう引き立たせるべくこの二元論を非難するような、分離する能力として機能するのである。

しかるに、政治的国家が還元を被っていないような諸国家形態のこの一覧表は、デモクラシーの特殊性に関するマルクスのいくつかの命題に近いものの、人目を欺きかねないものである。実際にマルクスは次のように書いている。「デモクラシーにおいては、形式的原理は同時に実質的原理である。したがってデモクラシーにおいて初めて、普遍的なものと特殊なものの真の統一性が存在する」[42]。これはすなわち、現実に普遍的なものとしてのデモクラシーは、近代性に固有の二元論を乗り越えるがゆえに、統一する理性のモデルに基づいた統一性によって、統合によって機能するような組織化する形態であるということなのだろうか。

このように結論づけることは還元を無視し、デモクラシーの中心にあるこの操作を軽視することであって、それゆえに一八四三年のテクストにおけるマルクスの探究の意味を、そして志向性を取り逃がすことであるだろう。

むしろ次のように仮定しよう。デモクラシーにおいては、政治的契機はひとつの特定の契機に留まり、それが組織化する形態という地位へと上昇せずにいるがゆえに、政治的原理は他の諸領域へと波及することが可能だということである。まさしく政治的国家をひとつの契機に還元することにこそ、デモクラシーによる諸領域全体の創設の可能性を開くという利点が由来するとしなければならない。しかしながら、この過程は控えめに言っても驚くべきものである。いかにして還元は、結果的にデモクラシーによる社会全体の創設を可能にしうるのだろうか。これに対する返答が二重となるのは、還元の二つの側面が考慮されているからである。まずは否定的結果であって、諸限界の規定としての還元は、政治的契機から組織化する形態への変化を、さらには変貌を妨げることからなる。『ユダヤ人問題によせて』での批判的記述によれば、そのときこの組織化する形態は、政治的解放に固有の二元論を出現させうる抽象的な普遍的なものを、想像上の共同体を具象化しようとするのである。続いて

（41） *Ibid.*〔同前、二六四—二六五頁〕。
（42） *Ibid.*, p. 69.〔同前、二六四頁〕。

は生産的結果であって、政治的契機を、それを創出するもの、すなわち全体としての民衆《デモス》の自己規定へと結びつけ、それへの「回帰」を強制することによって、還元はこの活動を政治的領域への集中から、すなわち明らかに他の領域を犠牲にして生じるこの領域への結晶化から遠ざけるのである。問われているのは、創設する活動の「流動性」を救い出すこと、政治的契機——ブルジョワ市民社会の自己からの脱出、脱自、「社会化された人間」の完璧な到来——が範疇転換を被るのを避けることである。流動性の領域に留まろうと欲するならば、この創設する活動がそれ自体として他領域の全体へと波及し、それらの領域の征服に身を投じ、さらに言えばそこに行き渡ることができるようにすることが問われているのだ。あたかも撤退であると同時に再占有である還元のみが、他領域の全体のなかでこのように活動的であり続けるこのエネルギーの遡及性を可能にするかのようである。さらに言えば、人民の生や実存が問われているのではないだろうか。ともすればこれが一八四三年の批判に意味を与える生のモデルではないだろうか。それはフォイエルバッハが『キリスト教の本質』で示した意味での、次のような生のモデルである。「宗教においてと同様に、生は連続した収縮と拡張から構成される。宗教的収縮のなかでは人間は自分自身を固有の本質から追放し、自分自身を追い立て、放棄するが、宗教的拡張のなかでは、人間は追放された本質をその心情のなかで取り戻す(43)」。

次の問いに立ち戻ろう。〈現代のフランス人〉が真のデモクラシーにおいて政治的国家は消滅するであろうと定立したとき、何が消滅するのだろうか。特定の契機としての政治的国家、あるいは組織化する形態としての、すなわち普遍的なものの水準まで、諸部分を支配し規定する全体の水準まで高められた政治的国家なのだろうか。この問いはスコラ学のごとき形式的なものとして現れうるとはいえ、その争点を見分けるならば、それとは程遠いものである。いかにして国家のこの消滅を理解するか。デモクラシーと「真のデモクラシー」のあいだの戯れから出発して理解せねばならないのではないか。この戯れとは、真理へと到達するデモクラシーが自らを超出すると同時に、政治的なものからの脱出と国家の廃絶へと達するほどに自らを廃棄するに至るものなのである。要するに、形式的原理と実質的原理の同時性として、普遍的なものと特殊なものの真の統一性として自己を超出する真のデモクラシーによって、社会的なものは最終的に自分自身を、その自発性を取り戻す。さらに人間の共同体は、政治的なものがそれ以降は無益となり永久に失効させられるような回帰あるいは出現として姿を現す。この場合、その真理へと到達するデモクラシーの廃絶は、解釈者たちによれば無政府状態《アナルシー》の、あるいは共産主義の夜明けを導くというわけである。(44)

(43) L. Feuerbach, *L'Essence du christianisme*, Paris, Gallimard, « Tel », 1992, p. 149.〔フォイエルバッハ『キリスト教の本質』上巻、船山信一訳、岩波文庫、改版、一九六五年、一〇〇頁〕。

(44) S・アヴィネリが「真のデモクラシー」を、国家を画一化する形態として構想するジャコバン型のラディカル・デモクラシーと混同しないよう呼びかける際には彼と同意しうるとしても、彼が「真のデモクラシー」を共産主義と、つその本質と実存におけるデモクラシーとは何かという情熱に満ちた探究によって全体が覆われているマルクスの歩みは、より複雑かつ含みがあり、制限を受けてもいる。行き過ぎたあらゆる単純化から離れ、解釈者に警告するために述べるならば、マルクスが〈現代のフランス人〉を称賛したのは、彼らが「真のデモクラシー」の到来のうちに、組織化する形態そして分け隔てられた領域というただひとつの意味での政治的国家の消滅を見分けることができたからであって、このことはいかなる点でも政治的なものの廃絶あるいは消滅を意味しない。政治的国家は人民の生に特有の契機として存続するのだが、とりわけ「真のデモクラシー」の到来とともに政治的原理はその完成へと到達する。あたかもデモクラシーが立脚する還元が、それが行使する阻止によって逆接的にも、国家にまとわりついた意味の過剰を解放し、デモクラシーによる社会の創設のかたちでの政治的国家を超えていくことが可能となるという結果をもたらすかのようである。この創設によって民衆《デモス》は、各々の特殊性を尊重しながらも、諸領域の全体性のなかで民衆《デモス》として自らを示し、自らを承認することができるのだ。ところで、一八四三年の批判においては、このような政治的国家の二つの語義の区別は重要である。彼の議論の詳細にまで従うことに同意するかぎりでは、マルクスは差異化の要求を元のままに残している。真のデモクラシーの到来はそこではすべての牛が黒色であるような例の有名な夜とも、すべての輪郭を消し去るまでにまばゆいばかりの夜明けとも区別されなければならない。この読解を裏付けるいくつかの命題が次のものである。

(一) 形式的原理と実質的原理の同時性、すなわちデモクラシーの真の統一性――これはデモクラシーを君主政から区別するものである――を、分割する悟性のモデルに基づいた組織化する形態から統一する理性のモデルに基づいた組織化する形態への移行として理解することは慎まなければならない。デモクラシーが出現させる統一性は、統一する形態を分断に囚われた内容に課すことから生じる統一化とは何の関係もない。ここでマルクスが君主政に差し向ける批判は二重であることが明らかとなる。君主政は政治的でない他の領域の内容を現実的に支配し、実質的に拡がることに失敗するのみならず、加えて君主政は政治的国家と政治的でない国家の関係を、内容の上に押された形態の刻印という様態のもとで構想する欠陥を抱えている。ゆえにデモクラシーにとっては、それを共和政と混同するのでないかぎりは、君主政がたんに形態を変更することで失敗した場で成功を収めることが肝要なのではない。肝要なのはむしろ、デモクラシーが分離の様態に基づいて組織化されるにせよ統一化

まり国家の代理としての共同体の出現と同一視し、それゆえに混同する際には彼に従うことはできない。こうしてマルクスの思考は単純化されてしまうのだ。というのも、組織化する形態と特定の契機とが区別されていないために、マルクスが解した意味での政治的国家の消滅は純粋かつ単純な消滅へと切り詰められるからである。次を参照。S. Avineri, « Marx's critique of Hegel's, Philosophy of Right in its systematic setting », in *Cahiers de l'ISEA*, S. 10, n° 176, août 1966, p. 74-77. 同様に次を参照。*The Social and Political Thought of Karl Marx*, Cambridge University Press, 1968, p. 34-35.〔前掲、アヴィネリ『終末論と弁証法』、四〇―四二頁〕。

の様態に基づいて組織化されるにせよ、形態という観念そのものと袂を分かつことなのだ。[45]

（二）デモクラシーにおいては、還元の操作によって、国制、すなわち政治的国家は、政治的なものを超えた飛躍が起こるという意味では消滅しないが、国家がそれ以降は人民の実存の一契機という限界へと割り当てられるという意味では、組織化する形態としては消滅する。別の言い方をすれば、このように制限され還元された真のデモクラシーにおいても、政治的国家はそれでも存続し、持ちこたえる。それは実存するのだ。ひとたび政治的国家と人民の実存全体との混同が取り除かれ、政治的国家が相対化されると、この政治的国家は実存するのみならず、その真の機能を取り戻し、しかるべき場に立ち戻されるので、なおさら政治的国家は実存すると解釈を無理強いせずとも付け加えることが可能である。政治的国家は政治的でない内容の側に位置づけられ、さらに特定の内容として実存の他の特定の内容との共存のなかに位置づけられることにより、還元しえない同一性のなかで特徴づけられる。こうして還元の意味がよりはっきりと看破されることになる。還元は全体として通用する形態の性質を要求することができないような政治的なものの地位をまさしく対象とするが、だからといって還元は、契機としては人民の生の他の諸契機から区別されるに値するし、それを要求するといったこの契機の特殊性を消去することはない。政治的契機は「廃位され」、人民の実存を組織化する形態であるという例外的な性質を失っているとはいえ、それでも人民の実存の特定の要素であり続けるし、その特殊性そのものにおいて、この要素は消去不能であり続ける。それゆえマルクスが一八四四年に「政治的要因の思い上がった極端」[46]と呼ぶことになるものがひとたび終わりを迎えると、この契機はいわばその複雑性を明らかにする二分割を被ると言いうるかもしれない。実際に、還元の働きを被っているので、政治的なものはそれ自体であり続け、部分から全体へと変化しようとはしない。これが示しているのは、政治的なものは支配する要素の地位にも、規定する要素の地位にも昇格しないということである。「デモクラシーにおいては特殊なものとしての国家はひとえに特殊である」。しかるに国家はさらに普遍的なものとしても実存するのであり、「普遍的なものとしての国家は現実に普遍的なものである」。まずは否定的な意味でこの命題を理解しよう。デモクラシーにおいては、普遍的なものとしての政治的国家は形式的な普遍的なものとしては実存しない。われわれがここに見出すのは、形式的原理と実質的原理の同時性に関しての、デモクラシー、すなわち普遍的なものと特殊なものの真の統一性に関しての前述の言表である。そしてきわめて一貫した方法によってマルクスが明確にするのは、現実的であるが形式的でない普遍的なものとしての政治的国家は、真のデモクラ

(45) 形式主義的なものとしての立憲国家の批判に関しては、*Critique du droit…, op. cit.*, p.72 et 115〔前掲、マルクス『ヘーゲル国法論（第二六一節―第三一三節）の批判』、二六六―二六七、三〇二―三〇三頁〕を参照。官僚制についての形式主義の批判に関しては、*Critique du droit…, op. cit.*, p.91 et 113〔同前、二八二―二八三、三〇一頁〕を参照。

(46) 一八四四年における国家についての研究計画に関しては、次を参照。Marx, *Œuvres*, II : *Économie II*, Paris, Gallimard, « Bibliothèque de la Pléiade », 1968, Introduction de M. Rubel, p. LXVIII-LXIX.

シーにおいては、政治的でない内容を規定する審級としては作用しないということである。「現実的な〈普遍〉、これはすなわち他の内容との差異のなかでは規定性ではない」[47]。より謎めいているのは肯定的な意味であって、いかにしてひとつの契機が、支配力、効力、規定性という立場をとることなく現実に普遍的なものとなりうるのだろうか。われわれに強いられているのは、いま一度還元の操作へと立ち戻ることである。言うなれば、この特定の契機が政治的でない内容を自らに課す形態へと変化するのを阻止することにより、還元は同時に普遍性へと向かうもうひとつの、未曾有の道を拓く。別の言い方をすれば、この特定の契機を人民の生である原初の源泉へと再び導くことを伴う還元がもたらす過剰成長の禁止の帰結として、この特定の契機の真の変換が可能となる。この変換によって、契機は実質的普遍性を生み出しうるというわけだ。これは実のところ幕開けとしての価値を有する変換である。というのは、この契機について次のように言いうるからである。その原初の源泉へと立ち戻ったこの契機は、内容と形式といった、物象化されるものと物象化するものの対立を超えて再び現れ、純粋な行動として、純粋な製作として波及するのだ。この観点からすれば、一八四三年の批判は、それがM・ヘスの『活動の哲学』と維持する関係によって、そしてフィヒテとの関係を介して、政治的領野における存在論の作動として読み解かれうるように思われる。そこでは存在は活動として、動詞形を優先しながら言うならば、活動することとして考えられるのである。形式という観念の批判と活動の重視は真のデモクラシーの二つの条件なのだ。政治的国家は一般化されると同時に形式化を脱する。より正確には、政治的国家は形式化を脱するがゆえに、還元によって形式的普遍性のそれとは別の道を拓くに至ったがゆえに一般化される。人民の実践的かつ理論的エネルギーの作動、すなわち潜勢力としての政治的国家は、本質として力動的な次元へと達する。原初の源泉へと再び導かれた政治的国家は創設する活動として再出現する。われわれが取り組む謎はデモクラシーによる社会的なものの創設の謎にほかならない。あたかも自己規定し自己構成する人民にとっては他の領域、政治的でない領域にも、政治的領域において問われていること、すなわち「社会化された人間」を生じさせることが肝要であるかのように、この創設の過程を理解することができるだろう。すべての領域へと一般化された政治化のかたちにおいてではなく、むしろ肝要なのは、政治的なものによって、政治的なもののなかで言明された問いが各領域のなかでの反響と応答を被るとともに、解決あるいは特殊な翻訳を被るようにすることなのだ。あたかも人民の複数形の実存を構成する様々な契機が、政治的契機という刺激によって、そのどれもが鏡として、社会化された人間の像を、類的存在としての人間の像を互いに映し出すかのようである。真のデモクラシーの「真意」とは次のようでありうるだろう。つまり、民衆《デモス》は、政治的現存在と社会的現存在の分裂を超えて、人間的現存在がその名のもとで生じる政治的形象だということである。

(47) *Critique du droit..., op. cit.*, p. 70.〔前掲、マルクス『ヘーゲル国法論(第二六一節—第三一三節)の批判』、二六四頁〕。

この解釈が受け入れられるならば、〈現代のフランス人〉の定式を言表するなかでマルクスがもたらした厳密な正確さが推し量られることになる。真のデモクラシーにおいて政治的国家が消滅するのは、それが規定する審級としての機能あるいは組織化する形態としての機能をみだりに収奪しようとするかぎりにおいてである。ひとえにこのような理由から、マルクスは国家の消滅という主題を引き受けるのだ。しかし政治的国家は消滅せず、それゆえ自らの課題に専念し、本来のあり方、すなわち人民の生の特定の契機であり続けるかぎりにおいてそれは存続する。このようにマルクスと政治の問題を考察するならば、われわれはアナキズムと同様に共産主義からも程遠いのであって、自己規制する社会的同時性と同様に政治的なものを超えた、政治的なものの外部での類的共同体の出現からも程遠いということになる。国家の「荒削りの」消滅（これはマルクスが一八四四年にフランス人の「荒削りの共産主義」を批判する際の語義である）というテーゼを主張することは、マルクスが政治的契機の異質性を認めると同時に、この契機がしかるべき尺度に保たれているならば、他の領域の解放にとって欠かすべからざるものとなる特殊性を有していることを認めるだけに、いっそう困難である。マルクスは、この点に関しては一五一三年十二月十五日にヴェットーリに宛てた賞賛すべき書簡におけるマキァヴェッリの着想に近く、主として生の再生産に捧げられた日常的生の事実性の上位に政治的舞台を引き上げるのであるが、彼が対象とするのはまさしく、「政治に固有の環境」を導入すること、政治的なものの本質を思考し、その特殊性を明確にする一助となることである。マルクスはこの特殊性が他の契機と同質であると考えることはせず、それが異質性へと到達するよう気を配る。実際に、マルクスにとっては政治的契機の崇高性が存在する。上昇は政治的領域に固有のものであって、他の領域にとっての彼岸を表象する。それゆえ政治的なものに、超越の諸特徴を認めることは正当である。他の領域を超えた状態、水準の差異、他の領域との連続性の解体は、政治的契機の騒動をもたらす特徴、脱自的特徴をマルクスが強調するに当たって、彼によって重視される。「政治的生こそが天上の生であり、ブルジョワ市民社会の至純の宗教である」(48)。政治的なもののなかで、政治的なものによって、人間は普遍的理性の要素のなかに入り込み、人民のかたちで、人間と人間との統一を経験する。政治的国家、すなわち国制の領域は、人民の公現が果たされる要素として展開する。そこで人民は類的存在として、普遍的存在として、自由かつ無制限の存在として客体化されるのであって、自身にとっての絶対的存在として、神的存在として姿を現すのである。

「政治的国制はこれまで宗教的領域、人民の生の宗教だったのであり、その現実の地上の現存在に比べれば普遍性の天上であった」(49)。まさしくこのように看破されたこの契機の特殊性のなかに、方向転換の可能性が宿ることになる。政治的なものの崇高性を強調しながら、マルクスは同時にそこで客

(48) *Ibid.*, p. 135.〔同前、三一九頁〕。
(49) *Ibid.*, p. 71.〔同前、二六五頁〕。

体化から疎外への方向転換が介入しうる源泉を指し示す。崇高な領域である政治はまさしくこのことによって過剰成長の危険に曝されており、さらにはまた、崇高なものと類的生の関係のゆえに、思い上がった過剰へと向かう屈性から影響を受ける。だからこそマルクスは、人民の生の様々な契機と比べると、政治的国家がもっとも練り上げるのが困難なものであったと考える。提示された厳密な解釈のなかで争点となっているものがこうして理解される。崇高なものへの衝動を留め、保存すると同時に、政治的なものの逸脱を、「狂気」を回避することが問われているのである。この狂気は、高所の領域によって頭脳が酔いしれているので――マルクスの表現によれば「人民の生の高尚な趣味」――、「共同体、それは私である」と語り、すぐさま政治的でない領域の弱体化を引き起こすのだ。

マルクスは不可欠となった歴史的課題としての「要求」を賞賛し、政治的原理そのものを生み出すことができ、「国家と政治的なものの見出された意味」[50]を生み出したとしてフランス人への賛辞を惜しまないので、人民の生の特定の契機としての政治的なものの消滅を標的とはしない。ひとえに政治的な国家であるこの抽象化は歴史的かつ理論的に必然の契機である――それに関してはフランス人を咎めることはできない。というのも、この抽象化がなければ、自然から文化への移行は起こりえず、政治的原理が姿を現すことも不可能となるからである。とはいえ政治的国家は人民の生の極致ではないし、解放の究極的な形象でもない[51]。別の言い方をすれば、ひとたび政治的領域において人間が普遍性、自由そして無限性を経験するということが認められるならば、すぐさま人間と人間との統一というこの脱自的な経験を実質的かつ継続的な経験、政治的でない領域全体へと一般化した経験に変化させることへの要求が言明されるべきである。要するに、政治的なものの「祭典」を、民衆《デモス》であるこの現実的かつ全体的存在の類的生へと転向させるべきなのだ。民衆《デモス》としてのこの存在は、その人民としての存在のなかでは、政治的原理と同時に感覚的原理を有し、生きた現実的存在として、頭脳であるとともに心情として、その全体性における現実を標的とする。この方向性ははっきりと跡づけられる。フォイエルバッハの言葉に翻訳するならば、次のようになる。国制の収縮においては自分自身から固有の本質を排除する人民、すなわち「社会化された人間」は、第二の時間に、こう言ってよければ創設する拡張において、本質を取り戻し、それを再占有し、「世界の大洋の生き生きとしてすがすがしい波に曝された」[52]多数かつ多元的生のただなかにそれを拡散するのである。

「真のデモクラシーにおいて政治的国家は消滅するであろう」。この命題のなかでマルクスが辿る道は険しい。

(50) *Ibid.*, p. 176.〔同前、三五六頁〕。

(51) この意味では『ユダヤ人問題によせて』の対象となる政治的解放の批判はすでに一八四三年の批判に含まれており、それゆえ「真のデモクラシー」のうちに人間的解放の形象を見ることが可能である。

(52) L. Feuerbach, « La Philosophie de l'avenir (1843) », in *Manifestes philosophiques*, *op. cit.*, p. 194.〔前掲、フォイエルバッハ『将来の哲学の根本命題』、八九頁〕。

――それは社会的なもののなかでの政治的なものの解消ではない。その異質性のなかで消し去ることのできない要素を否定することは問題とはなりえない。なぜならば、この要素は扇動としての、規範性としての価値を、いかなる近代社会もそれなしには済まないような価値を有するからである。問題となるもの、絶えず問題となるもの、すなわち自由の要求に基づいた人間の共生を指し示し、次いで上演する権力は、この要素のみに認められる。そこでは民衆《デモス》の自律性あるいは他律性が、その実存あるいは無化が舞台に上がるのだ。次のように解釈することはあまりに強引だろうか。すなわち、特定の契機としての政治的要素の特殊性のなかに、象徴的次元の出現が、すなわち「現実として現れるものを把握する」[53]場、民衆《デモス》の構成の問いが言明される場を取り囲む連関と目印の総体が見出されるということである。

――それは物神化や疎外に変質する客体化でもない。このような客体化は政治的なものの過剰成長と他の領域の弱体化のあいだに生じる分断のごときものである。政治的契機が範疇転換し、普遍的なものの保持者を自任する形態となるまでに至ることは避けなければならない。

マルクスの作業は、人間の共同体‐内‐存在との、「関係」との特権化された関係によって思い上がりへと向かう構成的傾向を示す契機に、慎み深さを強制することからなる。この作業は、民衆《デモス》の自己回帰のために求められるこの契機がどうしても必要であると、一歩も譲らず認めながらも実行される。一八四三年のマルクスの図式の例証は、何かしらの類縁関係によって幻想を育むことなく、一九五六年のハンガリー革命のなかに見出されうるのではなかろうか。実際に、この革命の際立った特徴のひとつは、政治的なものの「還元」を実践しながらも、政治的原理の、政治的権力の存続を要求したことだったのではないか。この還元は一方で、特定の、しかし一契機にすぎない契機という地位を政治的なものに割り当て、他方では、人民の生の他の契機に対応する他の審級との共存をそれに強制するものであった(54)。

一八四二年の立場と比べると、一八四三年のテクストのなかではヘーゲル批判のまさしくその内部で、いわばヘーゲル的な運動の再開が生じている。しかるにこの再開は精神の哲学を活動の哲学へと移し替えさせるという特殊性を備えている。ヘーゲルにおいては、政治的なものは絶対知と比べて相対化されるがゆえに、政治的なものの絶対化への道は塞がれている一方で、一八四三年のマルクスにおいては、民衆《デモス》であるところの主体の絶対的活動と照らし合わせた上で、政治的なものはその高さを変えられ、結果として相対化を被る。明らかに、活動の哲学の論理に基づいた政治的なもののこのよ

(53) Claude Lefort, Entretien avec François Roustang, in *Psychanalistes. Revue du collège de psychanalistes*, n° 9, octobre 1983, p. 42.
(54) 次のテクストでクロード・ルフォールが描写したのは、「言うなれば、政治を担う政治的機関と経済を担う政治的機関のあいだに［…］権力を新たに分割するこのモデル」である。« Une autre révolution », *Libre* 1, 1977, p. 102-107.〔クロード・ルフォール「もう一つの革命」、『民主主義の発明』、渡名喜庸哲ほか訳、勁草書房、二〇一七年、二四〇―二四六頁〕。

うな相対化は、支配し規定するものとして定立された社会学的審級への政治的なものの派生とは混同されえない。一八四二年の諸テクストと一八四三年の批判のあいだに、政治の絶対からデモクラシーの絶対への移動が指摘されるならば、この移行は少なからず意味を持ち、そして新たな主体、現実的かつ全体的な主体、すなわち頭脳であると同時に心情である民衆《デモス》の出現へと結びつけられるべきであるように思われる。民衆《デモス》は、たんなる頭脳、理性、すなわち政治的知性であった主体の代わりとなるのである。

第六章　真のデモクラシーと近代性

マルクスはその当時ローレンツ・フォン・シュタインによって展開された法治国家論を撥ねつける。そこに政治的国家の過剰成長を、その組織化する形態への変化を見分けることはあまりに容易であったからだ。だからといってマルクスは、国家概念と政治概念を区別なく排除しようとするモーゼス・ヘスの倫理的な無政府状態《アナルシー》の道を辿るわけではない。これらの敵対的な二極の狭間にマルクスの立場は位置づけられる。組織化する形態としての政治的国家は消滅するが、それでも人民の生の契機である政治的なものは維持されるのであって、自由と普遍性は諸領域全体へと行き渡るように拡がることになる。これが真のデモクラシーの名において、マルクスが行った選択なのである。

最後にして正当な問いは次のものである。近代のデモクラシーが、近代のデモクラシーの思考が重要なのではないか。デモクラシーの近代性に固有の差異化の要求へと目を向けるならば、返答は肯定的でしかありえない。マルクスは人民の生の様々な契機を区別するよう振る舞うのみならず、それに加えて、彼はデモクラシーを、まさしく各々の契機がその機能を逸脱し、他領域を侵害せぬようにと警戒する政治形態として特徴づけるのだ。

デモクラシーにおいてはいずれの契機もデモクラシーに立ち戻るという意味のほかにはいかなる意味も持たず——この観点からすれば政治的契機の還元は範例的なものである——、この契機に当てはまるものは他の諸契機にも当てはまる——このような還元によって、自由の旗印のもとで、政治的なものの場に現れた共同体への誘いに耳を傾けたそれぞれの領域は、これに応答し、それらの領域の在り方に合わせて開花することができるのだ。政治的なものの照明によって光を当てられているので、それぞれの領域は、今度はすみずみまで自ら燃える炎によって光り輝くことが可能となる。真のデモクラシーの自己構成は、社会化でも政治化でもなく、類的現存在の、人間的現存在の、政治的なもののなかでの、政治的なものによる到来であり、差異化を消し去るのではなく、むしろそれを練り上げることを目的とする。このことは、各々の領域の特殊性に払うべき敬意を、そこで人間と人間との統一が固有の様態に基づいて出現するようにせよという要請と突き合わせながら遂行される。差異化の視点はマルクスのテクストを下支えし続けるのである。それがくっきりと際立たせるのは、一方では政治的国家と他の諸領域との完全な分離が優位を占める古典古代の諸国家と、他方では必然的な抽象化のかたちでの分離が、そして同時に適合が存在する近代性との対立である。この適合は、連絡や国制の媒介によって、デモクラシーによる社会的なものの創設に特徴的な運動が生じうるように行われるものである。真のデモクラシーとは近代国家の抽象化を乗り越える形態であり――だからといって政治的領域の実存も必然性も否定することはないのだが――、中世のように人民の生と共同体の生との同一性へと到達しながらも、この同一性を権威的な有機性ではなく近代的自由の際限なき要求に従うものとして構想する形態である。自由な人間、自由で疎外されておらず、制限されていない民衆《デモス》は、この政治的共同体の現実的原理である。さらには、マルクスはデモクラシーを作動させるのに資する各種権力のひとつひとつをできるかぎり忠実に描写せんと気を配るのだ。

反対に、統一性の問いが考察されるとすぐさま、返答はより問題含みとなる。一方で、真のデモクラシーの理論に従うならば、自由に身を捧げるいかなる近代社会も、政治的領域と他の諸領域との言うなれば継続的な差異をなしで済ますことはできない。他方で、指摘しなければならないのは、マルクスは真のデモクラシーを、統一性の旗印のもとで、つまりは自分自身と一致せんとする意志によって働きかけられているものとして思考するということ、すなわち社会的分断の歓迎によって自らを構成し、社会における抗争の正当性の承認によって際立つ社会形態としてのデモクラシーの思考からは距離を置いて思考するということである。[1]

この点でイタリアの人文主義者たちとは言わないまでも、少なくともマキァヴェッリとの隔たりが拡がる。後者は実のところ、『君主論』第九章と『ディスコルシ』第一巻第四章において、あらゆる人間の国家《シテ》は気質の対立によってもっともよく示される原初的分断から出発して秩序づけられ、構築されると認めている。有力者たちの気質は人民に命令し、抑圧することにあって、人民の気質は命令されず、抑圧されもしないことにある。要するに、自由への欲望が人民の気質なのだ。気質の分断は、あたかも社会的なもののあらゆる現出が分かちがたく分断へと曝されているかのように、社会的なものの根源的分断の先駆けとなるだけに、人間の国家《シテ》の内部ではいっそう意味深いものである。(2) 古典的な見解とはまったく逆に、マキァヴェッリは反目、内的分裂――ローマでの元老院と平民の闘争――を、ローマの自由の揺りかごであり源泉とする。「貴族と平民の騒乱を非難する者は、ローマに自由が存在していたことの第一原因であったものを咎め、それらの騒乱が生み出す良き効果よりも引き起こす騒音と悲鳴のほうに注意を払う、そう私は述べる(3)」。

マルクスはもうひとりのマキァヴェッリ主義者であるモンテスキューとも等しく距離を置く。モンテスキューもまた、不協和に立脚した結合――協調――と、市民ではなく死体を結びつける専制的結合を区別するよう呼びかけながら、ローマにおける人民の分断と騒乱に賛辞を送り、〈一者〉の威嚇的形象としての平和に対して疑念を呈した。(4) そこから次の警句が生じるのだ。「政治体における結合と呼ばれるものはきわめて曖昧なものである」。しかるに、おそらくマルクスはこのように解さない。というのも、後者は統一性のなかにひとえに肯定的な善を見るのであって、統一性のある種の形態と専制とのあいだには関係が、反対に社会的分断、抗争の作動、そして自由のあいだには紐帯が存在しうるとは感づいていないように思われる。マルクスがデモクラシーの真理と抗争の消滅を結び合わせるのが事実だとしても、さらに付け加えられるべきは彼がこの統一性を有機的全体性のモデルにも、身体のモデルにも基づいては構想していないということである。思うに、彼が標的とする接続の原理は、時として神経組織からあるいは循環組織から出発して考えられているとはいえ、それは行動の側に位置づけられなければならない。たとえこの原理が体系の土台から離れるようには思われなくとも、それでも原理は人民の生の神秘から、その未規定性——理論的エネルギーであると同時に実践的エネルギー——から生じ、また欲することの無限性、幕開け、可塑性、流動性から生じるのである。

（1） Cl. Lefort, *L'Invention démocratique*, Paris, Fayard, 1981〔前掲、ルフォール『民主主義の発明』〕、同じく、« La question de la démocratie », in *Le Retrait du politique*, Paris, Galilée, 1983, p. 71-88.〔ルフォール「民主主義という問題」、本郷均訳、『現代思想』、一九九五年十一月号、四〇―五一頁〕。

（2） Cl. Lefort, *Le Travail de l'œuvre Machiavel*, Paris, Gallimard, 1972, p. 480.

（3） Machiavel, *Discours*..., livre Ier, chap. IV, in *Œuvres complètes*, Paris, Gallimard, « Bibliothèque de la Pléiade », 1952, p. 390.〔マキァヴェッリ『ディスコルシ』、永井三明訳、ちくま学芸文庫、二〇一一年、四二頁〕。

（4） Montesquieu, *Considérations sur les causes de la grandeur des Romains et de leur décadence*, Paris, GF, 1968, p. 82.〔モンテスキュー『ローマ人盛衰起源論』、田中治男、栗田伸子訳、岩波文庫、一九八九年、一〇二―一〇三頁〕。

他方で、抗争の拒否はマルクスをギリシアの都市国家《シテ》モデルに基づいて真のデモクラシーを考えたかどで非難するには足りず、古代人の自由のほうへと彼を追い払うにも足りない。抗争の拒否を指摘することは、その起源について意見を表明することとは別の事柄である。マルクスは――この意味ではB・コンスタンによってジャコバン主義に差し向けられた批判には当たらないのだが――、抗争を拒絶するわけではない。なぜならば、彼は主観的自由の原理に抗するギリシアの都市国家《シテ》の重要な要素であった客観的自由を優位に立たせようとしたからである。それとは反対に、近代性の内部にあって、近代世界に固有の主体性の哲学の論理のなかで、マルクスはデモクラシーを社会的分断から切り離し、一致への意志とつなぎ合わせる。だからこそ、彼は政治的客体化を主権という立場を自任する主体へと結びつける。この客体化はたしかに政治的な意味でも理解されているとはいえ、とりわけ自己への現前という形而上学的な意味で理解されている。マルクスはデモクラシーを抗争の外部で思考するのである。このような思考の思弁的構造《エコノミー》において、分断に道を譲ることは、自己意識と自己認識のモデルに基づくならば、中心として、万物の尺度として解釈される全体としての民衆《デモス》の地位そのものに害を及ぼすことになるだろう。これは有害な隔たりを導き入れ、民衆《デモス》の再中心化、全体化という継続的な働きを同時に危険に曝すような裂け目を穿つことであるだろう。民衆《デモス》は同なるものの魅惑に身を委ねながら、自らの行動の完璧な統御のなかで、自己と自己との十全たる一致のなかで、自己を構成するのである。[5] それゆえ一八四三年のテクストにおいて悩みの種となるのが、この全体としての民衆《デモス》（*ganzen dêmos*）という概念なのであって、マルクスはこの概念を、その反ヘーゲル的な攻勢のなかで、統一的で実質的な主体として、政治的客体化としての国制が絶えず導かれる現実の人民として評価する。デモクラシーの種差を把握するもうひとつの方法とは、いかにしてデモクラシーが諸契機のひとつの客体化とその意味作用のあいだのあらゆる隔たりを予防するのか、そしていかにして諸契機のひとつが全体として通用せんとするまでに「のし上がる」のを妨げるのかを示すことではないだろうか。要するに、真のデモクラシーは、客体化から疎外への脱線の危機が回避されるほど完璧なまでに、人民とその客体化が合致した状態として定義されうるということである。「デモクラシーにおいては、いかなる契機であってもそれに立ち戻るという意味のほかには何も獲得しない。それぞれの契機は、現実的には全体としての民衆《デモス》の契機にすぎないのだ(6)」。

（5）真のデモクラシーは近代の主体性の遺産にしっかりと組み込まれているのであって、たとえそこに移行が生じているとしても、J・タミニオーの分析はマルクスのテクストと近代哲学の連続性を明らかにしている。この分析は一八四四―一八四五年の諸テクストに立脚しているとはいえ、この水準では一八四三年の批判にも通用するものである。次を参照。J. Taminiaux, « Sur Marx, l'art et la vérité », in *Le Regard et l'Excédent*, La Haye, Nijhoff, 1977, p. 60-61.

（6）Marx, *Critique du droit...*, *op. cit.*, p. 68.〔前掲、マルクス『ヘーゲル国法論（第二六一節―第三一三節）の批判』、二六三頁〕。

しかるにマルクスは、ヘーゲルの思想において論理が政治的なものの理解に影響を及ぼしていると告発することにおおいに注意を払っていたにもかかわらず、民衆《デモス》に依拠しつつ、いわば知らず知らずのうちに近代形而上学に彼自身の政治的なものの分析を規定させている。そこで人民は、主体《スブイェクトゥム》として、自己現前として現れる。どのような受動性であっても、ほんのわずかな齟齬や分裂さえも導入することはないのであって、とりわけ時間に関してそれは顕著である。加えて、人民は現働的な体系として、それ自体へと集中し、中心となった全体化として姿を現す。このような統一的な主体の実質的生はその諸契機全体の展開のなかで構成されるというわけである。形而上学に由来するこのような人民観は本当に政治的なのだろうか。人民の政治思想に到達するためには、むしろミシュレやキネといった歴史家‐哲学者たちのほうにこそ目を向けるべきではなかろうか。実際に、主体の哲学とは異なり、人民は問題含みの同一性によって変容を被る。なぜならばこの同一性はつねに繰り延べられているからだ。自己現前から遠く離れている人民は、それ自身の上位——自由の発明のなかで姿を明かす、英雄的な境遇の人民——にあるか、人民の自由の経験がその反対物である隷従への逆転に曝されているときには、それ自身の下位にあるかのいずれかである。けっして自身とは一致せず、同等ではない人民は、それが姿を現し、実存へと到達するまさにそのとき、自己と自己との乗り越えがたい隔たりの試練に服する。この隔たりを失敗と考えるのは間違っているだろう。というのも、まさしくこの隔たりとその維持のなかにこそ、反権威的な国家《シテ》の好機が存するからである。

全体として《﹅﹅﹅﹅》の民衆《デモス》の到来の方向で――あるいは全体性として――、あらゆる国制の謎の解決としての価値を有するデモクラシーの真理を考えること、これは次のアリストテレスのテーゼを忘却することなのではないか。政治的な事柄は、それについての解決という理念そのものを弱める未規定性、「完成された国制《ポリテイア》に出会うとする理念」、さらには〈終末《エスカトン》〉の近代的理念を構想しえないものとする未規定性によって特徴づけられるものなのだ。(7) そのうえ、フランソワ・シャトレの疑問を繰り返すならば、民衆《デモス》のかたちでの統一性の重視は、抗争を見落とすことに加えて、政治的な事柄を曲解するのではなかろうか。というのも、それは政治的領野を取り巻く行為者たちの複数性、すなわち多数者《ポッロイ》に、〈一者〉の形象としての民衆《デモス》を重ね合わせるからである。マルクスは単数の個人たちの複数性に対して余地を残すのだろうか。すでに見たように、規定するものの認識論的問いを乗り越えるべく、彼は群衆を家族と市民社会を鍛え直す第一の要素とし、結果的に活動する力の政治的問いを見出したのだったが、マルクスは真の意味で群衆を思考するに至ったのだろうか。「現実の事実とは、国家は家族の成員として、ブルジョワ市民社会の成員として存在する群衆から生じるということである(8)」。

（7） J. Taminiaux, « Modernité et finitude », in *Recoupements, op. cit.*, p. 78 et p. 82.
（8） Marx, *Critique du droit..., op. cit.*, p. 40.〔前掲、マルクス『ヘーゲル国法論（第二六一節―第三一三節）の批判』、二三八頁〕。

はっきりとした答えは差し控えなければならない。マルクスの思考はそれほど複雑であり、矛盾すれすれとなりうるものであるからだ。だからこそ、君主の権力についてのヘーゲル的演繹と、君主の人格を全体の決定的な契機とする規定に関しては、マルクスは人格性と単一者《モノス》のこのような融合に叛くのである。彼は次のように記す。「まったく単純なことに、〈一者〉は複数の〈一者たち〉としてしか真理を有さない。述語、そして本質がその実存の全範囲に及ぶのは、けっしてひとりの〈一者〉からではなく、複数の〈一者たち〉からである」[9]。この抗議は人民という〈一者〉にも当てはまるのだろうか。民衆《デモス》はこれと同じような分離を被るのだろうか。民衆《デモス》は「複数の〈一者たち〉」の統一性と複数性を合わせて思考することを可能にするのだろうか。

いずれにせよ、思弁的母体の存在は次のことを十分に証明する。一八四三年のテクストにおいて問われているのはまさしく、デモクラシーの近代的思考なのである。

したがってこの思考が批判に服するべきだとするならば、マルクス自身がそれについてジャコバン派に非難を差し向けたように、近代世界を古代世界と混同したためではない。差異化という近代的要求を見落としたためでもない。それはマルクスが、この要求を公式に認めたにもかかわらず、和解という志向に従属させたためである。和解というのは、主体性の形而上学の論理のなかで、デモクラシーのこの思考が外在性の拒否へと、他性の拒絶へと、有限性の封印へと到達することを指している。

前述のデモクラシーの思考をこのように近代性の中心へと戻すのは瑣末なことではない。マルクスの批判はいまや、古典古代モデルの残滓であるというような根拠を欠いた非難から逃れて、デモクラシーの近代性に関する重要なテクストという性質を獲得する。これはマルクスのテクストが創設的、あるいは模範的テクストとしての価値を有するという意味ではなく、探究の緊張そのもののなかに——さらにマルクスが書くことを企画しながらもけっしてそうしなかった国家についての大著の理論的方向性のなかに——、デモクラシーの近代的観念の両義性と困難がとりわけ読み解かれるべきだという意味である。両義性と困難は、マルクスのテクストがデモクラシーと政治的国家との対立、デモクラシーによる社会的なものの自己創設と近代国家の形式主義との対立を導入するという目覚ましい長所を備えているだけに、いっそうここに現前しているのである。

このテクストの終わりなき緊張状態に注意深くあり続けようと試みる解釈者にとってマルクスは、解決済みの謎の所有に甘んじるというよりはむしろ、名付けられていないとはいえ、それでも現前する別の謎に、すなわち自律性という近代的要請のこの意味ではつねに活気に満ちた謎に粘り強く挑戦するように映る。ここでは自己創立の図式のなかに取り入れられているこの要請は、他性に正しさを認め損ない、その無限化という運動によって人間にかかわる事柄の移ろいやすさと偶然性を比較しなかったがために、解放の弁証法に、つまりはその反対物——他律性、自己破壊——への逆転に曝され

（9） *Ibid.*, p. 64.〔同前、二六〇頁〕。

る。ともすれば、この道を介して理解されるのは、なぜラディカルな自律性の思想家たるマルクスが突如として、人民の無限の意志に限界を設ける客観的理性の観念への、控え目に言っても驚くべき回帰を実行するのかということであろう。「人民の意志は個人の意志と少しも変わらず小さなものであるのだから、理性の法を乗り越えることができない。理性を欠いた人民のなかでは、原理上、理性に適った政治的組織は問題とはなりえない[10]」。

すでに繰り返し検討したように、人民は同時に原理、主体そして目的であり、さらにこの主体は自らにとっての自己目的である。認めるべきは、真のデモクラシーは、人民の活動へと永続的に送り返されているので、理念性という要素のなかで必然的に展開されるということである。ここで明らかとなるのは、B・グレトゥイゼンが「デモクラシーの弁証法」のなかで「デモクラシーの英雄的段階」と呼ぶものと一致する人民のもっぱら政治的な構想である。「集団は自身の政治的実現を模索する。集団が自身の組織化のこの段階に位置づけられるかぎりは、一般意志はそれ自身の主体であり客体であるように思われる。市民は市民になることを欲する[11]」。デモクラシーによる創設に先立って存在し、真のデモクラシーがそれを記録し政治的に説明することを課題とするような人民の社会的現存在も社会学的実在も存在しない。したがって、存在するのは理念性である。なぜならば、人民の存在とは、自由に基づいて存在しようとするものであるからだ。デモクラシーと人民の実存への到達とは分かちがたく結びついている。デモクラシーによる社会的なものの創設と人民の誕生、人民の「発明」は、唯一にして同一の行為を、唯一にして同一の行動を構成する。政治的契機との対照によってその非本質性が実証されるので、社会は問題含みの実存を白状することしかできない。これは前述のわれわれの批判を和らげることになる補足的な両義性である。なぜならば、デモクラシーの政治的要素に固有のこの理念性という要素は、同一性を探し求める集合的意志を含んでおり、全体の完成といった計画が消し去る未規定性に再び与ることができるからである。

しかしながら、直後のテクスト、一八四四年に『独仏年誌』において発表された『ヘーゲル法哲学批判序説』に目を向けるとすぐさま、新たな問いが浮上する。マルクスは、プロレタリアートを歴史の舞台の新たな役者として指し示しながら、人民が政治的要素のなかに留まるかぎりにおいて、人民を定義する理念性と未規定性を逃れようと力を尽くしたのではないだろうか。人民からサン゠シモンの言うところの「もっとも多数かつもっとも貧しい階級」へと移行しながら、歴史の鍵を握る主体、すなわち普遍的階級という地位をこの階級に割り当てながら、ともすればマルクスは、具体的な相貌を、ひとつの名、すなわちプロレタリアートの名をこの識別不能な人民に付与し、そうすることで未規定性の試練から逃れようと力を尽くしたのではないだろうか。一八四五年の『聖家族』において、

（10） *Ibid.*, p. 105.〔同前、二九四頁〕。
（11） B. Groethuysen, « Dialectique de la démocratie », in *Philosophie et histoire*, Paris, Albin Michel, 1995, p. 185.

エンゲルスとともにマルクスは次のように記したのではなかったか。「個々のプロレタリアあるいはプロレタリアート全体が、目的として一時的に何を想像するかはさほど重要ではない。ひとえに重要なのは、プロレタリアートとは何か、そして自らの存在に合わせて歴史的に何を為すよう強制されていくのか、ということである」(12)。

このとき考察しうるのは、マルクスが「プロレタリアートの存在」を発見するに当たって、マキァヴェリアン・モーメントから脱出し、政治的な事柄の論理から遠ざかるということなのではないか。これは少なくとも拙速な結論かもしれない。というのも、ここでマルクスにならってプロレタリアートの本性に関する議論に身を投じずとも、この階級はマルクスの証言それ自体が物語るようにその存在が逆説的であるだけに、社会的なもののなかに閉じ込めることはなおさら困難であるということを想起すれば、われわれにとっては十分だからである。「市民社会の階級、それは市民社会の一階級ではない」(13)。要するに、革命的状況とその結果として自らの存在に課された使命によって、この階級は局所化と同様に社会学的規定からも明らかに逸脱する。実践の領野で変革の方法を作動させる歴史的否定性の新たな形象であるプロレタリアートは、社会的なもの——その社会的存在——が政治的なもの——その政治的存在——と分かちがたい階級として現れる。「労働者階級は革命的であるか、さもなくばまったくの無である」、そうマルクスは一八六五年にJ・B・シュヴァイツァー宛ての書簡に記している(14)。『哲学の貧困』の終盤はまさしく、現存する社会に労働者を閉じ込める経済学者たちと同様に、プロレタリアートのうちに社会運動しか見ない思想家たちをも反駁することを目的とするのではないか。彼らとは反対にマルクスは、大企業と経済的条件から生じる即自的階級から、その階級が資本に直面する立場を全面的革命のための資本に抗する政治的闘争に変えるとすぐさま生じる対自的階級への移行を描き直すことに取り組む。そこから次のような本質的な結びつきが想起されることになる。「社会運動が政治運動を拒むと言ってはならない。同時に社会的ではない政治運動など存在しないのだ」[15]。このことをマルクスはジョルジュ・サンドを引きつつすぐさま言い換える。「闘いか、さもなくば死か」。

マキァヴェリアン・モーメントからの他の脱出口が発見され、そこに通路を準備することは、次のことを観察しながら可能となる。つまり、数年の間隔を空けて、別の文脈のなかに現れる同一の隠喩と表現の反復がそれであって、これらは現実の他の領域に割り当てられており、マルクスの道程を証

(12) Marx, Engels, *La Sainte Famille*, in *Œuvres*, III : *Philosophie*, *op. cit.*, p. 460.〔マルクス、エンゲルス『聖家族』、全集第二巻、三四頁〕。

(13) Marx, *Pour une critique de la philosophie du droit de Hegel*, in *Œuvres*, III : *Philosophie*, *op. cit.*, p. 396.〔前掲、マルクス『ヘーゲル法哲学批判序説』、四二七頁〕。

(14) In M. Rubel, *Pages de K. Marx. Pour une éthique socialiste*, t. II : *Révolution et socialisme*, Paris, Payot, 1970, p. 73.

(15) Marx, *Misère de la philosophie*, in *Œuvres*, I : *Économie I*, p. 136.〔マルクス『哲学の貧困』、全集第四巻、一九〇頁〕。

言するものとして通用する。カントの跡を辿って、マルクスは出版業界に人間同士の自由な伝達を利するものを見る。彼は思考することの自由を出版することの自由から切り離すことを拒む。しかるにカントとは異なり、マルクスは思考することの自由とその思考を伝達することの自由が人間の政治的活動の全体を構成しうるとは評価しなかった。それゆえ彼は出版に伝達のそれとは別の機能を認める。人民の精神の客体化である出版は、人民が自身を認識することを可能にするものなのである。解釈学的精神の定式化とともに、『出版の自由についての討論』(一八四二年五月)でマルクスは次のように宣言する。「出版の自由とは至るところで開かれた人民の精神の目であり、人民が自身のうちに有する信条の受肉化であり、個人と国家、世界を結び合わせる、語る紐帯なのである〔…〕それは人民が自身を見つめる精神的な鏡なのであり、自分自身の観想は知の第一の条件である」[16]。「精神的な鏡」である出版は、政治的な場を構成する。それはこの政治的な場への、この公的空間への通路を開くものであって、そこで人民は、自身へと送り返される思弁的な鏡像によって自己構成し、その同一性の意識を獲得し、自由の条件たる自己認識へと到達する。出版によって人民は、社会に現れる様々な抗争に際して、承認を、よりよく言えば相互認識を日常的に実践するのである。

一八四四年の『読書ノート』には鏡の隠喩が登場するが、それは生産に関するものである。『人間的生産』という表題でマルクスは次のように記す。「われわれが人間存在として生産すると仮定しよう。各自はその生産のなかで、自分自身と他者を二重に肯定する。(一)私の生産のなかでは、私はその個別性、特殊性を実現する[…]。(二)私の生産物の享受あるいは使用のなかで、私の労働によって人間的欲求が満たされることの、そして人間本性が実現し、他者の欲求にその必要性の対象が供給されることの即時的な精神的喜びを私は覚える。(三)私はきみと人類との媒介者として役立ち、きみによってきみ自身の存在の補完物として、きみ自身の必要な部分として認められ、感じ取られ、きみの愛のなかでと同様にきみの精神のなかで受け入れられたという意識を持つ。(四)私は、私の個別的な表明のなかで、きみの生の表明を創出し、つまりは私の個別的な活動のなかで私の真の本性、私の人間としての社会性(*Gemeinwesen*)を実現し、肯定することに喜びを覚える。われわれの生産はそのいずれもが、その存在が一方から他方へと光を放つ鏡なのである[17]」。

鏡の隠喩を反復しながらマルクスがここで果たす移行は、完全にマキァヴェリアン・モーメントからの脱出として読み解かれうる。フォイエルバッハから引き継いだ間主観性としてのモナド論の計画に忠実であったので、マルクスは人間同士の伝達がそこから作動し始める源泉の規定に関する転換を

(16) Marx, *Œuvres*, III : *Philosophie*, *op. cit.*, p. 178.〔前掲、マルクス「出版の自由と州議会議事の公表とについての討論」、六九頁〕。

(17) Marx, *Œuvres*, II : *Économie II*, *op. cit.*, p. 33.〔マルクス「ジェームズ・ミル著『政治経済学要綱』からの抜粋」、全集第四〇巻、三八二―三八三頁〕。

実行する。あたかもそこでもマルクスは、政治的生の非物質性を生産の具体性へと置き換え、政治的領域の天上の生を労働が人間と自然のあいだに、人間たちのあいだに打ち立てる紐帯の強固な基盤へと置き換えようとしているかのようである。(18) 今や生産が出版に、「個人と国家、世界とを結び合わせる、語る紐帯」に取って代わったので、相互認識はもはや倫理的本性から出発しても、政治的動物としての人間の言語活動的本性から出発しても構成されず、伝達が、すなわち調和が生産的存在と定義されるモナドのあいだに打ち立てられるのである。

政治的原理に成り代わる生産が、マルクスが「人間の交流」と名付けるものを完成するための源泉として選出されるのであれば、同一の所作でもって生産は隷従の源泉として、あらゆる隷従形態の母体として指し示される。『一八四四年の草稿』において、マルクスが私有財産からの社会の解放と労働者たちの解放が同等であると定立するのは、この後者の解放が普遍的解放として通用するようになるからだ。実際に、彼が普遍的解放からこの解放へと向かうのは、たんにプロレタリアートに固有の本性によってのみならず、疎外された労働／私有財産の関係が奴隷化の普遍的源泉として規定されるからである。「およそ人間の奴隷化というものは、労働者と生産の関係のなかに含まれているのであるが［…］、すべての隷従関係はこの関係の変種や帰結にすぎない」。(19)

それゆえマキァヴェリアン・モーメントの消失を、政治に固有の環境からの撤退を結論づけることが可能である。すべては次のように運ぶ。あたかも政治的なものの複雑性がマルクスのなかで突如として解体し、彼が支配／隷従の対しか保持しておらず、さらには経験的に位置を同定しうる場、すなわち生産とそれを結びつけ、全体としての民衆《デモス》を集合的労働者へと置き換えつつ、人間の共生を別の平面へと、別の要素へと移し替え、謎の解決（解決の意志についてはたしかに連続性が存在する）がデモクラシーから共産主義へと移動したかのようなのだ。一八四三年には、デモクラシーはすべての国制にとっての、要するに政治的原理にとっての解決済みの謎として称賛されていた。一八四四年には、共産主義についてマルクスは次のように判断を下す。「完成した自然主義としてのこの共産主義――完成した人間主義としての人間主義――すなわち自然主義――［…］」、（それは）人間と自然との、人間と人間との敵対関係の真の解決である。［…］それは歴史の解決済みの謎であって、このような解決として自らを認識する(20)」。

(18) Cf. A. Philonenko, « Étude leibnizienne : Feuerbach et la monadologie », *Revue de métaphysique et de morale*, janvier-mars 1970, n° 1, p. 27-28. とりわけフォイエルバッハの次の一節を参照。「物質はモナドの一般的な紐帯であるという観念――これはライプニッツ哲学のもっとも崇高かつ深遠な思考のひとつである［…］」。フォイエルバッハが指摘するように、物質はあらゆる苦痛と喜びの源泉であって、それによって魂の普遍的紐帯が作られるということになる――「というのも喜びと同様に、苦悩も存在と存在とを結びつけるからである」。

(19) Marx, *Manuscrits de 1844, Paris*, Éditions sociales, 1962, p. 68.（強調は引用者）〔マルクス『一八四四年の経済学・哲学手稿』、全集第四〇巻、四三四頁〕。

(20) *Ibid.*, p. 87.〔同前、四五七頁〕。

一八四四年からマルクスは、第一の布置と同様に第二の布置にも現れたマキァヴェリアン・モーメントからの脱出を実行する。国家の引力法則はもはやそれ自体のなかにはなく、マルクスの関心は、民衆《デモス》の活動から、活動ないし行動の哲学から出発した政治的なものの本質の情熱に満ちた探究から、生産としての存在の地平上での共産主義との遭遇へと移動したのだった。

だからといって、われわれの調査は、あたかもマルクスが政治的なものとその特殊性の意味を見失ったかのように、マルクスの業績からは永久に消滅した政治的要素の遺失確認によって終わりを迎えるのであり、そうでなければならないということだろうか。

この主張は支持できない。というのもマルクスは、一八四五年に、ドイツの出版社に『政治・経済学批判』という表題を掲げた二巻に及ぶ著書の企画を提案したのではなかったか。そしておそらくはこれと同時期に執筆された覚え書きを参照するならば、マルクスはフランス革命と関連づけて近代国家の発生を跡づけ、人権、国家と市民社会の関係、諸権力の分離、各種権力、政党といった問いを検討しようとしていたことがわかるのである。その結果としてマルクスは、選挙権と関連づけて「国家と市民社会の廃止」(21)を問うに至ったのだ。この表題と著述計画に照らせば、しばしばジャーナリストとして執筆されたマルクスの膨大な量の政治的著述は(フランスを対象とするものではあるにせよ)、その生涯にわたって一八四五年の計画が動いていたことを正当にも明らかにする。(22)ゆえにマルクスの業績が政治の批判と経済学の批判の共存を基にして築き上げられている点では、M・リュベルに容易に同意することができる。M・リュベルから離れてすぐさま付け加えられるべきは、「政治と経済の親密な紐帯」、国家の唯物論的批判にとっては、政治的なものは二次的かつ派生的な要素としての地位を受け取るという両者の紐帯をまさしく理由として、第一の批判はきわめて早い段階で第二の批判の依存のなかで構想されたということである。マルクスが政治の批判を放棄しなかったのは事実だとしても、それでも彼の目からすればこの批判は、一八四三年のテクストの場合にそうであったようには政治的な事柄の論理を描写することをもはや目的とはしていないのだと認めなければならない。それでは『資本論』の著者はなにゆえにラ・ボエシの航跡に組み入れられるのだろうか。マルクスにとって想像しがたい現象が存在するとすれば、それはまさしく自発的隷従の現象である。別の読解上

(21) これらの覚え書きは『国家と市民社会の廃止に向けて』という表題で次の著作に収録されている。Marx, *Œuvres*, III : *Philosophie*, *op. cit.*, p. 1027-1028.〔マルクス「市民社会と共産主義革命」、全集第三巻、五九六頁〕。一八四五年のこの企画については、次を参照。M. Rubel, Introduction à *Politique*, I, in *Œuvres*, IV, 1994, p. XCIV.

(22) 『政治著作集(*Politique*)』第一巻の序文でM・リュベルはこう記している。「ドイツの定期刊行物に掲載されたものを引き継ぐかたちでイギリスやアメリカの複数の新聞のために執筆された膨大な数の記事は〔…〕その全体が豊かな基礎資料であると同時に構想中であったこの政治の批判に関する理論報告となっている。本来の意味でのマルクスの著作である『経済学批判』ともに、これらの記事は現実的なものの学と可能なものの構想が合流する業績となるのである」(p. XLVII-XLVIII)。

の仮説を提示しながらわれわれが描写した解釈に資する選択肢と比較するならば、一八四四年から一八四五年にかけて、「認識論的」側面が勝利を収め、政治の批判は政治的なものの知性の道に留まる代わりに、市民社会の媒介を通じて経済的土台へと向けられたことに疑いの余地はない。

真のデモクラシーの謎に関してはどうだろうか。一八四三年のテクストの情熱に満ちた問いかけのなかには、一種の一回きり《ハパックス》の表現を見なければならないのだろうか。あたかもこの探究はただひとつのテクスト――マルクスの若書きの著作を照らし、露わになった瞬間に風景を暗闇と忘却のなかに遠ざけ、すぐさま消え去ることになる閃光のような例外的契機の煌めき――にのみ関係していたかのようだ。この場合、それが考古学的ではないとしたら、いかなる関心が読者を一八四三年の批判に挑戦するよう駆り立てるというのだろうか。別の選択が可能である。二つの批判――政治の批判と経済学の批判――の調和がとれてよく統御された共存を主張し、その共存の結果として「真のデモクラシー」が共産主義へと昇華すると主張するよりも、むしろ次のように考えることが可能ではなかろうか。「真のデモクラシー」の名のもとで一八四三年のテクストに現れたものは完全には消滅しておらず、業績の隠された潜在的な次元として存続したのだ。この次元は再度現れる準備ができており、出来事の衝撃のもとで呼び覚まされうるものである。だとすれば、パリ・コミューンについてのマルクスの全テクスト――『フランスにおける内乱』、一八七一年五月三〇日の国際労働者協会総評議会の〈声明〉、およびこれら二つの下書き――を参照するならば、それらは実際に、謎めいた調性への回帰を伴う一八四三年の問題系の再起のように感じられる。近代世界の、絶えることなく再開する革命の新たなオイディプス王として、マルクスは次の問いへの返答を試みる。「それではコミューンとは、ブルジョワ的知性をかくも激しく悩ませるこのスフィンクスとは何か」[23]。たしかに、一八四三年の批判と比較すると、一八七一年の分析には多くの新たな主題が登場する。この点について重要なのは、マルクスが「コミューンの謎」のかたわらに位置づけるもの、そしてコミューンの歴史的射程を切り詰めるべくそれに先行し、絶滅してさえいるような政治形態へと誘導する解釈に対抗して、還元しえない新しさを際立たせることを課題とする彼の分析の対象となるものである。コミューンの断絶、コミューンを比類なき出来事とするものとは、「労働者階級による統治」であること、すなわち労働者の社会的解放のついに見出された政治形態であることなのだ。

さらに言えば、一八七一年のマルクスの関与は以前とは異なっている。彼にとってはもはやヘーゲル批判を通じて近代における現在――フランスの現在――の水準にまで登りつめることが問題なのではなく、国際労働者協会の指導者として、彼が十九世紀最大の革命と評価するものを説明し、この革命が国家に割り当てる運命に、「近代国家の権力を粉砕する」というその規定にまさしく集約される

(23) Marx, *La Guerre civile en France*, Paris, Éditions sociales, 1968, p. 38.〔マルクス『フランスにおける内乱』、全集第十七巻、三一二頁〕。

その前例なき特徴を肯定することが問題なのである。

しかしながら、一八四三年のフォイエルバッハの言葉遣いと三つのカテゴリー――客体化、疎外、還元――を市民社会と国家の主たる対立をその攻勢の中心に据える社会の批判理論の言葉遣いに翻訳することに同意するならば、これらの詳細を超えて、二つのテクストの一般的な図式は近いと指摘しうるに違いない。実を言えば、この対立はすでに一八四三年のテクストに表れていたのだが、われわれが示そうとしたように、それは第一のものではなかった。というのも、それは人民の生を準拠点とし、全体としての民衆《デモス》を原初の源泉とする政治的な問題系の下位にあったからである。

一八四三年の諸概念が一八七一年のテクストのなかに反映されているとすれば、この翻訳はいっそう容易いことである。かくして、一八四三年に批判されたもの、すなわちそれによって民衆《デモス》の政治的客体化が、還元の作業に服するのに失敗したがゆえに疎外へと道を外れる過程――全体として、規定するものであると同様に支配するものであろうと欲する形式主義としての国家の思い上がり――が、生きた身体と市民社会の身体の敵対性、市民社会の内部ではプロレタリアートの身体と言葉のもっとも物質的な意味でそれを閉じ込め、虐げる装置の敵対性を俎上に乗せることによって、一八七一年に告発される。大蛇、寄生する腫れ物、重苦しい悪夢、国家という害虫、人工的身体といった比喩のいずれもが、社会的生の同時性と労働の自由な拡大とを麻痺させる〔有害なものを表す〕ネッソスの聖衣のごときものである形式的な「仕掛け」を描写せんと試みるためのものである。

客体化／疎外の対は隔てられておらず、立ち位置を転倒させた理念のもとで明るみに出る。国家―装置は社会の従僕であらねばならないのにもかかわらず、自らがその主人となったのだ。そして革命も、それが還元を超えて進むのであれば、この対と無縁ではない。というのも革命は転倒の転倒として、「人民による人民のための自身の社会的生の奪回」[24]として示されるからである。一八七一年のテクスト、とりわけ最初の下書きが一八四三年の批判をおおいに補強することは事実である。なぜならば、それは近代国家の発生を足掛かりとするからである。マルクスにとって絶対君主政下で生まれた国家は、封建制に抗する近代社会の闘争のなかで中央集権化と組織化を発展させたフランス革命を経て、かなりの程度力を強めたということは明記すべきである。歴史の皮肉である国家のこの強化は、革命という現象の一貫した結果であったように思われる。「それゆえすべての革命は唯一の帰結として、国家装置という重々しいこの悪夢を撥ねつける代わりに、それを完全なものとしたのだった」[25]。この道筋の終局に、マルクスはコミューンがその完璧なアンチテーゼを表象する、近代国家の極致である第二帝政を位置づける。そこからコミューンの前例なき特徴が生じる。国家と絶対的に矛盾して

(24) Marx, Premier essai de rédaction, in *La Guerre civile en France*, *op. cit.*, p. 212.〔マルクス「『フランスにおける内乱』第一草稿」、全集第十七巻、五一三頁〕。
(25) Marx, *ibid.*, p. 210.〔同前、五一一頁〕。

いるので、コミューンは革命の歴史における断絶を示す。ここで初めて、その諸権力を占有し、新たな社会集団のためにそれを役立てるべく国家を奪取するということはもはや問題とはならなくなる。プロレタリアートにとっては、近代国家の権力を粉砕することが問題なのだ。もはや何かしらの国家形態——君主政や共和政——が撥ねつけられるのではなく、むしろ暗黙の意識においては形態としての国家そのものが撥ねつけられる。この形態そのものが、その名前や政治的帰属にはかかわりなく、特殊かつ忌まわしき支配関係そのものを自らのうちに孕んでいるのである。

マルクスの分析のこの点について、そこに次の矛盾を見ることは正当である。一方には、彼が表明し続けた見解、国家の本性がそれを奪取する階級に依存するというまでに国家装置は中立であるとする観念を伴う、国家を道具とする見解が存在し、他方にはより豊かで複雑なテーゼ、つまり国家は中立的なのではなく、反対に特殊な形式主義として、社会全体にのしかかる支配関係を生むというテーゼが存在するといった矛盾である。まさしくこの理由から解放は、国家を奪取することではなく粉砕することを要求し、それによって国家に内在する支配形態を同時に破壊するのである。

ここに見てとれるように、一八四三年の問題系は明らかに充実したのだった。ところが二つの重要な方向性が近接したままとなっている。それは人民、すなわちコミューンが、自らにとっての自己目的である主体として姿を現すということである。集合的意志、それは自身の政治的表明を求めるのだ。B・グレトゥイゼンの表現を繰り返すならば、「デモクラシーの英雄的段階」がこれに当たる。政治的読解、政治に優位をもたらす読解こそがマルクスがまさに重んじるものなのである。コミューンの社会政策、実のところ依然として控え目なものであるが、それらを検討しながらマルクスは次のように宣言する。「コミューンの偉大な社会政策とは、それ自身の実存と活動であった。それ特有の政策はひとえに、人民による人民の統治の傾向を含意しえたのだった」[26]。コミューンの偉大さ、それはコミューンに生存権を与えることを拒んだすべての国家形態に抗して実存へと到達したことであった。これは裏打ちされた政治的読解である。というのも、よく見てみると、マルクスが提起する解釈は革命の文学において独創的な場を占めるからである。もはや国家を奪取することも、人民のためにそれを役立てることも問題とはならないがゆえに、ジャコバン的解釈ではない。ジャコバン主義は歴史の皮肉を逃れてはいない。つまり、国家による革命であるジャコバン主義は知らず知らずのうちに近代国家の権力を増大させ、卓越化することに貢献してしまう。それはまた、マルクスにとっては、ユートピアについての著書でマルティン・ブーバーによって見事に分析されたある種のユートピア学派とは反対に、資本主義と国家によって破壊された社会組成を建て直すことが問われているのではないという意味では、即時的に社会的な解釈でもない。国家を余分で廃れたものとするべく社会的なものを

(26) Marx, L'Adresse du conseil général de l'AIT, in *La Guerre civile en France*, *op. cit.*, p. 50.〔前掲、マルクス『フランスにおける内乱』、三二三頁〕。

再建し、それを再生することが問われているわけではないのだ。[27] コミューンの教訓、少なくともマルクスがそこから取り上げる教訓とは、資本の支配に抗する労働者の、労働の社会的解放は、マルクスが繰り返し「コミューン的国制」と呼ぶ政治形態の媒介を通じてのみ生じうる、ということである。強調すべきはそれが特異な政治形態であり、この事実によって諸形態の自律化を免れるよう約束された政治形態であるということだ。その理由は、たんにコミューンの成員がいかなるときでも責任者であり、解任権を有しているからだけでない。とりわけこの形態が、いわば国家権力の影響下への転落はそれがどのような名であっても、どのような傾向であっても、すぐさま死刑判決を意味するということを知っているがゆえに、国家権力に抗して、国家−装置に抗する永続的な蜂起のなかで展開しながら、自らを構成し、その特殊性へと到達し、自らを再構成するがゆえでもある。以上が政治形態としてのコミューン的国制の際立った特色である。国家に抗するこの立場において、この国制は実存に到達し、姿を現し、自らの存在のなかで持続する。国家に対する原理上の敵意のなかで、その誘惑への抵抗のなかで自己創設するこの国制は、このような継続的な廃止に関しては譲歩すべきではない。さもなくばこの国制はその反対物へと転倒し、国家権力の回帰へと転換してしまうのである。この意味において、形式主義と混同されるべきではないこの国家形態の特殊性は、前述の脱線が生み出すもの、すなわち形態−国家の思い上がりに抗して自らを構成するがゆえに、脱線に脅かされはしないということにある。

しかしながら、あらゆる翻訳においてと同様に、翻訳という操作に抗する還元できない残余、この場合は国家の消滅と近代国家の権力を粉砕する活動との差異は残存している。

第一の場合、一八四三年の批判のなかでは、マルクスは特定の装置の作動、すなわち形態としての政治的国家の消滅と翻訳される真のデモクラシーから始まる過程を描写する。マルクスがこの消滅を検討するのは、一八四三年の草稿の末尾において、選挙権のかたちを変えた行使、すなわち無制限の投票権と被選挙性と関連づけながらにすぎないように思われる。「選挙改革はそれゆえ抽象的な政治的国家の内部ではその解体の要求であるのだが、それと同時にブルジョワ市民社会の解体の要求でもある」[28]。一八七一年の諸テクストのなかでは、マルクスはまったく別の操作に光を当てる。彼はコミューン的国制の発生と、ある政治的行為、すなわち被支配階級の社会的解放を実行することが可能となるような革命的否定性がそのなかで展開する活動とを結びつける。この新たな状況の中心的要素とは、抗する立場であり、この抗することが含意するものであり、対立の領野の規定と敵対者の選出、

(27) Martin Buber, *Utopie et socialisme*, préface d'Emmanuel Levinas, Paris, Aubier-Montaigne, 1977.〔ブーバー『ユートピアの途』、改訳第三版、長谷川進訳、理想社、一九八八年〕。

(28) Marx, *Critique du droit...*, *op. cit.*, p. 185.〔前掲、マルクス『ヘーゲル国法論（第二六一節―第三一三節）の批判』、三六四頁〕。

導かれるべきひとつの、あるいは複数の闘いの予測といったものを伴うこの立場の構築、要するに闘争の政治的舞台の作動であるだけにいっそう、領域的変化は目につくようになる。この闘争は、批判的知と、自由への欲望と隷従への憎悪が区別なく混ざり合う怒り《トゥモス》とを動員しながら、あらゆる国家の回帰を予防し、この形式主義に抗する新たな政治形態を創設することを目的としているのである。

一八四三年に言明された真のデモクラシーは、哲学的近代性へと立ち戻ることなく、フランス革命、パリの一八三〇年七月の日々、一八三一年のベルギー革命、そして〔一八三二年のイギリス〕選挙改革に由来する革命後の政治的近代性にしっかりと属しているのである。

さらに言えば、国家の消滅と結びついた真のデモクラシーは、マルクスの業績においては、政治の批判が経済学の批判と密接に結びつき、結果として後者に服従するとしても、束の間の革命的突発でも、儚い好奇心でもない。一八四三年の草稿と〈現代のフランス人〉の定式についてのその解釈は、業績の隠れた次元、再び現れ、新たな果実を生み出すことがつねに可能な次元のかたちで存続し、ほとんど反国家的母体のような価値を有する。したがってこの価値が一八七一年に再び表面化するのは、マルクスがプロレタリアートに固有の解放をもたらす政治形態の発明をコミューンに見出すとき、そして、サン゠シモン的伝統や「人間の統治から事物の管理へ」というスローガンの側に与するのではなく、国家の統一性に関する不一致にもかかわらず、コミューン的自律性に統治権力を貶め、粉砕しうる梃子を見るコミューン的伝統の側に与するときなのである。(29) しばし姿を消していたとはいえ、これはマルクスの業績とその相対的な一貫性との潜在的な次元である。ゆえに一八四三年と一八七一年のこの対照は次の二つの定式の並置によって要約されうる。〈現代のフランス人〉にとっては、真のデモクラシーにおいて、政治的国家は消滅する。彼らとは別のコミューン参加者であった〈現代のフランス人〉にとっては、コミューン的国制において、国家権力は粉砕される。そこからマキァヴェリアン・モーメントについてのマルクスの両義性という仮説が生じることになる。彼がそのモナド論を思考すべく生産へと目を向けるとき、マキァヴェリアン・モーメントから脱出するのだとすれば、コミューン的国制のなかに真のデモクラシーの形象を呼び覚ますとき、彼はそれに回帰するのではないだろうか。

(29) コミューン的伝統については次を参照。G. Lefrançais, *Étude sur le mouvement communaliste à Paris en 1871*, Neuchâtel, 1871.

終章

われわれはマキァヴェリアン・モーメントに直面しているのではないか。出発に当たってそう予告したように、われわれの探究は現在に関する問いかけによって支えられている。われわれの現在におけるマキァヴェリアン・モーメントはポーコックの諸カテゴリーの入れ換えを前提とする。——イタリアの人文主義者たちによって活動的生《ウィタ・アクティウァ》と市民としての生《ウィウェレ・キウィレ》に再び光が当てられたことに対応するのは、政治的なものと、政治的なものの知性の再発見である。再発見というのは、全体主義的支配の哲学的解釈（H・アレント、Cl・ルフォール）に従うならば、この支配が政治的領域の恐るべき闇によって際立つからである。この闇は人間の条件に固有の政治的次元を破壊し、あるいは否定しようとする試みを伴うだけにいっそう恐るべきものなのだ。加えて、この立場を共有するには、全体主義的支配を行き過ぎた政治化としてではなく、政治的なものを破壊する試みとして分析することが求められる。この解釈のみが、全体主義的支配の批判と政治的な事柄への回帰が分かちがたく結びついていると理解することを可能とするのである。

——ポーコックにおける〈共和国〉／〈帝国〉の対に応じるのは、民主化の革命／全体主義的支配の対であって、それはこの対立が、ある者たちがそう考えていると装うほどには自由主義的な問題系に属するわけではないということが、すぐさま明確にされることで判明する。

——最後に、地上の生にさほど関心を示さないキリスト教的終末論に抗する闘争に対応するのは、それを政治哲学に、あるいはむしろ政治的なものの思考に置き換えるために為される歴史哲学の批判である。政治的なものの思考のみが歴史性の別の思考へと、実践的時間性の探究へとわれわれを導くのである。

この入れ換えを裏付けるものが、次の仮説である。近代性のただなかには、政治的なものの思考の運命のようなものが存在するのではないか。この運命は天恵であると同時に重荷であって、政治的なものの問いを提起する人々をその道中でマキァヴェッリに遭遇するよう仕向けるのであり、それを避けることはできない。より正確に言えば、複数の思想家たちのなかには、マルクス主義から——マルクスとの関係によって幅はあるものの——離れることに始まり、二つの絡み合った道を、マルクスからマキァヴェッリへの「回帰」の道とマキァヴェッリの行路からわれわれへの道を辿るよう駆り立てる運動が観察される。あたかも彼らがかつてマルクスのうちに探し求めたものを、『君主論』の著者のうちに突如として発見するかのようである。これらの行程の布置においては、M・メルロ＝ポンティやCl・ルフォールと同様にH・アレントとも遭遇するのだが、その布置はわれわれのあいだにマキァヴェリアン・モーメントの再出現が生じることを十分に証明する。フィレンツェの書記官の業績は、政治的なものの近代的思考を構築せんと試みることが可能となる場のひとつではないだろうか。

この新たなマキァヴェッリ的主題系の基軸は次のかたちでかなりの程度読み取られる。メルロ＝ポンティとともに気づかされるのは、マキァヴェッリの名のもとでの政治の探究は、悟性のそれでも理性のそれでもなく、一九六〇年の『シーニュ』序文終盤の数語によれば「屈服することなき徳《ヴィルトゥ》」の探究だということである。クロード・ルフォールとともに気づかされるのは、階級闘争を包含すると同時に乗り越え、その結果としてあらゆる人間の国家《シテ》のなかに有力者たちと人民との還元しえない対立のかたちで再登場することになる、社会的なものの根源的分断の強調である。これは、マルクスの欠落を埋めるべく、社会的なものの政治的創設を、意味の問いが上演される人間の共存をある意味で仕上げることとして定義しながら、政治的なものを一から思考し直そうとする欲望である。これが全体主義的支配の刷新された批判と「デモクラシーの発明」の新たな知覚の母体であり、さらに言えば「野生のデモクラシー」の名におけるデモクラシーの共‐存在の新たな描写の母体なのである。最後に、H・アレントとともに気づかされるのは、E・タッサンの言葉を借りれば、三つの次元――姿を明かし、創設し、結びつける次元――のなかで思考され、現われの空間としての公的空間の構成へと向けられた活動の現象学である。政治哲学の手厳しい批判から出発して、H・アレントは政治の英雄的構想を練り上げる。この構想は、英雄主義の罠を回避することになるとはいえ、政治がこの特異な態度と維持せざるをえない紐帯を忘却しないという意味において未曾有のものなのである。

この布置のなかへとさらに入り込むことは、ここでわれわれが意図するものではない。疑いようもなく、マルクスのマキァヴェリアン・モーメントへの参入は、われわれがすでに指摘した両義性とともに問題を複雑にする。現代のマキァヴェリアン・モーメントはマルクスの業績といかなる関係を取り結びうるのだろうか。この新たなマキァヴェッリ的布置を探し求め、それを横断する複数の方向性を、それらを差異化し不一致あるいは抗争が生じる点を発見するためであれ、創出的なやり方でそれらを結びつけるためであれ、対照することが有益だと明らかになりうるとはいえども、とりわけ一八四三年の批判におけるマルクスの行程を無視せず、「真のデモクラシー」についての、そしてそれが最後に生み出すもの、すなわち思考されるに値するデモクラシーと国家との対立についての情熱に満ちた問いかけを考慮に入れることが決定的に重要であるようにわれわれには思われる。これは、出来事の要求と願望に応じて再び表面化するように運命づけられた、マルクスの業績の隠された次元であることが明らかとなる帰結なのである。ところで、この対立、デモクラシーと国家の抗争を明るみに出すことは、ある程度まで現代のマキァヴェリアン・モーメント――H・アレントにおける評議会国家、Cl・ルフォールにおけるデモクラシーの絶対自由主義的観念——を作動させるのではないか。あたかもこの見地からすれば、マルクスの業績がフランス革命以後も生気を保ち活動的であった近代性の力のひとつを表出へと至らせたかのようである。実際に、この出来事以降、一八四八年からブダペストでの一九五六年までのそれぞれの革命的断絶は、次を想起させることを標的かつ課題としていたのではないだろうか。つまり、その複雑な高まりのなかで、そのデモクラシーの現出のなかで、解放は国家に抗しても差し向けられており、国家に抗して容赦なく立ち上がるということである。民主化の革命は、それが近代的自由の水準にあろうと欲するのであれば、必ずや国家という問題に永続的に挑戦しなければならない。社会主義的であると自称する官僚組織の崩壊以降、自由の問いは第一の、最重要の問いとなった。解放の問いは絶対に維持されねばならない。しかしながら、実を言えば、この問いを維持せんと努めることが必要なのだろうか。一貫してこの問いを厄介払いしようとするあらゆる誹謗中傷の言葉に反して、これを維持するためには、「地上に住まう人々」自身による自発性に任せれば十分ではないだろうか。中傷者たちによりいっそうの慎ましさを抱かせるためには、一八三〇年代の七月王政下において、「有能者たち」がその玉座の高みから、革命の時代は今や終わりを迎えたと告知したことを想起させれば十分である。このことが自由の問いに先立つというのだろうか。正義と自由が分かちがたく結びついたその全体のなかに政治的な問いを再発見するべきであるならば、同様に自由に、そして自由な国家《シテ》の創設に優位を与えるべきであるし、あるいはむしろ、自由を通じてこそ正義に到達でき、またそうであらねばならず、正義の諸要求を満たすことができると認めるべきなのだ。それゆえ正義と自由の紐帯が存在するのであって、正義を選択することは、自由が征服し略奪する自律性へと変化するのを反作用によって妨げるのである。

国家という問題のこうした永続性が提起されたところで、一八四三年の草稿におけるマルクスのテーゼに立ち戻ろう。われわれはそこから何を取り上げることができるだろうか。マルクスが描写する概念装置は二重の理由から貴重である。第一に、彼が真のデモクラシーの成長とその到来、そして国家の消滅とのあいだに打ち立てる紐帯によって貴重である。デモクラシーがその真理に接近すればそれだけ(しかるに政治的共同体はけっしてその真理には到達しないのではなかろうか)、国家は衰退し、消滅の過程を辿る。すなわち、全体として通用しようとする部分として効力を、支配を行使することを止めるのである。この消滅は、省略しうると見なした政治的なものを消滅させることを務めとする完成された社会主義の道へと乗り出すのではなく、反対に政治的なものを維持するのだが、それはひとえに契機としての政治的なものであって、社会的なものの他の領域との共存のなかで、現実の主体、すなわち人民の客体化の他の契機との共存のなかで維持されることになる。

第二に、これに立ち戻るのは最後にするが、一八四三年のマルクスの思考において特筆すべきは、彼が還元の作業に付与する位置づけである。還元は真のデモクラシーの眼目を構成する。他の政治形態は、共和政さえもが、国家を再生産し同時にそれを強めるよう仕向けるにすぎない一方で、還元によって、デモクラシーの異質性が、デモクラシーが遂行する国家との断絶が明確となる。われわれが承知しているように、還元は二重の運動と解さなければならない。それは解釈する運動であって、主体の本質とは何か、政治的客体化のなかで姿を現す主体とは何かを語り、承認することを問題とする。それはまた制限する運動でもある。なぜならば、この承認が為された後には、政治的客体化を正しく評価し、その諸限界へと、すなわち人民の実存のひとつの契機、そしてひとつにすぎない契機へと還元することが問題となるからである。還元を用いてこそ、政治的原理は国家の思い上がり——疎外へと流れ込む客体化——を回避すると同時に、この疎外が回避されるのであれば、政治的なものと社会的なものの結びつきが生じうるように、社会の領域全体へと拡がることが可能となる。実際、政治的契機がそのありのままの姿へと至るからこそ、契機をもたらすものが、社会的なものの領域全体へと拡がることが可能であり、デモクラシーの行動を伝播させながら諸領域に浸透するのだ。還元の逆説とはかくのごときものである。還元によって導かれ、政治的要素の形態‐国家への変貌を妨げる阻止は、政治的領域のなかで争点となり列挙されているもの——普遍性の経験、支配の否定、非支配、市民同権の公的空間の構成——の拡張を可能にする。こうして源泉へと立ち戻ったデモクラシーの行動は、本来的な公的空間のなかに現象化し、人間の生全体のなかで多様化するかのようである。ここで普遍的なものと特殊なものの統一性を説明するのはひとえにデモクラシーの行動のこの全面化であって、理性のモデルに基づいた画一化する形態の適用なのではない。

このように描写された真のデモクラシーは、G・ジンメルが文化の悲劇と呼ぶもの、そのなかで形態としての国家が卓越した役割を演じるものに対する応酬としての、反撃としての価値を有する。実際に、生の哲学の見地から、G・ジンメルは乗り越えがたきアポリアを指摘している。生が姿を現すのは、その現出が果たされるとすぐさま反対物であることが明らかになるもの、すなわち生に敵対的な力によってのみ可能である、というのがそれに当たる。「生はその敵の形態として、すなわちひとつの形態としてしか現実に立ち入ることができないように避けがたく定められている」[1]。これは解決できない矛盾である。というのも、一方で生は形態を有する場合のみ現象となり、それ自体の実存を見出すからであり、また他方で形態の運動は、出現するや否やそれを自己へと至らせ、みずからを創出した生の力から身を離し、結果として離脱を超えて進み、生を裏切るまでに内在的論理を展開し、自らを自律化させるからである。この抗争は生の諸性質──力動性、体験の絶え間なき流れ、衝動、あふれ出る自発性──と、全体のまとまりを維持するために保守的な力として作用する結晶化としての形態の諸特徴との対比から生じる。実存へと到達する可能性の条件とは、客観的精神に属する形態が、閉じ込めようとする「仕掛け」へと、マルクス曰く締め上げ窒息させる「大蛇」へと変化することである。「これらの生産物（形態）は創造的生の小箱である［…］」。それらが自らの論理と合法則性、自らの意味と抵抗力を示すのは、それらを創出した心理的力動性からのある種の離反と自律性においてである。この創造が果たされる瞬間にはこれらの生産物はおそらく生と一致するのかもしれないが、それらが展開するにつれて、生に対する外在性に、持続的な対立にさえもつねに陥るのである」[2]。したがって、マルクスをジンメルの言葉遣いに翻訳することが可能である。形態－国家は、その傲慢のなかで自らが由来する源泉を忘却し、人民の生に叛き、国家の視野に入ることのないすべての現出を粉砕するまでに自律化し、それ固有の論理（支配、全体化、〈一者〉の名の占有）を発展させる。要するに、一方では国家の論理と、他方ではデモクラシーの論理のあいだには、構造的抗争が存在するのである。ジンメルがすでに、マルクスによる経済的生に関するある種の描写──とりわけ商品のフェティシズム──が、彼にとってはどれほど文化の悲劇と、両項が対立すると同時に分かちがたい関係の逆説と完璧に一致しているかを感づいていただけになおさら、二人の思想家の置き換えは正当なのである[3]。しかるに、マルクスにとって文化の悲劇は経済の領域にのみ存在するのではない。一八四三年の草稿を読むかぎりでは、彼はそれを政治的なものの領野にも発見することができたのだった。この対照に当たってはひとつだけ尊重されるべき注意点がある。ジンメルが生の哲学の枠内

（1）　G. Simmel, « Le conflit de la culture moderne », in *Philosophie de la modernité*, II, Paris, Payot, 1990, p. 258.〔ジンメル「現代文化の葛藤」、『ジンメル著作集』第六巻、生松敬三訳、白水社、一九七六年、二七四頁〕。
（2）　*Ibid.*, p. 229-230.〔同前、二三九―二四〇頁〕。
（3）　G. Simmel, *Sociologie et épistémologie*, introduction de J. Freund, PUF, 1981, p. 43.

で思考するものを、マルクスは活動の哲学の見地から思考するということだ。ジンメルが生の力動性に、自発的衝動に付与するものは、マルクスには次のような行動のかたちで見出される。それは、自身に対してつねに過剰である行為のなかでも力尽きることがなく、反響を重ねてより遠くへと向かうために自らを取り戻す準備のできている行動なのである。

デモクラシーに立ち戻ろう。ジンメルを経由したこの迂回によって浮かび上がるのは、マルクスがパリ・コミューンを定義するために拠りどころとした図式によってデモクラシーを思考することは、一八四三年の図式によってそれを思考するよりもはるかに満足のゆくものだということである。つまり、過程の図式ではなく抗争の図式によって思考するということである。実のところ、デモクラシーは全体が平坦としており凹凸を欠いた空間のなかで国家の消滅をもたらす過程の付随物というよりは、抗争空間として、抗する空間として、闘争の舞台として規定された創設である。この舞台では、形態としての国家の自律化と活動としての人民の生という敵対する二つの論理が相まみえ、闘争が休みなく繰り広げられる。闘争のさなかでデモクラシーは、その永遠の敵対者が形態－国家であり、組織化する形態としての国家の思い上がりだということを、なんとしても理解しなければならない。この闘争におけるデモクラシーの武器こそが還元なのである。第一の時間では、「デモクラシーはすべての国制にとって解決済みの謎」であるということ、それがいかなる形態にせよ、国家は人民主権を、行動としての人民をその起源とするということを、国家に自白させることが肝要である。第二の時間では、国家に内在する論理——自律化、全体化、支配——をはばかることなく告発した後で、「国制」をしかるべき場所に置き直し、人民の生のひとつの契機、そしてひとつにすぎない契機へと還元し、こうして再び征服された空間によってデモクラシーによる社会の創設への道を拓くべく、還元を作動させることが肝要である。これら二つの論理の対立を跡づけるならば、われわれは民主的国家という牧歌的な夢想からは遠く隔たっているように思われる。その理論家たちは、偽りの幻想をばらまく悪徳業者として登場するのだが、デモクラシーの起源に目を向けるならば、国家に抗する継続的な蜂起でないとしたら、その始まりではいったい何と出会うというのだろうか。

　このことをわれわれはすでにパリ・コミューンについて指摘した。この政治空間の構成においては、抗するが規定するものである。抗する立場によって存在するのが、自由を創造する力を抗争に取り戻させる民主的国家《シテ》の特異な創設なのである。元老院と平民の度重なる闘争のさなかにあるローマにとっての自由の好機を称賛したマキァヴェッリとモンテスキューは、すでに創設に対してこの力を認めていたのだった。自由を生み出すこの抗争は繰り返される。敵対する諸極が形作られ、係争の対象が言明され、闘争が組織されるこの政治空間に、デモクラシーと国家の新たな抗争が付け加わる。それはたんに有力者たちが国家を奪取し、人民が彼らに対立するからだけでなく、デモクラシーにとって国家は退廃という永遠の危険を表象するからである。国家が統一する形態になろうとするまでに増長するには、デモクラシーがそれに自由な場を与えれば十分である。国家はデモクラシーと調和する補完物、あるいはデモクラシーが足がかりとして役立てうる枠組みなのではなく、反対にデモクラシーにとってはその衰退の器官であることが明らかとなる。自らの自律性に固執し、自身を全体と見なすので、国家は全体にとっての脅威を構成する。したがって両者のあいだには相互的な闘争が存在するのである。真のデモクラシーは国家の消滅、あるいは国家に抗する闘争を目指すとすれば、逆に国家が跋扈するところでは、デモクラシーは無に近づくまでに衰える。場を獲得することで形態－国家は人民の生に成り代わり、組織化し全体化する形態として姿を現す。それゆえ、国家に抗するデモクラシーの闘争には、デモクラシーに抗する国家の闘争が対応することになる。

国家に抗するデモクラシーとは何か。この表現は多彩な状況を包括している。そのもっとも典型的なものを検討しよう。

——近代史の慣例的な構造について。人間の社会をその法則に従うべき第二の自然とするのを目指すような拘束する形態として、国家はいつでもすでにそこにある。たとえば、デモクラシーは、それが存在するかぎりは、ある程度までこの第一の結晶化に対立する。この結晶化は歴史的に特殊な形態としてそこに存在し、絶対主義と権力の恣意的な行使——警察国家——をドイツとフランスの伝統が法治国家（*Rechtsstaat*）と呼ぶものへと置き換えながら、国家を制限しようとするものである。この場合、十分に節度を保ち、ともすれば権威的ともなる国家の傾向を妨げるよう仕向けられた、デモクラシーの穏健な行使へと誘われることになる。

――デモクラシーと国家との敵対性がはっきりと現れる革命的状況について。国家が隷従と不可分であれば、逆に民主化の革命は破壊と、国家権力の破壊の試みと不可分である。これが近代性の重大な革命的危機における根本的次元のひとつである。近代性には、様々な名を冠して、敵対的な複数の革命的伝統が反目し合うのが見られるのだ。一方ではジャコバン的伝統があり、それは革命の口実のもとに国家の強化あるいは新たな国家形態の構成を目指すものである。他方ではコミューン的あるいは評議会的伝統があり、この伝統は前述のものとは異なり、それに反して、国家権力を発明されるべき政治的紐帯の新たな形態へと置き換えるために、革命に国家権力を粉砕することを課題として割り当てるものである。革命の瞬間はこの意味で情熱に満ちているのだが、複数の場面で抗争的な領野を示している。なぜならば、革命のただなかで、デモクラシーは少なくとも二人の敵に対する闘争を導くからである。デモクラシーは「旧体制の」国家のみならず、まさしく革命の期間に生まれつつある《イン・スタトゥ・ナスケンディ》国家にも叛く。近代の革命的現象の中心に存する国家の問題は重要な選択肢を示している。一方で、デモクラシーは最初の契機として構想される――熱狂的な万人の心情を、入り乱れた俳優と観客を震わせる美しき夜明けであるが、それは合理化とともに卓越化された新しい国家に場を明け渡すために、消え去る定めにある。他方で、デモクラシーは同時に二つの方面、「旧体制の」国家と新たな国家に抗して闘いながら自らを発展させ、拡大する社会的なものの継続的な創設として構想され、実践される。革命が向きを変え、今度は有力者となった革命家たち、新たな有力者たちがその前任者と同じく人民を支配せんと望むのを予防するべく、永続的に監視を行いながら、この闘争は実践されるのだ。旧体制と同時にその優位を脅かす「逆さまになった世界」に抗して闘う革命の指導者にとって、実際に問題となるのは権力を奪取することであって、それを粉砕することではない。

われわれにとって国家に抗するデモクラシーとは、時間と現実性のなかで展開しながら自らに政治的創設――J・ランシエールの言葉では政治的なものの存在様式――を課す政治的経験のこの奇妙な形態への感受性を示しうるものである。そこで人民――政治的存在――の集合的意志の構成が姿を現すが、その統一性は複数性という条件を侵害しない。これは同一の運動のなかで、諸々の創設を、デモクラシーによる社会的なものの創設を保護するために、統治者と被統治者の分断を消し去り、あるいはこの分断をほとんど無に帰す可能性、市民同権の旗印のもとで公的空間と政治空間を発明する可能性を実際に《イン・アクトゥ》肯定しながら、国家に叛き続ける経験なのである。要するに、これは権力から協調的な行動という潜勢力への変化、こう言ってよければ人間に対する権力から人間とともにある、人間のあいだの権力への移行である。なぜならば、あいだは共同世界の可能性が得られる場であるからだ。

デモクラシーと国家の相互的な抗争、そうわれわれは述べた。国家権力がデモクラシーを脅かし、さらには破滅させようとするだけにいっそう、デモクラシーはこの権力に抗して闘わねばならない。それゆえ、世論の言説がデモクラシーと法治国家のあいだに取り結ぶ、一方が他方の完成となるようなほとんど機械的な組み合わせを批判に委ねよう。『不和』でJ・ランシエールは正当にも、政治体制の用語でのみデモクラシーを定義するような依存のなかにも存在するこの同一化を批判する。真の対立が法治国家とデモクラシーによる社会的なものの創設のあいだに場を占めるがゆえに、同一化のこの拒否からはさらに一歩進むことが可能である。実際に、近代性における法治国家の運命を考察するならば、国家の傲慢の完璧な例証と政治的なものの領野における「文化の悲劇」の事例が観察されるのだ。当初は権力の恣意性を制限し、諸個人の地位を保全するために構想され、国家がその目的を追求するに当たって辿るべき道を前もって固定していたはずの法治国家――人々の行動から規範への置き換え――は、その発展のあいだに一連の内的矛盾を抱えたのであり、これらの矛盾は国家をいわば内側から破壊し、あるいは少なくともその第一の意義を空虚なものにしたのだった。

もっとも有害な矛盾の地位に、自身の原理にとっての例外を規範に従わせるよう法治国家を押しやるその卓越主義の帰結のひとつを数えることができる。法治国家は権力の手を縛るために構想された一方で、規範性の遵守のなかで規範的に為されることであれば、その手をほどくに至る。これらの内的矛盾の到達点は当初の制度の紛うことなき転倒を生み出すことにある。規範の支配、これは当初は権力を制限するために構想されたのだが、自らを絶対化し間隙なき権力を引き起こすまでに、法的卓越主義という幻想を育むのである。W・レスネールは特筆すべき批判的研究で次のように記している。「本質的に法治国家《レヒトシュタート》は規範的な卓越主義へと向かう。［…］そして法治国家が完璧であろうと欲するならば、この国家は至るところに存在しなければならない。［…］合法性は全体主義的ではないにせよ絶対的な概念である。それに賛成しない者は叛く者なのである。法治国家《レヒトシュタート》はたんに拡張的なのでなく、絶対的な価値としてのみ存在しうる」[4]。統制的理念として検討され実践される代わりに、法治国家は法的規範の垂直性を、ピラミッド状の組織を結集する閉じた体系へとかたちを変える。こうして法治国家は、すべての自律的な形態に構うことなく、権力の新たな集中を、統一的かつ階層的な権力を生み出すのだ。批判者は次のように結論づける。「法治国家《レヒトシュタート》が体系となるとすぐさま、共同体の組織のなかには〈自由〉の基盤を破壊するまでに自らを卓越化し続ける絶対的形態が存在するようになる」[5]。これは範例的な状況であり、そこにわれわれは先に告発したメカニズム――形態の自律化――を、契機の組織化する形態への上昇を見出す。それによって、デモクラシーと国家との敵対の領野が画定されるのだ。絶対主義と生まれつつあるデモクラシーとの妥協の定式であった法治国家は、デモクラシーに抗する新たな絶対主義へとかたちを変えたのだった。法治国家は、形態が法の全体を自任するに当たって、A・M・ロヴィエロがいみじくも形態の傲慢《ヒュブリス》と呼ぶものを剥き出しにした[6]。諸個人を保護するという口実のもとでデモクラシーを絶えず脅かす「専制的な」この退廃に直面して、この国家の諸矛盾を告発しないとすれば、また、法治国家を「しかるべき場所に」置き直し、正当な範囲に収めるよう仕向けられた還元をその場で働かせるのでないとすれば、デモクラシーにはほかにすべきことが残っていると言うのだろうか。還元–解決の問いに服した法治国家はその原初の不出来を認め、ありのままの姿で現れる。それは、権力の恣意性から個人を保護することを目指し、それゆえ当初は個人の法的保護の視点に立つ装置なのであって、市民《ウィヴェレ・キウィレ》としての生の発明、公的空間の創造と市民からなる人民の構成へと指し向けられた政治的行動の発明の視点に立つことはない。かくして法治国家は、それが市民的かつ共和的パラダイムというよりも法治的‐自由的パラダイムに属することを白状するのだ。しかるに、デモクラシーにとって肝要なのは、それが諸形態を経験しているがゆえに、形態化を脱する――あるいはあらゆる形態を拒否する――ことではなく、むしろこれらの形態に、自律化や絶対化へと至る未来とは別の未来を開くことである。それはまさしく、形態が、その限界を意識し続けているかぎりにおいて、形式的正義と実質的正義のあいだに留まるよう定められた隔たりを維持するからである。

この経路の終わりに、目の眩むような逆説へと辿り着くのではないだろうか。この逆説は実のところ、それがわれわれの前に姿を現すときでさえ、われわれの知覚を逃れるほどに目を眩ませるものなのである。

(4) W. Leisner, « L'État de droit, une contradiction ? », in *Recueil d'Études en hommage à Charles Eisenmann*, Paris, Éd. Cujas, 1975, p. 67.
(5) *Ibid.*, p. 79.
(6) A. M. Roviello, « L'État de droit et la question du formalisme », *Les Cahiers de philosophie* (Lille), n° 18, *Les choses politiques*, p. 103-123, notamment p. 112 et s.

この逆説とは、クロード・ルフォールが付与する「野生の」という形容詞がもっとも見事に明らかにするデモクラシーの逆説である。(7) 多くの人々が馴致し、卑俗化するデモクラシーとは、すでに見たように、社会的なものを政治的に創設し、同時に国家に叛く経験の奇妙な形態である。あたかもこの対立において、この蜂起とその沸騰において、デモクラシーにとっては政治の終焉――その消滅――へと到達することが問われているのではなく、もっとも豊かなやり方で、国家を超え、次いでそれに抗する、つねに刷新される政治の発明が可能となる裂け目を穿つことが問われているかのようである。この逆説を掘り下げるために、社会的なものに特有のこの創設へと目を向けよう。そこでわれわれは何を看破するのだろうか。

まずは、政治的なものの問いの再出現である。その現働化のなかでは、この問いを再定式化するために、社会的なものの謎に、人間のあいだの紐帯の謎に光がもたらされる。(8) 続いて、国家に抗する闘争そのもののなかでの、あたかも循環的な関係が二つの契機を結び合わせるかのような政治的紐帯の再発明である。この視点からすれば、フランス革命は範例的である。この革命は旧体制の君主政に抗して、それに劣らぬ熱心さでもってつねに生まれつつある新たな国家に抗しての、人民の多正面闘争が繰り広げられる政治的舞台を示しているからである。この闘争は解釈の試みとして通用しうるのではないか。解釈者たちが言うところの、一七九三年十二月あるいは一七九四年二―三月に停止する上昇曲線とこれら二つの日付から始まりブリュメール十八日のクーデタまで続く下降曲線を慣例にならって取り上げる代わりに、国家に抗する闘争を観察することを選択するとき、むしろ次のことを識別することができるのではないか。続々と押し寄せた波、相次いで登場して革命は終わったと宣言する野心を分かち持った国家の創設者たち、〈立法者たち〉――国王、王党派、ラファイエット、ミラボー、ジロンド派、ダントン、ロベスピエール、総裁派――に抗して繰り返し生じた一連の攻撃がそれである。あたかも深海から生じた巨大な津波が、公式の革命下での未知の革命が押し寄せ、理性の倦怠と意志の衰弱が革命の最後の襲撃、すなわちバブーフの襲撃の末にやってきたひとりの将軍〔ナポレオン〕を残し、彼が革命の一〇年の幕を閉じ、その後すぐさま皇帝戦争の時代の幕を開けるまでのあいだ、つねに建て直されるこれらの「バスティーユ」を占領しようとするかのようである。

　辛辣でありながらもひそかに満足を覚えていたヘーゲルは、一八三〇年代の初頭、彼の死の間際に次のことを見抜いていたのではないだろうか。「一七八九年七月十四日に始まったことは消え去る寸前なのではないか」。

（7）　次の拙稿を参照。« Démocratie sauvage et principe d'anarchie », in *Cahiers de philosophie* (Lille), n° 18, *Les choses politiques*, hiver 1994-1995, p. 125-149 ; voir *infra*, p. 247-290.〔後掲、「『野生のデモクラシー』と『無始原の原理』」、二四九―二九七頁〕。

（8）　Cf. Marc Richir, *Du sublime en politique*, Paris, Payot, 1991.

この解釈は重要である。それを受け入れるならば、デモクラシーによる社会的なものの創設の原理のひとつを読み取ることが可能となるからだ。それが民主化の革命の始まりであるならば、このことは国家に抗する闘争がデモクラシーの実存のなかで絶えず現前するということを意味する。このことはまた、マキァヴェッリが宗教と共和国について主張したのと同様に、デモクラシーは、その最初の活気を保存しようと望むのであれば、自らの原理を忘却してはならず、時間による摩滅に、つねにそこにある国家の影響力に抵抗するために、それに回帰できなければならないということも意味するのである。

デモクラシーのこの奇妙さへの入口を切り拓くためには、たんに合意のイデオロギー、とりわけデモクラシーと国家との合意のイデオロギーを撥ねつけるのみならず、抗争の観念を平板化せず、妥協へと傾くのを警戒し、それに最大限の任務を、つまりは人間の闘争のつねに起こりうる出現、社会的なものの解体あるいは分散の脅威をもたらす根源的分断の登場を用意するべきなのだ。ヘーゲルがわれわれに教えたように、媒介の体系としての国家が市民社会の抗争の彼方では統合と和解であるとするならば――国家の秩序はまさしく野生の要求を行う平民、それゆえ社会の外部に位置する平民を統合することを機能としている。「国家においてはいかなる契機も、組織化されていない群衆としては姿を現すべきではない」(9)が、他方で民主化の革命はと言えば、革命として、国家に抗する運動を、この神秘化する和解とこの人目を欺く統合に抗する運動を必ず維持するのではなかろうか。デモクラシーとは、それがいかに逆説的であるように見えようとも、人間の闘争を通じて人間の紐帯を創設し、この創設そのもののなかで、つねに再発見されるべき自由の起源と結びつくこの政治的共同体のことなのである。

われわれはマキァヴェリアン・モーメントに直面しているのではないか。事態が斯様であるならば、それは「政治的原理」と絶対自由主義的着想の遭遇から、二つの部分のそれぞれがもう一方へと歩み寄るなかで、形成されるべきではないだろうか。

一方で、全体主義的支配の激震が推し量られたがゆえに、われわれは太陽の控え目な光が、絶対自由主義思想の再興が、あるいはむしろ絶えることなく近代政治に働きかけてきたこの思想の新たな方向性が現れ始めるのを目にする。あたかも全体主義の試練、積み重なった廃墟、そして破壊の徹底性という煽りを受けて自由についての思想の新たな要求が明らかとなったかのようである。自由は法に背いては考えられることができず、法とともに、法を生んだ自由の欲望と呼応しながら考えられうる。自由はもはや権力に背いては構想されえず、別様に解された権力、すなわち協調的行動の権力とともに構想されうる。とりわけ自由はもはや、あたかもそれにとっては厄介払いすることが重要であるか

（9） Hegel, *Principes de la philosophie du droit*, éd. R. Derathé, Paris, Vrin, 1976, § 303, p. 310.〔前掲、ヘーゲル『法の哲学Ⅱ』、三六七頁〕。

のようには政治的なものに叛くことはできず、むしろ政治的なものは今や自由の欲望の対象そのものである。この着想によって蘇った政治は、あらゆる解決の理念から離れて思考され、欲望される。政治は世界と人類の運命に関する果てなき問いかけとして実践される。

他方で、原理そのものへの、始原《アルケー》への訴えを改めて問いに付すべきである政治的原理は、それに加えて、純粋に政治的な語義から切り離された無始原〔アナルシー〕の観念によってはっきりと影響を受けるべきではなく、否定弁証法の輪郭を描きながらこの観念が及ぼす混乱という結果によって動揺すべきではないというのだろうか。国家がデモクラシーと同一化することによってあたかもそれを囲い込むことができるかのようにデモクラシーを閉じ込めるのではなく、あらゆる始原《アルケー》から離れたデモクラシーこそが国家の限界を明らかにし、印をつけ、そうすることによって至高であると自称するこの形態の全体化の運動に異議を唱え、さらには破滅させるのである。政治的なものの思想家が無政府状態＝無始原〔アナルシー〕によって感銘を受けたように、それは哲学者たちのなかに回帰し、保証も前提となる限界もなき――原理なき――哲学的断絶の残響となる。この概念は奇妙にもエマニュエル・レヴィナスにも現れる。

「それ（無始原《アナルシー》）は国家をかき乱すことができるのみである――しかしそれは、徹底的でいかなる肯定もない否定の審級を可能にするやり方で為される。それゆえ国家は全体となることができない(10)」。別の秩序であることを定められていない無秩序たるデモクラシーは、秩序の拒否あるいは総合の拒否として、そして時間において国家をはみ出し乗り越える政治的関係の発明として、還元しえない意味を備えている。なぜならば、デモクラシーが国家と対立しうるのは、政治的なものが絶えることなく国家に敵対するからであり、政治と国家的なもののあいだには乗り越えがたき抗争が存在するからである。

（10） E. Levinas, *Autrement qu'être ou au-delà de l'essence*, La Haye, M. Nijhoff, 1978, p. 128, n. 3.〔レヴィナス『存在の彼方へ』、合田正人訳、講談社学術文庫、一九九九年、四三三頁〕。

補論

「野生のデモクラシー」と「無始原の原理[1]」

この試論は次の計画に基づいている。実のところ、ここでできるのは、クロード・ルフォールによる「野生のデモクラシー（démocratie sauvage）」とライナー・シュールマンの言う「無始原の原理（principe d'anarchie）」のあいだで可能な比較対照の大筋を描くことだけである[2]。これは逆説的な企てとなる。というのも、計画の大きさから、終点に達しながらも同時にこの比較の入口に留まることが求められるからだ。クロード・ルフォールの思索の成果を解釈しようとする者に課せられる到達点とは、この思索を異議申し立ての変種にも、ましてやリベラル・デモクラシーに「扇動された」変種にも還元できない以上、野生のデモクラシーである。そういうわけで解釈者はまるで、思索の成果を解読する鍵を提供するどころか、その謎の責任を彼に問うてくる概念に直面してしまうかのようである。

この語は、幾度となく著作のなかに控えめではあるがはっきりと現れる。だが、〔「野生の」という〕形容詞は、デモクラシーを規定し、この語と未規定性との不可分な関係を、目印として役立ちうる境界内に組み入れる代わりに、問いを投げかける。この形容詞はデモクラシーという名詞に影響を及ぼし、騒乱、制御不能なもの、より正確に言えば馴致不能なものという旗印のもとで、この名詞をよりいっそう大きな未規定性へと導くのだ。他方で、ハイデガーと行動の問題を扱うライナー・シュールマンの著作を読解することは、「野生のデモクラシー」とこのハイデガー解釈者がきわめて矛盾に満ちた仕方で「無始原の原理」と呼ぶものとが出会う複数の点を垣間見せるように思われる。この迂回は、というのもまさに「ハイデガー左派的」解釈による迂回が問われているからであるが、対比してみれば――ハイデガーへの準拠には疑問が残るとしても――その差異のなかで、またその複雑さのなかで、野生のデモクラシーをよりよく識別することができるという結果をもたらすのではないだろうか。本試論が提案する行程は、二段階で行われる。

――第一に、われわれはクロード・ルフォールの用いる意味での野生のデモクラシーを定義せんと試みることになる。この課題は、非常に特殊なデモクラシーの構想がこの政治哲学的著作の本質的方向性を形作っているだけにいっそう必要だと思われる。こうした方向性はしばしば黙って見過ごされ、あるいは永続的な異議申し立てという意味だけに弱められ差し引かれているのだが。

——第二に、ライナー・シュールマンの無始原の原理を明確化した後で、われわれは場合によっては対立を孕んでいるかもしれない語群を素描することになる。われわれが示そうとするのは、デモクラシーと原理として考えられた無始原とを一望のもとに置くことが、この観点によって喚起する、あるいは明るみに出す難点を隠すことなく、いかにしてデモクラシーのもっとも「野生の」特徴を浮かび上がらせうるかである。しかし本当のことを言えば、デモクラシーの「野生の本質」にもっとも近づけるのは、無始原と原理との隔たりに立ち返り、それを広げることによってではないか。

I　野生のデモクラシー——定義の試み

クロード・ルフォールの道程は、われわれの世紀の新たなもの、すなわち全体主義が形作るこの未聞の支配形態についての絶えざる問いかけであり、本来完成されえないものであるからこそけっして完成されない問いかけだと要約できるだろう。この止むことのない問題設定には、二つの分析時期が

（1）　本書の再版に当たってこのテクストを追加すべきだと判断したのは、それが同一の研究領域に属していると考えられるからである。〔訳注：補論で用いられる「anarchie」にはすべて「無始原」の訳語を当てている。その理由については五頁訳注四を参照。〕

（2）　Reiner Schürmann, *Le Principe d'anarchie. Heidegger et la question de l'agir*, Paris, Éd. du Seuil, 1982.

本質的に区別されうる。

——第一の解釈は、『社会主義か野蛮か』（クロード・ルフォールの場合、一九四七年から一九五八年）の時期に対応しており、一九五六年の重要な論文、「スターリンなき全体主義」でもっともよく展開されていると考えられる。[3] このテクストでは全体主義に関して、社会主義化の企ての歴史的に特殊な実現様態が告発されている。要するに、官僚による社会主義化の実現であり、社会の新たな支配階級を利するかたちでの党‐国家によるこの実現の独占、すなわち官僚制がそれである。したがって、この最初の全体主義批判は、人間の共同体の取り戻しとしての共産主義という視点から導かれたものである。あるいは、こう言った方がよければ、判断基準をもたらす完成された社会主義化という地平において導かれたものだ。それが決定的に断罪されているのは、全体主義が社会主義化の歪曲として、共産主義がもたらす力学と帰結とを伴った共産主義のパロディとして断罪されるためである。全体主義とは、外部から被支配者たちにのしかかる「大きな嘘」である以上に、ほかならぬその被支配者たちがある程度まで加担した幻想の支配だというわけである。

——その後、六〇年代初頭に始まった解釈の第二期に断罪されるのは、もはや計画の実現様態についてではない。拒絶されるのは社会主義化の計画そのものだ。いまや共産主義の理念が批判の的となる。問題は、もはや正統な社会主義化とその模造品とを裁くために区別することではなく、こうした近代社会に固有の分裂の数々を取り除こうという意志を問い直すこと、つまり分断がないかたちでの社会的なものの実現という幻想と手を切ることである。

完成された社会主義化という理念に関して［…］、それが不分断、均質化、社会の自己への透明性という神話を維持していたことを私は認める。全体主義は、この神話を現実に組み入れようと要求することで、それがもたらす災禍を示したのである。

と、クロード・ルフォールは一九七九年に書いている[4]。

この第二段階において、解釈の完全な路線変更を見ることができる。政治的地平が根本的に異なることが明らかとなるのだ。批判はもはや共産主義の視点からではなく、デモクラシーの視点から発せられる。より正確に言えば、彼によって再考された民主化の革命という尺度に基づいて、クロード・ルフォールは次のことを自らの務めとする。すなわち、世論や分析家たちが、専制や暴政のたんなる再出現に還元してしまいがちなこの新たな支配形態を、どんなに隠れた部分であってもその次元すべてで告発し曝露するという務めである。さらに、民主化の革命／全体主義的支配という二項対立の設

（3） Cl. Lefort, in *Éléments d'une critique de la bureaucratie*, Paris, Gallimard, 1979, p. 155-235.
（4） *Ibid.*, p. 10-11.

定（それは止むことなく取り組まれ続ける）が、より広大な思想の運動に組み入れられる。この運動のなかで、マルクス主義がその特異性から抜け出すことによって、政治的なものの再発見が生じるのだ。重要なのは、政治的なものを、最終審級の正確さと重層的決定の精緻化を伴いながらも必然的に経済的なものへと方向を変えて流れてゆく審級として考えることではけっしてなく、今後は政治的なものが社会的なものの根源的分断との関係において把握されるような、新たな省察の領野を拓くことなのである。

再解釈されたマキァヴェッリ（『著作という活動《シテ》──マキァヴェッリ』、一九七一年）の足跡を辿りつつクロード・ルフォールが提起するのは、あらゆる人間の国家が原初的分断から出発して秩序立てられ、構築されているということだ。命令と抑圧という有力者たちの欲望と、命令も抑圧もされたくないという人民の欲望──自由の欲望──との分断がこの原初的分断をもっともよく表している。要するに、こうした政治的なものの知性に対して、あらゆる社会的なものの現出は切り離しがたく解体の脅威であり、分断と自己喪失に曝されている。それはあたかも、あらゆる社会的なものの現出が、それと同じ運動のなかで自らの解体の脅威に住みつかれ、取りつかれているかのようだ。このように、政治的なものの新たな理解の可能性がわれわれに与えられている。すなわち、あらゆる権力システム、あるいはむしろあらゆる社会的なものの創設の様態、あらゆる活動の枠組みは、社会的なものの到来とその解体への曝露によって開かれた問いへの応答として、分断に対する立場あるいは立場決定として考えられることになる。ある社会が自らの実存の事実に対して――分断の試練に対して――打ち立てる関係の分析においてこそ、その政治構造が理解可能となるのである[5]。

先に述べたわれわれの主張、つまり、六〇年代以降、全体主義は民主化の革命という基準によって判断されるとする主張が十全にその意味を受け取る。なぜなら、社会的なものの根源的分断とその精緻化、そしてその政治的創設に基づいてこそ、デモクラシーと全体主義的支配は区別されうるからである。全体主義は、分断の幻想的な否認と、その結果としての闘争の拒否から生じる社会主義化として定義される。全体主義は、すでに分裂を排したと主張したり、分断をけっして原初的であると考えず、歴史的で、それゆえに還元しうるものと見なし、それに終止符を打つことが任務であると自称したりする。反対にデモクラシーは、社会的なものの根源的分断の受け入れ、さらにはむしろその引き受けにおいて構成される。デモクラシーとは、そのただなかでの闘争の正当性を認めることに満足せず、そこにおいて絶え間なく更新される自由の発明の第一の源泉を見出すことができる社会の創設なのではないか。野生のデモクラシーという観念を導入するために付け加えよう。デモクラシーとは、分断の働きを介して次の問いを表出させる社会形態であるかのようだ。それは、社会的なものが絶え

（5）　次を参照。Cl. Lefort, M. Gauchet, « Sur la démocratie : le politique et l'institution du social », in *Textures*, 1971, 2-3, p. 8-9.

ず自らに提起し続ける問い、つねに解決が求められており、終わりのないものであり続けるよう運命づけられている問い、自らについて自ら問うことによって貫かれた問いである。社会的なものの根源的かつ還元不能な分断、社会的なものの謎に満ちた自己同一性、馴致不能なものの経験といったものは、社会的なものの分裂とその未規定性を結びつけておく。これこそが、野生のデモクラシーの観念に内部から近づくための概念的地平である。

さらに先に進む前に、いくつかの不分明な解釈を遠ざけておくのが適当であろう。

――デモクラシーという語と並置された野生という語は民族学が描出する諸々の野生の社会とはいかなる関係も含まない。こうした社会がそこから切り離された権力を拒否することは、デモクラシーの論理とは別の論理に従っている。

――それ以上に、「野生のデモクラシー」はホッブズの用いる意味での自然状態には準拠していない。社会が無い状態、現実的であれ潜在的であれ万人の万人に対する現実の、あるいは潜在的な戦争に終わりをもたらすために、国家の設立を要請することになる混沌を参照しているわけではない。

――「野生のデモクラシー」はむしろ野生の罷業という観念を喚起することになる。言い換えれば、それは自発的に生起し、自ら開始し、「無始原的に」、つまりあらゆる原理（始原《アルケー》）から、あらゆる権威から――同様に既存の規則や制度から――独立して展開するのであって、それゆえに支配できないものであることが明らかとなる。あたかも「野生の」という形容詞が、汲みつくせぬほど蓄えられた争いの種をデモクラシーの上空に撒き散らしているかのようだ。クロード・ルフォールの言葉を用いるならば、「絶対自由主義的なデモクラシーの観念」を作り上げることとは、それを野生であるものとして考えるということなのである。彼が『余分な人間』で明示したように、絶対自由主義の外延はイデオロギー的範疇を逃れ出ている。その外延はむしろ、教義として編纂も固定もされえないひとつの態度を示す。誰もが黙っているときにあえて発言する者、すなわち反時代的な自由の声を聞かせるために沈黙の壁をあえて破る公然たる反対者は絶対的に自由である。[6] 絶対的に自由であることと野生であることの紐帯は制度としての近代のデモクラシーの特殊性に光を当てる——このことが、ただちに哲学的意味を持つ政治的機能の一様態を把握し、描出することを可能にする。既存の秩序への服従の拒否、「確実性の指標の崩壊」であるデモクラシーは、

〈権力〉、〈法〉、〈知〉、そしてそれらの関係を社会生活のあらゆる領域に基礎づけることについての、人間が最終的な未規定性を実証する歴史を創始する。[7]

(6) Cl. Lefort, *Un homme en trop*, Paris, Éd. du Seuil, 1976, p. 34-35.〔ルフォール『余分な人間——『収容所群島』をめぐる考察』、宇京頼三訳、未來社、一九九一年、五五—五六頁〕。

(7) Cl. Lefort, « La question de la démocratie », in *Essais sur le politique, XIX*^{e}*-XX*^{e} *siècle*, Paris, Éd. du Seuil, 1986, p. 29.

こうした基礎づけに関する未規定性、それはまさに絶対的に自由であることと野生であることとが交わる真の結び目なのだ。その諸特徴の総体から野生のデモクラシーを定義する試みに取り掛かる前に、むしろこの企てのアポリアを孕んだ特徴を強調しておくのがよいだろう。それは、あらゆる定義を超えるものを定義する、あるいは、定義という作業への反逆を定義するようなものだろうか。あえて言うならば、それは積極的なアポリアである。なぜならば、「野生のデモクラシー」という語をクロード・ルフォールが繰り返し選択したのは、意図的にデモクラシーを制度的定式や政治体制、手続きないし規則の総体へと還元せんとする諸々の定義を余すところなく排除するためであるからだ。

言うなれば誰もデモクラシーの定式を保持しておらず、そして、それが野生のデモクラシーであるがゆえにいっそうデモクラシーは根底的にそれ自体であるということは正しい。その本質をなすものは、おそらくそこにある。それに基づいて社会秩序が考案され固定されうるような最終的な準拠が存在しない以上、こうした社会秩序は不断に基礎づけと正当性とを探し求めているのであって、デモクラシーの恩恵から排除された者たちの異議申し立てあるいは権利要求においてこそ、デモクラシーはそのもっとも実効的な原動力を見出すのである。(8)

要するに、それが「野生の本質」に忠実であり続けるかぎり、デモクラシーは馴致されないし、馴致されうるものでもなく、いつかそうなる可能性もないし、馴致に抵抗する。デモクラシー、それは自らの寝台の外へと絶えず氾濫する激しい流れのごときものであり、「家に帰る」こと、つまりは既存の秩序に服従することはできない。そうだとすれば、「野生の本質」について語ることができるというのだろうか。ある意味では、「無始原の原理」について語ることも同様である。

どちらの場合でも、これらの表現の矛盾した特徴は、未聞の状況を発明するアポリアに狙いを定めると同時に、各々の方法で基礎づけの欠如を仄めかしている。モンテスキューの語を用いれば、もはや本性を描出することではなく、原理を理解することが肝要であるということになる。これにただちに付け加えられるのは、野生のデモクラシーの場合に原理が本性に勝るのは、前者が後者を止むことのない運動へと、新たな種類の本性へと作り変えるかぎりにおいてであるということだ。この種類の本性は、けっして自らと一致しないことをその特性としており、自らを超え出るよう永続的に差し向けられている。

馴致への抵抗である「野生のデモクラシー」は、積極的には既得権の保護と、蹂躙されていたり、いまだ認められていない権利の承認のためのすべての闘争を指し示す。分析のこの点において、『イ

(8) Cl. Lefort avec P. Thibaud, « La communication démocratique », in *Esprit*, 9-10, sept.-oct. 1979, p. 34.

ングランド労働者階級の形成』の著者である、イギリスの偉大な歴史学者E・P・トムスン[一]の分析に出会うのではないか。彼にとって権利はたんなる支配のイデオロギー的な道具に還元されることなどけっしてなく、諸階級が敵対する場、さらに言えば支配の意志と人民の側の抵抗の意志とが敵対する場を提供する。クロード・ルフォールの方では、民主化の革命のただなかでの権利要求が開始する、永続的な異議申し立ての源泉に注意を喚起している。かつて「プロレタリア的経験[二]」をその統一性において考えるように促した彼は、政治的闘争――この場合、デモクラシーのための、そしてデモクラシーのただなかにおける闘争――を全面的な社会現象として考えるように新たに要求する。その社会現象内では、異なるかたちでの共同体の熱望は権利のための闘争と切り離されえないが、権利の要請が別の社会関係の要請を孕んでいるだけにいっそう不可能なのである。

個人の自由の保護のみならず、社会関係の性質もまた争われているのだということ、そして、権利への感性が広く伝わっているところでは、デモクラシーは必然的に野生であり、馴致されてはいないということが依然として述べられるべきなのだ。(9)

クロード・ルフォールが人権に関して提起した、倫理的でも個人主義的でもない政治的な読解を詳細に取り上げることはせずとも、次のことを簡潔に示すことができる。デモクラシーという観念は権利——もはや社会を維持する道具としてではなく、革命的審級として、すなわち探求それ自体のなかで構成される、語の強い意味での社会の源泉として考えられる権利——と結びつくことによって、その結びつきのなかで十全に絶対自由主義的な意味を帯びるということである。

野生のデモクラシーはまず、この形態が人権と取り結ぶ本質的関係によって構成されている。ルソーからフィヒテに至るまで未規定なものとして、規定の不在として考えられてきた主体 - 人間にこのように繋ぎとめられたがゆえに、デモクラシーは未規定性の運動をおのずと経験する。なぜならば、この準拠によって、前もって存在するいかなる規定も発展をア・プリオリに阻害することがないからである。際立って未規定である存在の承認によって作り上げられているので、デモクラシーは、権力に対して外在的な権利が、設立されたものに対してつねに過剰なものとなるような社会形態なのだ。

〔一〕　エドワード・パルマー・トムソン（一九二四―一九九三）は、イギリスの歴史学者。『イングランド労働者階級の形成』（一九六三年）は、十八世紀末から十九世紀にかけてのイギリスにおける社会運動について仔細に論じている。主著である本書の仏訳は一九八八年に刊行され、アバンスールはその序文を執筆している。ほかにウィリアム・モリスの伝記執筆などでも知られる。

〔二〕　ルフォールが一九五二年に出版した論文のタイトル。Cl. Lefort, « L'expérience prolétarienne », *Socialisme ou Barbarie*, n° 11, 1952, repris dans *Éléments d'une critique de la bureaucratie*, Genève, Droz, 1971 ; réédition, Paris, Gallimard, 1979, p. 71-91.

（9）　Cl. Lefort, *Éléments d'une critique de la bureaucratie*, *op. cit.*, p. 23.

それは、あたかも創設者が登場するや否や、既存の権利の再肯定と新たな権利の創設とのために再び別の創設者が登場し直すかのようだ。次のような闘争が繰り広げられる政治的舞台が幕を開けることになる。すなわち、権利の馴致とその永続的な不安定化－再創造の闘争である。これは新たな権利と、それ以降は正当だと見なされる新たな権利要求の統合によって引き起こされるのだ。クロード・ルフォールに従うならば、絶え間なく再生するこのような異議申し立て、そして権利の渦の実存こそが、デモクラシーを法治国家の伝統的な限界の彼方へと押し運ぶのではないだろうか。

人権の象徴的次元は、野生のデモクラシーにおいてもっとも見事に表明される。クロード・ルフォールは――「ユダヤ人問題によせて」で人権を批判することによって象徴的なものとイデオロギー的なものとを混同し、さらにはよく考えずに象徴的なものをイデオロギー的なものへと還元した青年マルクスとは反対に――、人権は近代のデモクラシーの象徴的な構成にとって本質的な部分をなすと主張した。要するに、ほかならぬ人権を介してこそ、近代のデモクラシーに属する市民たちは、彼らにとって現実として現前するもの、つまりは同なるものと他なるものの発見を把握することができるのである。

自らが喚起する内在化の原理によって、人権は権利に対する新たな感性、新たな権利意識を生み出す。それゆえ、デモクラシーとはまさしく、象徴的なものとイデオロギー的なものとの絶え間なき闘争によって作り上げられた社会なのだ。つまり、基礎の喪失との関係において未規定性の経験を可能にする――野生的なものにとっての――結びつきの総体と、象徴的なものを支配し我有化することでよりよく馴致しようとするイデオロギー的なものの多種多様な試みとの、すなわち、あらゆる規定を拒み逃れようとする者に、ある集団や人間の名によって既定の内容を刻み付ける試みとの絶え間なき闘争である。

最後に、それが野生のデモクラシーと呼ばれるのは、王の身体の消失とそれに続く社会的なものの脱身体化とによって、社会が国家から切り離され、解き放たれ、そして問題化という旗印のもとで、多元的で膨張したそれ自身の経験へとただちに到達するからである。クロード・ルフォールが「社会的権力」と呼ぶものの構成とともに、デモクラシーの論理と結びついているがゆえに知解可能となる新たな形態の闘争が現れる。これらの権利要求、「権利の名における」これらの闘争はおおいに不均質であり、包括的な解決という幻想を生み出さない。このように解された近代のデモクラシーの固有性は、ある源泉から別の源泉へと水平移動しつつ、止むことのない未規定の権利要求という舞台の幕を開くことにあるのだろうか。それはあたかも、このような極の多数性へと送り返される沸騰した多元性と、組織化によって強められた国家的拘束との敵対状態が止むことなく生じているかのようである。これらの運動は全体化できるものではない。なぜなら、それらは社会主義化の多数の源泉から生まれるからであり、担われているばかりか要求されてもいる自らの特殊性によって育まれているからであり、それらの闘争を集中し凝縮し、つまりは包括すると言い立てる、あらゆる形態の画一化する主体から遠ざかるからである。野生のデモクラシーとは、そこで現れるモデルが反全体主義的な革命モデルであるという意味なのだ。その革命とはさらに、集団的制度という極と社会的差異化という極とを区別でき、それゆえに政治的なものの消滅という幻想に屈さずにいられる多元的な革命である。実のところ、これは民主的社会の逆説である。というのも、この社会は、〈一者〉の魅力に屈して自己によりよく閉じこもるために権力の審級を消すことよりも、騒乱、そしてそれを駆り立てる複数の騒乱が展開していくことを目指す。なぜなら、権力の極——最初は空虚な場である——は象徴的媒介として機能するのであり、この媒介によって社会は、その内部と外部との隔たりを実証すると同時に、それ自体と結びつくからである。

野生の、というこの形容詞は、デモクラシーの発明をただ現実的なものの平面で、実定的な制度の総体としてのみ把握しうると思い込むことが幻想であるだけに、いっそう分析が推奨されるものである。社会的関係の象徴的母体としてのデモクラシーは、諸制度によって現れるのだが、この諸制度にとっては過剰なものであり、そしてそうあり続ける。礼賛者と誹謗者、そのどちらへも向けて、クロード・ルフォールは次のように答える。

デモクラシーとはわれわれがデモクラシーを所有しているとの仮定を夢見ることである［…］。デモクラシーはより近接した過去に創始された諸々の可能なものの戯れにすぎない。われわれはそのすべてを探究しなければならないのだ。[10]

野生であるとはいかなることか。結局のところ、この探究は何を目指すのか。不服従を生み出す平等を賞賛しながらも、トクヴィルが否定的に、「デモクラシーの野生的本能」の名のもとに恐れたものに対して、肯定的に耳を傾けるべきではないだろうか。自由への欲望の現われの過剰にほかならないような、例外的で野生的な――箍が外れた、ブレーキの利かない――人民の活動の様態に関するマキァヴェッリの言及（『ディスコルシ』第一巻第四章）をそこに看取するべきではないだろうか。あるいはむしろ、この思想と、それがメルロ゠ポンティと結ぶ紐帯との構造《エコノミー》において、排他的ならぬもの、すなわちデモクラシーにおける共生を生気づけるこの探究、この「社会的なものの肉」は、次のようなものとではないとすれば、いかなる源泉と結びつくのだろうか。

> 生〔なま〕の〈存在〉〔…〕、垂直の〈存在〉〔…〕、ひとつの至高の意識の夢に与えられた「平板化されて」はいないそうした〈存在〉、それが野生の〈精神〉であり、自分の固有な法を為す精神である。それは、自分の意志ではなく〈存在〉にすべてを服従させてきたがゆえに、出来事に

(10) *Ibid.*, p. 28.

触れてつねに目覚めており、既存の知の正当性に異を唱える。(11)

このような関係づけにおいて十分に示されるのは、こうした権利のための闘争が、この闘争をはみ出すさらに広大な運動のなかへと、すなわち、民主化の革命運動、間断なき世界発明、同様に休みなき精神の働きのなかへと捉えられるということである。したがって、この革命、このデモクラシー、クロード・ルフォールのいう「諸々の可能的なものの戯れ」とは、そのリズムにおける存在の経験、存在の開かれの経験、万物の原理である未完成性の経験である。(12)

II 「無始原の原理」

前もっていくつか注意を促しておこう。ライナー・シュールマンの著書を手引きとすることは、そのハイデガー解釈にわれわれが賛同しているということを意味するのではまったくないが、だからといってそれにわれわれが反対しているということを意味するのでもない。この読解をそれ自体として判断することは目下のところわれわれの主題ではない。このことが示しているのは、クロード・ルフォールの思想とハイデガーの思想との関係を婉曲的に紹介しようとわれわれが望んでいるということでもない。それを強調せずとも、もっぱら形式的なレベルの比較で満足するような大雑把な企図を差し控えるには十分なほどに、この二つの思想のあいだのいくつかの乖離点は明白かつ重要であると述べるだけで事足りる。それゆえ、人間主義の問いと技術の問い、そして技術の時代としての近代性解釈については相違が存在するのである。だが、とりわけハイデガーが技術に与えた位置づけと規定性は、反論と批判とを引き起こすことにしかなりえない。それは、クロード・ルフォールのように、近代社会の政治的知性へと回帰し、民主化の革命のなかに、「臨検」の名では無視されえない原初的知性、あるいは非政治的な過程から派生した帰結としては描出されえない原初的知性の源泉を看取する者の反論と批判である。

われわれの唯一の関心は、黙って見過ごすことができない、認められた異議申し立ての力を大きく超える重要性を備えた野生のデモクラシーの存在論的次元を、この迂回によって出現させることにある。さらに言えば、この異議申し立ての力は存在論的次元において獲得されると認められた場合にのみ、真に意味を帯びるのだ。したがって、われわれがライナー・シュールマンの著書を手引きとすることは、かなり特殊であると判断されるかもしれない。疑いなくわれわれはこの著作に力を加えるこ

（11） Cl. Lefort, « L'Idée d'être brut et d'esprit sauvage », in *Sur une Colonne absente. Écrits autour de Merleau-Ponty*, Paris, Gallimard, 1978, p. 44.

（12） 次を参照。Marc Richir, « Le sens de la phénoménologie dans *Le Visible et l'Invisible* », in *Maurice Merleau-Ponty*, *Esprit*, 6, juin 1982, p. 132.

とになる。なぜならわれわれはそこから、野生のデモクラシーと対照することになるモデルを取り出そうと試みるからである。二つの対照の方式が存在する。ひとつは、問題となる両現象の特殊性を弱める方式であり、もうひとつは反対に、両者の比較から問われている特異性をいっそう際立たせる新たな観点を期待して、こうした特殊性を強調する方式である。

ライナー・シュールマンのテーゼは、「無始原の原理」なる驚くべき術語によって、新たな方法でハイデガーの企図の独創性を位置づけることを目指しているのだが、奇妙なことにある点ではデモクラシーの問いに結びつく。実際彼のテーゼがとりわけ対象とするのは、デモクラシーに言及する、死後刊行された対談における次のハイデガーの有名な一節を説明することなのだ。

今の私にとって決定的な問いは次のものです。いかにして政治体系は――そしていかなる政治体系が――一般的なかたちで技術の時代と連係しうるのか。この問いに私は答えることができません。それがデモクラシーだとは確信していないのです。

この「私はできない」、この無知の告白について、ライナー・シュールマンは、伝記的でも心理学的でも、ただちに政治的でもない、完全に哲学的な読解を提示することで説明しようと試みている。

重要なのは、この告白がおそらく偶然ではないということだ。それは絶えずハイデガーを悩ませていた、ただひとつの問いに直接的に関係しているのかもしれない[13]（*op. cit.*, p. 12）。

要するに、この告白をハイデガーが思考しなかったものと結びつけ、そこにおいて無始原の原理の帰結が明らかになるようにするべきである。この原理はそれ自体が、政治体系の派生と連係という観念そのものを失効させるものなのだ。

単純化すれば、ライナー・シュールマンの仕事は、この「無始原の原理」という言葉によって古典的な形而上学の概念装置とハイデガーの思想を対置することにあると考えられる。後者はこの新たな原理の側に、より正確にはこのような新たな原理の思考の側にあるのだ。

哲学的伝統の、脈々と続く思想のなかでの本質的な問いのひとつは、理論と実践《プラクシス》の一体性、思考することと行動することの一体性の問い――いかなる基礎づけに立脚して私は何を為すべきかという問いに答えるのか――であるが、このときこの領域でのハイデガーの脱構築の帰結とは何だろうか。この問いとの関係によって描写されることにより、脱構築は次のように定義される。

（13）以降のページでわれわれはライナー・シュールマンのテクストを入念に辿るが、本文中に著作『無始原の原理』〔Reiner Schürmann, *Le Principe d'anarchie. Heidegger et la question de l'agir*, Paris, Éd. du Seuil, 1982〕の参照を指示する。

生が自らの基盤、正当化、平穏を見出すような思弁的な土台を粉々にすること（*op. cit.*, p. 11）。

さらに言えば、脱構築は次のことによって成立する。

第一哲学と実践哲学とのあいだの派生関係を狂わせること［…］。そこからまずもって帰結するのは、脱構築は活動に関する言説を空中に宙吊りにし続けるということである。［…］その理論だけでなく行動それ自体が、自らの基礎づけあるいは自らの始原《アルケー》を失う（*op. cit.*, p. 11）。

ある者たちが誤解しているのとは反対に、存在の問いのために行動が忘れられていたなどということはなく、まったく別の立場が存在する。

彼［ハイデガー］は理論と実践の古代からの統一性を脱臼させたのではない。さらに危険なことをする。つまり、彼は現前の問いを、行動の問いがそこにすでに答えを見出しており、行動がもはや問いをなさないような仕方で提起した［…］（*op. cit.*, p. 14）。

伝統的な哲学の構造――いわば「始原的《アルシック》な」構造――は、行動の問いを始原《アルケー》に準拠させることを主要な特徴としてきたので、その結果、「何を為すべきか」という問いに答えようという野心を有する行動に関する諸理論は、各時代に究極の知の役を担ったものに準拠したのだった。行動のための準拠軸を規定するためのこのような努力の総体が形而上学を指し示し、さらに言えば、形而上学は、

そこで行動が、言葉、事物、活動と結びつきうる原理を要求するような（*op. cit.*, p. 16）

概念装置だというわけである。

原理は、基礎づけ、開始、命令という価値を同時に備えている。

実体が諸々の偶発事に対して機能し、それらに意味と目的《テロス》とを刻むのと同様に、つねに始原《アルケー》は行動に対して機能する。（*op. cit.*, p. 15）。

第一哲学――あるいは〈第一者〉――に基づいたこのような行動の形而上学への派生は、多数的なものに第一の審級を統一的に課すことを伴う。加えて、これらの第一哲学は権力に形式的な構造を提供する。

こうした形而上学的で始原的《アルシック》な構造を土台としてこそ、著者が無始原という名詞に、それと同時に

ハイデガーの著作に付与する新たな意味を理解することが可能となる。形而上学的領野の終幕の時代においては——無始原の原理というテーゼは、終幕の仮説と密接な依存関係にある——、それに従うと世界が「〈第一者〉」——第一の基礎——を起点として知解可能で支配可能となる規則は、その影響力を失う。第一哲学と実践哲学の派生関係は弱まるのだ。始原《アルケー》への準拠という枠組みは、次のような原理と同時に薄れていく。

われわれの歴史の各時代に、思想と活動を与える時代的原理は衰えているのだ（*op. cit.*, p. 15）。

有益で「目を眩ませる」この逆説、すなわち無始原の原理の言明はここから生じる。この言い回しを構成する二つの語は、反対方向へと向かう二つの側面を指し示している。第一の語は形而上学の終幕の手前を印づけ、第二の語はその彼方を仄めかす。原理となる準拠が述べられると同時に、それは否定される——こう言った方がよければ、原理となる準拠が述べられるのは、それが否定されるためなのである。二〇世紀は、形而上学批判によって理論を起点とした実践《プラクシス》の派生関係が潰えてしまう時代と見なされるのだということを理解しよう。行動は無始原的なものとして、つまりは始原《アルケー》、基礎づけ、開始、命令をはぎ取られたものと見なされる。無-原理の原理の時代、あるいは原理を持たないよう命ずる原理の時代が幕を開けたのだ。ハイデガーの思想に関連するこうした逆説は、彼の思想がどれほど過渡的な仕事であるかを物語る。つまり、「存在とは何か」という古典的な問題系のなかに依然として根を下ろしていながらも、帰属的、参与的枠組みからこの問題系をすでに奪取しているのだ。

それは依然として原理ではあるとはいえ、無始原の原理である。この矛盾を考えねばならない。原理となる準拠は自らの歴史とその本質において、分解と複数化の力によって働きかけられている。〔…〕脱構築とは過渡的な言説なのだ（*op. cit.*, p. 16）。

アナキズムと無始原とのあいだに提示される本質的な区別がここから生じる。準拠対象から行動を派生させているかぎりでは、アナキズムは依然として完全に形而上学的領野に捉えられている。それは準拠枠組みを損なってはいないものの、この枠組みの内部で、理性を権威ある原理に置き換えることで満足している。簡潔に言えば、たんに新たな正当性の指標を選出することでその過程を維持しているのだ。だが、ハイデガーとともに、この形而上学的な根付きを理性に基づいて生み出すことはもはや不可能となる。

無始原は〔…〕行動の基礎を損ねた歴史のための名である。つまり、基盤が失われた歴史、権威的であれ理性的であれ凝集力をもつ原理が、もはや生に対する立法者としての権力を持たない空座でしかないということが看取される歴史のための名なのだ。無始原は、プラトン以来の西洋人が自らの事実と挙措とを関連づけることで、それらを根付かせ、それらを変化と疑義とから匿ってきた諸原理を衰退させる運命を物語るのである（*op. cit.*, p. 16-17）。

したがって、無始原の原理――行動を損ねてきた基礎の衰退――は、ハイデガーの無知の告白と、彼のデモクラシーに関する疑義とに哲学的に光を当てることを可能にするものだということになる。ライナー・シュールマンによれば、この一節に無知や疑義よりも応答の拒否、さらにはごまかしを認め、それに耳を傾けることができるようにするべきである。実際に準拠枠組みの衰退は、第一原理と派生関係という語に依拠することなく政治的問いを提起するよう強いることになるのではないか。しかし――ハイデガーの文章のこうした哲学的解釈の正当性をここで確かめることなしに――、野生のデモクラシーという仮説が別の結論へと至るべきであるか、あるいは少なくとも、今出されているものより確信に満ちたものではないが性急でもない結論を提出すべきかという問いに答えることができるのだろうか。実際には、運動そのものにおいて、動性において、野生のデモクラシーは、行動に対する基礎づけの――始原《アルケー》の――影響力からの解放という意味で、すなわち、「なぜと問わずに行動すること」の現出という意味で解された無始原とともに、考えられなければならないのではないか。たしかに、政治的な問いが準拠枠組みの外部に立てられるべきだということは認められうる。だが、政治体系としてのデモクラシーをそれとは別のものと見なすことができるのだろうか。あるいは反対に、その野生の本質においてデモクラシーはただちに原理－派生関係という枠組みの外にあるのではないか。そうだとすれば、デモクラシーは無始原の原理といかなる関係を維持する、あるいは維持しうるのだろうか。

R・シュールマンの著作がひそかに、無始原の原理を政治的に「描き出すこと」の探究によって仕上げられているように見えるだけに、これはいっそう正当な問いである。このことは「政治的なものの脱構築」なる章が証言しているのだが、同様にH・アレントに――簡潔にではあるが――認められた位置づけもそれを証し立てている。著者によれば、H・アレントによって、政治的領野において見事に脱構築が実践された、つまり、始原《アルケー》や原理とは別様に政体の起源が示されるに至ったのだ（*op. cit.*, p. 50）。行動が解放される諸契機、「存在者の起源が別の起源に道を譲る時間」について問うとき、彼は依然としてアレントに目を向けているのではないか。この時間こそが、二つの政体間の句切れなのである。

アメリカのモデルを参照しつつH・アレントによって分析された、公的領域を強制力から解放するためのあらゆるこうした近代的努力は、そのたびごとにひとつの時代の終わりを印づけている。このようにして束の間、支配者《プリンケプス》ないし統治が中断し、そしてそれが課し、そこに立脚する原理《プリンキピウム》ないし体系が中断する。このような句切れにおいて、政治的領野は啓示者という役割を十全に果たす。万人の目に明らかになるのは、行動、発話、作為の起源はひとつの存在者なのではなく［…］、あらゆる現前するものの現前性への到来そのものであるということだ（*op. cit.*, p. 107）。

そして、R・シュールマンの著作は、H・アレントを行動についての真の思想家として、理論的なものの影響力から解放され、ポイエーシスすなわち製作とは異なる活動——実践《プラクシス》——を思考しえた人物として認めようとしたのではなかったか。いずれにせよ、このように定義された無始原の原理から、野生のデモクラシーと比較すべきモデルを引き出すのが適当である。それは、後者のなかに原理の政治的伝統の翻案——それは矛盾と映るだろう——を見るべきだからではなく、そこにむしろ無始原の原理と比較されるに値する政治的発明を見出すべきだからである。

四つの特性が考慮されるべきであるように思われる。

（一）形而上学的領野の終幕と関連した基礎づけの危機。これは、理論と実践との伝統的な統一性が問い直され、そして、正当化の第一の審級（〈神〉、〈自然〉、〈世界の秩序〉、〈進歩〉等々）が何であれ、活動がそこに至るまでに正当性を見出すような準拠枠組みが崩れ落ちるような危機である。要するに、形而上学的な概念装置の崩落は、派生関係への道を閉ざすのと同時に、あらゆる原理への従属から行動を解放し、それによって無始原的な、始原《アルケー》を欠いた行動を生むのである。（二）準拠枠組みと、何らかの原理への行動の従属とが消滅するのに伴う、「神権政治的表象の転覆」。これは複合的な転覆であって、第一に行動を命じる原理によって作られた歴史が終わるという発見を含み、第二にこうした異議申し立てが可能となる契機とは、形而上学の終幕という転回が実行される契機であるという理解を含む。そのうえ、こうした異議申し立ては政治的なものの思考の改変を伴うのだ。

終幕とともに、政治的なものを理解する何らかの様式は不可能となり、別の様式が不可避となる（*op. cit.*, p. 52)。

こうした政治的なものの思考の改変は、現前に関する別様な思考との関連によってのみ理解されうる。それは、歴史としての現前であって、機械仕掛けの現前もしくは不断の現前としての現前ではないのだ。このことが示しているのは、出来事としての現前への参入である。

もし現前が出来事において戯れるとすれば、それは諸目的による支配に敵対している（*op. cit.*, p. 302)。

これと同時に行動の解放も起こるであろう。行動はあらゆる準拠を逃れるだけでなく、彼方から到来したり受け取られたりする諸目的性にはもはや服従していないのだ。さらに適切に言うならば、行動は固有の目的である自らの真の本性を再発見し、それによって不当に移し替えられた目的性の枠組みを取り払う。なぜならば、この枠組みは活動よりも製作に属しているからだ。ハイデガーによって実行された「無始原的な」位置変更のひとつは、目的性を無効にすることではなく、それを固有の領域、つまり製作の領域内に制限することなのである。

製作に適用されるひとつのカテゴリーにすぎない目的性の支配を、行動もまた免れるに違いない(*op. cit.*, p. 303)。

このような出来事への参入によって、行動は〈一者〉によって行使されるあらゆる支配形態を免れることができるのであって、その固有の要素である、H・アレントが多元性の存在論的条件と呼ぶものを再発見するべきなのである。

(三)いわば、政治的なものの新たな構想の出現。始原《アルケー》への――〈第一者〉への――準拠が効力を失うのであるから、政治的なものはもはや基礎づけという語で考えられることはない。ライナー・

シュールマンの分析に従えば、われわれは政治的なものの、より控えめだが同時により自律的な構想の誕生へ居合わせていることになろう。基礎としての価値をもつ第一原理を基礎づけたり作動させたりするどころか、政治的なものは位置づける以上のことをしないというわけである。

「政治的なものは事物、活動、そして言葉《パロール》が調和しうる＝ともに到来しうる（convenir）場所である」（*op. cit.*, p. 52）、つまり、そこではこれらの要素がいっしょになって到来しうるのである。この場所はハイデガーにとっては「事物の本質的なものが集うところ」ではない（note 3, *op. cit.*, p. 53）。したがって、政治的なものは一時代の原理を凝集する力が現出する場である。この現出は二つの意味を備えている。つまりそれは現前への到来ないし開示だけでなく、曝露でもある。なぜなら、政治的なものはこの同一の原理を公にし、曝露するからだ。疑いなく、転回――「現前の諸様態における裂け目」――が政治的なものを再び改変することはない。時代的原理の現出と曝露の場であるというよりむしろ、政治的なものは出来事のなかに参入する場、歴史としての現前の場なのではないか。こうした新たな構想の生起においてより重要なのは、それが政体の存在論から政治的な場所のトポロジーへの移行を伴うということであり、正当性を奪うことになるということだ。政体の存在論が実践を理念性へと従属させ、国家への隷属を正当化する言説として機能する一方で、政体の形而上学の脱構築としてのトポロジーによる新たな構想は、行動をそれ自体に取り戻させ、それによって自由な冒険へと向かわせるのである。

（四）形而上学的な概念装置への、つまり理念的かつ規範的な審級への準拠を放棄する、基礎づけの脱構築を起点として別様な政治哲学を構築しようとする試み。さらにこのことが含意するのは、もはや創設的契機が行動に対して支配や命令を行使せず、行動が時代的原理から解放されるような、起源についての別様な思考である。

野生のデモクラシーを無始原の原理の政治的翻訳として提示する試みは――われわれが注意を促したように――正当ではないことになろう。事実、原理を持たず、原理としてもはや機能しないことが支配的な特徴であるような原理に適用を割り当てることは矛盾しているのではないか。というのもこの布置において、行動は理論の派生ではなくなり、無始原的であることが明らかとなるからである。反対側から問いを考えるとしても、たとえ問題となるのが無始原の原理であれ、ある原理を作動させることへと野生のデモクラシーを還元することがどうしてできようか。新たに誤って準拠枠組みへと閉じこもる代わりに、もう一方の場合と同じように今回も、目を眩ませる有益な二重の逆説の現前に敏感であることがむしろ適当なのではなかろうか。野生の本質としてのデモクラシーは、無始原の原理なる原理と同じくらい驚くべきものではないだろうか。無始原が原理という観念を損なうのと同様に、野生は何性の定義としての本質という観念を転覆させてしまうのではないか。逆説におけるこの類縁性こそが、われわれの注目を引きつつ、問いを移行するようわれわれに促すべきものなのではないか。結果として、問いは次のようになる。自由の経験の現出である野生のデモクラシーは、無始原の原理の内的組織に応答し対応する構造《エコノミー》を何によって提示するのか。

問題がこのように定式化された以上、形而上学の終幕という仮説を引き受けることで、野生のデモクラシーと無始原の原理のあいだに結果として発見されるべき親近性について、そしてこれまで指摘された諸次元との生じうる対応関係について、問わずにいられようか。すなわち、このように対照することで、近代性の歴史的布置に直面し、メルロ＝ポンティが「ある現代的な難解さ」(14)として示したものに直面してもなお、それらが応答する諸々の仕方について、そして対立させるに値する行動の諸様態について問わずにいられようか。

――派生関係という形而上学的な概念装置の衰退に野生のデモクラシーの側で対応するのは、あらゆる社会的領野の拡張における〈権力〉、〈法〉、〈知〉の基礎づけ、そして、それぞれの関係の基礎づけに関する未規定性である。

――行動を目的論的枠組みから解放する、神権政治的支配の失墜に応答するのは、確実性の指標の崩壊と、それが何であれ最終的な目的性に関する未規定性である。目下の謎に直面した野生のデモクラシーは、社会的なものに関する、政治的なものの諸限界に関する永続的な問いによって養われてい

(14) Merleau-Ponty, *Résumés de cours*, Paris, Gallimard, 1968, p. 144.〔前掲、メルロ＝ポンティ『言語と自然』、一〇五頁〕。

る。デモクラシーは「その道が前もって知られていることがない」[15]探究の内へと投げ出されているのである。

――正当化と隷属の言説としての意義を有していた政体の存在論の消滅に対応するのは、社会的なものの解体、そして同様に権力の解体である。後者をクロード・ルフォールは、それが正当か否かはともかく、少なくともヨーロッパにおける国王処刑という歴史的経験と関係づけている。

――最後に、諸々の基礎の脱構築によって生気づけられる政治哲学の探究をもっとも見事に立証するのは、啓示的な「ためらい」、あるいはむしろ、クロード・ルフォールにおいては、「政治哲学の再建」の要請と政治的なものについての思考の強調の共存である。この強調とはすなわち、政治的なものを再発見するために出発し、終わりなき冒険へと身を投じることを知っている思考の強調である。この思考は古典的な政治哲学の外に自らを位置づけ、ゆえに正当なものと考えられていた諸々の政治的秩序がそこから演繹される第一の審級にはもはや助けを求めることはできないので、伝統の枠組みによって支えられてはいないのである。デモクラシーにとっては、それが場を占める権威のもとで創設的な契機を選出することよりも、社会的なものの根源的分断を到来させ、これによって自由の奪回を経験することが重要であるだけに、起源との関係はいっそう脆弱となる。この点において、伝統的な存在論、すなわちアリストテレスの存在論との切断がもっともよく推し量られる。『著作という活動――マキァヴェッリ』では、新たな存在論の素描はマキァヴェッリの功績に数えられている。実のところ、『君主論』の著者は暴政に関して本質／偶有性の対を適用しつつ、それを正当な国家のモデルに比して欠陥含みだと判断することでは満足しない。むしろ彼は状況の多様性を歓迎する。というのも、彼の目からすれば、社会はそこに宿る根源的分断ゆえに、原理的に出来事へと開かれているからである。見過ごすことも修復することもできないこうした「裂け目」とともに、恒常的かつ安定した現前としての〈存在〉の構想は解体し、あるいは漸次的推移という観念は消え去り、いまだ存在していないものの試練を被る〈存在〉という思考が生じるのである。

しかしながら、〈存在〉は到来するものとの比較によってのみ理解されうる。それは、諸々の仮象の分節化のなかで、それらが固定されることを禁じる運動のなかで、既得のものを絶え間なく危険に曝すことのなかで到来するのだ。(16)

マキァヴェッリのうちに読み取られるこの新たな存在論と照らし合わせることによってこそ、野生のデモクラシーは理解されうる。なぜならば、権利と政治の領野においてデモクラシーを特徴づける

(15) Cl. Lefort, *Essais sur le politique*, *op. cit.*, p. 7.

(16) Cl. Lefort, *Le Travail de l'œuvre Machiavel*, Paris, Gallimard, 1972, p. 426.

永続的な異議申し立てはひとえに、到来するものとしての、出来事としてのこの〈存在〉の試練、この〈存在〉の思考の帰結であるからだ。さらに言えば、永続的な異議申し立てに正当な次元を認めることに同意するならば、それはデモクラシーという体制の経験的な特徴ではなく、この〈存在〉の試練の時間のなかへの断続的な開示となる。この試練の源泉に見出されるのが、われわれが「歴史的創造のすべて」(17)を担わせるべき人間たちの闘争、あるいはむしろ、人間の交流と闘争の際限なく複合的な戯れなのである。

調和は、それがいかに興味深くとも、不調和と相容れないものではない。第一に来るのは、人間主義の問いと、人間主義との切断についてのライナー・シュールマンの強調とである。マルクス、ニーチェ、ハイデガーという名を持ち、無始原的な現前の構造《エコノミー》において現れる三つの切断がそれに該当する。ここでこの不調和についてこれ以上述べることはせずとも、次のことを思い起こせばわれわれには十分である。すなわち、野生のデモクラシーについての解釈が明示的に人権に準拠するのは、人間はそこでは規定という土台においてではなく、むしろ未規定という源泉において位置づけられるためである。主体の哲学――あるいは主体性の形而上学――の外に展開されるだけに、少なからずこの思考は人間中心主義から遠くにある。なぜなら、歴史の中心に定められるのは、つねにすでに存在する社会的なものの根源的分断――自由の欲望が「〈一者〉という名の魅力の」影響下での、隷従への反転に対して永続的にせめぎ合うことによって二重化される分断――そして、人間の側の未規定性を際限なき〈存在〉の試練に服従させる分断であるからだ。

デモクラシーが後ろ盾にする人民が、ミシュレとキネが教示したように、少なくとも問題含みの同一性によって影響を被るほど、いっそう主体の哲学に対する距離は開く。人民は、それ自身の上位、――自由の発明そのものにおいて構成される、英雄的な境遇の人民――にあるか、人民の自由の経験がその反対物である隷従への逆転に曝されているときには、それ自身の下位にあるかのいずれかである。つまり、けっして自分自身とは一致せず、同等ではない人民は、それが姿を現し、実存へと到達するまさにそのとき、自己の自己との乗り越えがたい隔たりの試練に服する。これに次のことを付け加えよう。デモクラシーは未規定という未探査の保護地を拓く――あるいはそこに自らを拓く。それ以上詳述することはなかったとはいえ、クロード・ルフォールが「人間的要素」と呼ぶものとデモクラシーが保つ関連によってこの所作は行われるのであって、彼がこの要素にまつわる謎をひとえに活用するのは、この要素を創造すると言い立て、あたかも思い通りに加工しやすい資材が重要であるかのように、それを組織化しようと試みた全体主義のような歴史的な企ての価値を失わせ、非難するためである。

人間的要素を取り除くこと、あるいはむしろ、素材としてありのままに取り扱われうると示すこ

（17） *Ibid.*, p. 725.

と、これが組織の支配を承認させる方法である。［…］新たな国家の大問題、それがこのような仕事なのだ［…］。それは最終的に、人間を結びつける紐帯、所有物、家族、職場とのつながり、空間への定着、歴史、これらを持たない抽象的な人間——根無し草たちを手に入れることである。(18)

デモクラシーの固有性は、こうした素材たりえない要素のなかへ身を投じることにあるのではないか。このことは、要素の組成をその複雑性の全体のなかに、要素の輪郭をその多様性と多元性のなかに受け入れ、その予見不可能性のなかで生じる運動を伴いながら為されるのであって、全体主義的支配とは正反対である。後者は、この要素を素材と同一視することでその特殊性を否定しつつ、それに暴力を加えるのをやめず、ついには破壊しようと試みる。この支配は全能への意志に基づいてこの要素を構築ないし組織化する権力を不当に取得し、そうすることで、同一的でないものの存在を無視しながら同一化し同質化する規律ないし規範へと服従させるのだ。これこそ、「デモクラシーという政治形態は人間にかぎりなく接近している」と表明するとき、アドルノが理解させようと望んでいたことではないか。

デモクラシーにとって、これらの要素を尊重するだけでは十分ではない。もっと適切に言えば、まさしくこの要素のなかに、そして、多数の紐帯の接合（結びつけるものであり、また分離するものでもある）が——様々な形象、組み合わせ、侵食、錯綜、さらには敵対のもとで——もたらすこうした諸々の複雑化と騒乱という源泉のなかにこそ、デモクラシーは馴致できない力の源を見出す。この未規定という保護地に絶えず浸っているからこそ、デモクラシーは制御不能で、野生的で、既成の秩序ないし諸秩序を解体するものとして現れる。それは至高権を自任するためではまったくなく、むしろそれ自身野生的な（レヴィナスによれば「他性の野生的な野蛮さ」を備えた）この人間的要素と出会うときに制度の試練を遠ざけることなく迎え入れるためなのだ。この要素は、それ自身として新たな関係の形態を生み出し、異質なもの、「新たな無秩序」を到来させることができる。この「新たな無秩序」とは、クロード・ルフォールの巧みな表現を用いるならば、非場所を穿つ、つまり、いわば現実的なものの重みに穴を開ける発明の、そして逃走の空間のひとつなのである。

そこで可能的なものが再生する。それは未規定であり、出来事のたびごとに投げ返され、作り変

（18） Cl. Lefort, *Un homme en trop. Réflexions sur l'Archipel du Goulag*, Paris, Éd. du Seuil, 1976, p. 103-104.〔前掲、ルフォール『余分な人間』、一三六―一三七頁〕。疑いなく、メルロ゠ポンティがこの語を次のように手直ししたような意味において、「要素」を解するのが適当である。すなわち、「この語は水、空気、土、火について語るために、すなわち時空間的な個物と観念の中間にある一般的な事物という意味で用いられていた。存在がひとかけらでもある場所にはどこにでも存在するあるスタイルを持ち込む、受肉した原理の一種である」（*Le Visible et l'Invisible*, Paris, Gallimard, 1964, p. 184〔メルロ゠ポンティ「絡み合い――交叉配列」、『見えるものと見えないもの』、滝浦静雄、木田元訳、みすず書房、一九八九年、一九四頁〕）。

えられる可能的なものである[19][…]。

そこでは紐帯とその重なりとの多数性にしたがって、抗争と分断の場の力が多数化していく。この場では、つねに脅威であり続ける支配を拒否することのなかで自由の欲望が現れうる。生きた逆説の連鎖である人間的要素は、到来するものにおいて、出来事の流れに沿って、人間たちの交わりと闘争との、友愛と隷従との存在論的戯れを作用させる。デモクラシーは、野生的存在という現出のなかに認められるかぎりで、「社会的なものの肉」が人間的要素、予見不可能性、抵抗の存在様式と調和するこのような社会形態なのだ。

こうした近接性、さらには親近性は、次のような別の問いをただちに生起させるのではないだろうか。それは見たところ諸々の困難を含んでおり、われわれが表明するに留める問いである。すなわち、人間は人間を生気づける生きた逆説の存在論的戯れとしてのみ考えられるべきなのだろうか。あるいは、レヴィナスのいう意味で、存在の出来事、存在の努力、存在への固執の中断としても解することができるのだろうか。人間を他－のための－一者(l'un-pour-l'autre)、他者への責任とそれが示すあらゆる非対称性、つまり「存在するとは別様に」としての人間的要素の到来として、メタ政治学がここではデモクラシーと倫理的出来事との関係のなかで理解されるべきであるかのように解することができるのだろうか。デモクラシーは——正義、デモクラシーにおける人間の責任、そして彼の見知らぬ人間たちに対する無関心‐ならぬこと（non-indifférence）とデモクラシーが必然的に保持している関係を考慮するならば――このような人間の異他性《エトランジュテ》に対して無関係《エトランジェール》であるとは考えられないのではないだろうか。このように繰り返される問いは、デモクラシーと、社会的なものの根源的分断と、人間的要素との関係をいかに考察すべきかを問い続けるであろう。

とはいえ、無始原の原理に固有な政治的なものをこのように新たに構想するとしても、それに直面することに甘んじていられるだろうか。場所としてのこうした政治的なものの思考が、政体の形而上学の脱構築を意味するということが本当ならば、この脱構築が供する一般性に満足していられるだろうか。また別様に言えば、この一般性は危険な両義性を孕むのではないか。集約するものとしての場所の――そして政治的なものの――規定は、人間の国家《シテ》が二つの敵対する欲望に分断されることを隠蔽すると同時に、統一するもの、統一的なものを誤って特権化してしまうのではないか。政治的なものは、もしトポロジー的構想に留まるならば、むしろ社会的なものの裂け目、あらゆる人間社会の根源的分断が練り上げられ、設立される場、さらにはラ・ボエシによればそこを占拠する者が自由に過ちを犯すことができる権力の場であることになるのではないか。そして無始原の原理は、近代のデモクラシー

（19） Cl. Lefort, « Le désordre nouveau », in E. Morin, J.-M. Coudray, Cl. Lefort, *Mai 1968 : la brèche*, Paris, Fayard, 1968, p. 49.〔ルフォール「新しい無秩序」、『学生コミューン』、西川一郎訳、合同出版、一九六九年、五七頁〕。

の本質的な特徴のうちの二つをどうして考慮せずにいられるだろうか。すなわち、権力、法、知の錯綜をほどくことと、場が問われている以上、権力の場がそこでは虚無なる場であるということである。

そして最後に、哲学的に基礎づけられたこの無関心と、デモクラシーに関するこの疑念とを甘受することができるのだろうか。無始原の原理の名において、自由な政治体制と専制との差異を無視することができるのだろうか。この区別のうちに、目的論的枠組みの再来を見るべきではないだろうか。たとえ無始原的となった行動が自分自身を取り戻した――再び自分自身の目的となる――としても、自由な体制のそれとは別の方向に身を投じることはできるのだろうか。自由な体制は行動の自由を伴うのではないか。その野生的な現出のもとでは、デモクラシーは解決としての価値を有するのではなく、解決という理念を取り払うことであるからいっそうそのように言えるのではないのだろうか。同じく、一性を求めながらも未規定にとらわれているデモクラシーは、その過剰において、カントによれば、「割り当てられたあらゆる限界を乗り越えることができる」自由でかぎりない運動を受け入れるのだ。

調和と不調和を吟味したうえでなお、本質的な困難が残っている。野生のデモクラシーは無始原的であると言いうるのだろうか。たしかに、この照合によってわれわれは次のものを見分けることができたかもしれない。民主的社会を揺り動かす永続的な異議申し立てや騒乱は、時間における〈存在〉、すなわち「生《なま》の〈存在〉」、「垂直的〈存在〉」の試練の徴である。到来する〈存在〉の試練であるところの野生のデモクラシーは、時間のなかに身を置き、伝統の支えなしで出来事を迎え入れるとともに、人間たちの闘争に開かれているので、創設された形態に対してつねに過剰な、創設する力を目覚めさせる。このようにしてデモクラシーは、既成の秩序を自称するものを再び問いに付す準備ができているのだ。しかしながら、法との関係はどうだろうか。また別の言葉で言えば、デモクラシーが結ぶ法との関係は、無始原との関係を維持することを可能にするのか否か。古典的なアナキズムの場合には、答えは容易だ。この教義は、あらゆる形態の権威に反対することで、権利を排除することはないとしても——社会権の理論はアナキズムの領域のなかで発展しうる——、少なくとも、権威的な主権の行為として、社会的なものの自発性と調和に暴力を加えることになる法を排除しようとする。行動を損ねてきた基礎づけがなくなるという意味での無始原についても同様なのだろうか。マキァヴェッリの解釈者であるクロード・ルフォールの分析に従うことで苦もなく見出されるのは、ある種の法の概念が、デモクラシーの絶対自由主義的観念と適合し、無始原的布置に属することがいかにして可能かということである。自由に資する法の場合、その他の法とは異なるだけいっそうそれが可能となるのだ。この点について言えば、マキァヴェッリの革新性は、その見識によって群衆の欲望を抑え込んで和らげることを務めとして割り当ててきた、法の古典的表象を転覆することに存していたのではないか。これとは反対にマキァヴェッリは、自由な人民を論じる場合、群衆の欲望を豊かなものと考えていた。このように再考された法は節度と結びつくどころか、自由の欲望が節度を超えていることから生まれるのだ。この欲望は圧政に苦しむ人々の欲求を起源とするのだとしても、それに還元されることはなく、いわば存在することの欲望へと変容するために飛び立つのである。それは対象を持たない純粋な否定性であり、そして抑圧を拒否する欲望である。自由の欲望が節度の超過と再び結びつけられ、抑制する枷という伝統的なイメージと切り離されることで、法は無始原と合致する野生のデモクラシーの原動力とはならないまでも、その不可欠な部分となる。なぜなら、法が追求する唯一の目的は自由であるからだ。

同様に、一見すると人民の情念の爆発、国家に抗する攻撃、「異常でほとんど残酷なやり方(modi straordinarii e quasi efferati)」(野生のもの)に見えるもののなかにさえ、われわれは別の過剰を読み取るべきである。つまり、欲求に対する欲望の過剰であり、それのみが〈国家《シテ》〉の事実的秩序のうえに法の過剰を打ち立てうるような過剰である。(20)

法は「無始原的」であり、起源も始まりもないという意味で始原《アルケー》を欠いていると考えられうる、そう主張することさえ可能ではないだろうか。実際に、法の起源という問いを放棄する場合(たとえばマキァヴェッリは法を人間の産物とは見なさなかった)、自律/他律という二項対立を超えて法を考えることが可能ではないだろうか。人間の意志の産物として定義される代わりに、法は人間社会のなかにつねにすでに現前する政治的関係として、政治的制度についてつねに意見が交わされる争点として、敵対する欲望の分断と対立という争点として受容されることはできないのだろうか。

このような行程と問いの果てに、無始原の原理の逆説よりもいっそう目を眩ませる逆説へと至るのではないか。実のところそれは、われわれの眼前に現れながらも、その知覚から逃れるほどにまばゆい逆説である。この逆説は野生の、という形容詞がもっともよく示している、デモクラシーそのものの逆説なのではないか。数多くの者がもっとうまく飼い慣らそうと馴致し、卑俗化するデモクラシーは、持続と現実性のなかで展開しながら、政治的制度を自らに課す一方で、同一の運動のなかで、止むことなく国家に叛く政治的経験という異質な形態なのではないか。それはあたかも、国家への反目と蜂起において政治の終焉に達することではなく、もっとも豊かでもっとも逆説的な仕方で「新たな無秩序」を練り上げることが重要であるかのようだ。この無秩序は国家を超えて、さらには国家に抗してつねに更新される、政治の発明であるかのようだ。この無秩序、「それは国家の〈統一性〉という問いを開いておく欲望の操作であり、またこの問いを曝露することで、国家を導く者たちに国家の運命を再び作用させるよう強いる欲望の操作である[21]」。

こうしたデモクラシーの異質性へと接近する道を拓くためには、合意のイデオロギーを拒否するだ

(20) Cl. Lefort, *Le Travail de l'œuvre Machiavel*, *op. cit.*, p. 477.

(21) *Ibid.*, p. 477.

けでなく、さらには抗争の観念を卑俗化から解放し、そしてそれに最大限の意味を持たせたほうがよい。つまりは、人間の分断と闘争のつねに起こりうる出来、社会的なものの分離と分散の脅威をもたらす根源的分断の出現という意味である。もし、ヘーゲルがわれわれに示したように、媒介の体系としての国家が統合や和解であるとすれば――国家の秩序は野生的でそれゆえに社会の外部にある権利要求へと平民を統合することをまさしくその機能とする、つまり、「国家においてはいかなる契機も、組織化されていない群衆としては姿を現すべきではない」[22]――、民主化の革命のほうは、革命であるとはいえ、国家に抗する運動、すなわち国家とこの欺瞞的な和解、そしてこの偽りの統合に抗する無秩序を必ずしも保持していないのではないか。デモクラシーは、見かけ通り逆説的なのだが、人間たちの闘争と抗争を介して人間的な紐帯を創設し、この創設それ自体において、つねに再発見されるべき自由の起源を取り戻すこのような社会形態なのではないか。

それゆえおそらく、野生のデモクラシーと対比すべきは――過渡的な思考であることが認められている――無始原の原理ではなかったのだろう。むしろ、それとは対照的なエマニュエル・レヴィナスの分析に依拠しつつ、それらの総体に潜在する矛盾を和らげることなく、無始原と原理のあいだの乗り越えがたき隔たりに照らして考えるべきだったのだ。[23]「それ（無始原という概念）は――自己矛盾するのでなければ――（アナキストたちが解する意味での）原理として定立することはできない」。したがって、無始原の原理のプリズムのなかでデモクラシーを考えることは、デモクラシーをプロクルステスの寝台に横たえることであり、理念性に留まるものを迂回することによってそれを誤って解することではないのか。デモクラシーに光を当てる代わりに、無始原の原理というコルセットに押し込めることで、そのうちに含まれ、あらゆる原理と始原《アルケー》をはみ出す、あらゆる冒険と突破の力を奪ってしまうのではないか。E・レヴィナスは、原理と無始原とを対置する論理に基づいて、無始原の純粋に政治的な構想をも同様に拒んだ。彼によれば、無始原は秩序と無秩序という二者択一の彼方に位置づけられるのだ。

われわれがここで解するような無始原という概念は、通常それに与えられる政治的な(あるいは反政治的な)意味に先行している。(24)

無始原の政治的な構想は、無始原の原理が課すものとは異なるとすれば何なのか。レヴィナスによ

(22) Hegel, *Principes de la philosophie du droit*, éd. R. Derathé, Paris, Vrin, 1976, § 303, p. 310.〔前掲、ヘーゲル『法の哲学II』、三六七頁〕。

(23) 非常に明快な次の注を特に参照。*Autrement qu'être ou au-delà de l'essence*, La Haye, M. Nijhoff, 1978, p. 128, n. 3 ; réédition : Paris, Le Livre de poche, Biblio Essai, 1990, p. 160, n. 1.〔前掲、レヴィナス『存在の彼方へ』、四三一—四三三頁〕。

(24) Levinas, *op. cit.*, p. 128, n. 3.〔同前〕。

れば、無始原はさらにずっと深い、前政治的な、あるいはむしろ政治と存在論の彼方の階層にかかわっている。あらゆる原理から隔たっている無始原は、倫理的出来事としての、人間の訪れがもたらす存在の戯れの中断なのではないか。

> 無始原はこの（秩序／無秩序という）二者択一を超えて存在をかき乱す。無始原は、まさしく戯れとしての意識である存在論的戯れを止める。この意識において、存在は失われて再び見出され、そして解明される[25]。

したがって無始原と政治的なものの切り離しは、無始原とあらゆる原理との切り離しである（アナキズムとは、われわれが見たように、権威という原理の代わりに理性という原理を肯定することにほかならない）。

この点に、われわれは野生のデモクラシーとその国家への反目を再び見出す。なぜなら、政治的無始原の場合にも原理の理念性を経て矛盾を孕むことが明らかとなるがゆえに、レヴィナスは無始原を政治的な語義から切り離すのだが、そうだとしても、それはかき乱すという帰結を依然として保持しているからである。このことは、無始原があらゆる肯定的な本質から解放されるという点、そして、否定の手段あるいは否定性の戯れが肯定的なものを生産するのを止めるという点で特殊な、ひとつの否定弁証法の大筋を描いているのである。国家がデモクラシーへと自己同一化しながらそれを囲い込むことができるかのようにデモクラシーに閉じこもるということなどなく、あらゆる始原《アルケー》から離れた野生のデモクラシーこそが、国家の限界を明かし印づけ、そうすることで至高のものたらんとするこの審級が全体化する運動に異議を申し立て、さらには滅ぼしてしまうのだ。

　それ［無始原］は国家をかき乱すことができるのみである――しかしそれは、徹底的でいかなる肯定もない否定の審級を可能にするやり方で為される。それゆえ国家は〈全体〉となることができない。(26)

　E・レヴィナスがベルクソンに抗して主張するように、これは別の秩序となるよう定められてはいない無秩序であって、野生のデモクラシーは還元できない意味を有する。それは、総合の拒否、秩序の拒否という意味、そしてその複数性において、多数性において国家をはみ出し乗り越える政治的関係を、時間のなかで発明することという意味なのである。

(25) Levinas, *op. cit.*, p. 128 (1974) ou p. 160 (1990), dans le texte.〔同前、二三七頁〕。
(26) Levinas, *op. cit.*, n. 3.〔同前、四三三頁〕。

訳者あとがき

本書は Miguel Abensour, *La Démocratie contre l'État. Marx et le moment machiavélien*, Paris, Félin, 2012 の全訳である。ミゲル・アバンスールの主著と目されており、現在までに英語、イタリア語、ポルトガル語、スペイン語、トルコ語といった諸言語に翻訳されている。二〇世紀後半のフランスを代表する政治哲学者のひとりとして一部の読者から注目を集めながらも、日本では本格的な紹介は果たされておらず、まとまった分量を備えたテクストとしては初の日本語訳となる。

まずは簡単に著者の経歴を振り返っておこう。アバンスールは一九三九年二月十三日にパリで生まれた。英米の社会主義的・共産主義的ユートピアについての研究成果を基にした論文で一九七三年に国家博士号を取得した後は、ランス大学、次いでパリ・ディドロ大学（パリ第七大学）で教鞭をとるかたわら、ジャック・デリダ、フランソワ・リオタール等の後を受け一九八五年から一九八七年にかけて国際哲学コレージュの議長を務めた。

それと並行して、『社会主義か野蛮か』の企図を引き継ぐべく創刊された雑誌『テクスチュール（*Textures*）』、『リーブル（*Libre*）』、『過去－現在（*Passé-Présent*）』等にも関与しており、コルネリュウス・カストリアディス、クロード・ルフォール、マルセル・ゴーシェ等との時として緊張を孕んだ関係性も注目すべき要素となっている。一九七四年からはPayot社の『政治の批判（*Critique de la politique*）』叢書の監修を担当し、アドルノ、ホルクハイマーを中心としたフランクフルト学派の翻訳の刊行を主導、フランスにおける批判理論受容に多大なる貢献を果たしたことも特筆すべき点であろう。退職後も旺盛な文筆活動を続けていたが、二〇一七年四月二二日、惜しまれながらもこの世を去り、彼のライフワークとも言えるユートピア研究を集成した『ユートピック（*Utopique*）』シリーズが遺作となった。没後は複数の雑誌による追悼特集が組まれたことに加え、晩年の出版をほぼ一手に担ったSens & Tonka社からは『ミゲル・アバンスール叢書（*Collection Miguel Abensour*）』の企画が進行しており、本書もいずれ収録される見込みとなっている。アバンスール自身を扱った研究書もすでに複数存在することに鑑みるに、今後は本書の主題である「デモクラシー」のみならず、「ユートピア」や「批判政治哲学」を論じた著作を題材として、ひとりの研究者から研究対象へと段階的に移行していくことが予想される人物である。

このように数々の業績で知られるアバンスールだが、数本の論文（「幽閉者の解放」、浜本正文訳、A・ブランキ『天体による永遠』、雁思社、一九八五年。「社会主義的ユートピア――政治と宗教の新たな結合」、浜本正文訳、『現代思想』、一九九一年八月号、九月号。「メランコリーと革命のあいだに――ベンヤミンとブランキ」、守永直幹訳、『現代思想』、一九九二年十二月臨時増刊号）とデモクラシーを主題とするインタビュー（「民主主義の執拗さ――ミゲル・アバンスール、ジャン＝

リュック・ナンシー、ジャック・ランシエールとの対話」、伊藤潤一郎訳、『人文学報』、第五一三―一五号、首都大学東京人文科学研究科人文学報編集委員会、二〇一七年三月）を除いては、今日に至るまで日本語で参照可能なテクストはかぎられていた。その原因として想定されるのは、彼の「編者」としての側面であろう。トマス・モア、ラ・ボエシ、サン＝ジュスト、ピエール・ルルー、ブランキ、ベンヤミン、アレント、クラストル、レヴィナス等々、驚くほど広範な対象に序文を重ねる彼のアプローチは、忘れられた思想家の再評価という功績を際立たせる反面、彼独自の思想の全貌を把握することを困難にした点は否定しえない。

　この観点からすれば、本書『国家に抗するデモクラシー』は彼の研究経歴を総括する著作となっている。著者自身も原注で断片的に触れている成立過程を整理するならば、次にようになるだろう。一九九七年にPUF社から刊行された初版は、一九八九年に発表されたテクストを基にしており（第一章原注12で言及されている書誌情報を補足すると次のようになる。Miguel Abensour, « Marx et le moment machiavélien. "Vraie démocratie" et modernité », in *Phénoménologie et politique. Mélanges offerts à Jacques Taminiaux*, Bruxelles, Ousia, 1989, p. 17-114）、この時点で議論の大枠は形成されていたと推察される。版元をFélin社に移して二〇〇四年に刊行された第二版には「第二版への序文」および「補論」（初出の書誌情報は終章原注7を参照）が追加され、本書が底本とする二〇一二年のポケット版刊行に際して「イタリア語版への序文」が収録される運びとなった。内容的に重複しているとも思われる箇所が散見されるのは、このように足掛け二〇年以上にわたって書き加えられた著作であることに起因する。この性格は本書の価値をいささかも損なうものではなく、むしろ「編者」アバンスールの面目躍如を見ることが可能であろう。実際に、第二版以降で追加された諸テクストは、本論の内容をアクチュアルな問題関心へと結びつけるいわば蝶番の役割を果たしており、アバンスールの政治哲学の全体像を俯瞰する手がかりとして読者に資するものであると考えられる。

著者は本書において、ソ連崩壊からすでに数十年を経た現代に散見される「マルクス（へ）の回帰」という現象を前にして、マルクス主義の成立以後に発見された「一八四三年の草稿」こと『ヘーゲル国法論の批判』に焦点を合わせ、そこでマルクスが提示した「真のデモクラシーの到来は政治的国家の消滅を伴う」という謎めいたテーゼを丹念に検討する。このような試みはマルクス主義の復興というアナクロニックな意図から生じたものではない。いわゆる「青年マルクス」期に執筆された『ヘーゲル国法論の批判』に史的唯物論の端緒を見ようとする紋切り型の読解とは距離を置きつつ、民衆《デモス》を主体とする「真のデモクラシー」を解明せんとするマルクスの試みのただなかに「政治的なもの」への哲学的探求の過程を跡づけること、これが本書の眼目となっている。

アバンスール自身が言及しているように、「国家」と「デモクラシー」という二つの言葉を安易につなぎ合わせる「民主的国家（Etat démocratique）」という表現に対する疑念が本研究の出発点となっている。クラストルの『国家に抗する社会』から範を得た『国家に抗するデモクラシー』という表題は、国家を前提とした体制としてではなく、民衆《デモス》を真の主体とする政治的共同体と定式化することによってデモクラシーを救い出そうとする著者の企図の表明にほかならない。これを遂行するに当たって、アバンスールは、イギリスの思想史家ポーコックの大著によって人口に膾炙するようになった表現、すなわちルネサンス期イタリアに端を発するシヴィック・ヒューマニズムの隆盛を指す「マキァヴェリアン・モーメント」を導きの糸として用いる。近代政治哲学の創設者マキァヴェッリが発見した自由の源泉であるところの有力者たちと民衆《デモス》の絶えざる闘争といった観点を導入することにより、国家とは異なる政治的共同体の探求と「真のデモクラシー」が到来する条件という二つのテーマの結節点を一八四三年のマルクスに求める、きわめて興味深い構想が実現されている。

　このような試みは一見すると奇異に映るものの、現代フランスの思想潮流と無縁ではない。というのも、アバンスールのみならず、戦後フランスの政治哲学は全体主義の凄惨な経験を媒介として生じた「政治的なもの」への根源的な考察をひとつの賭金として展開してきたからである。終章でアバンスールが検討する「現代のマキァヴェリアン・モーメント」はまさしく、この系譜に連なるものと位置づけられるだろう。さらに、自身もフランスでの再評価の旗振り役を担ったアレントに加え、メルロ＝ポンティやルフォールといった書き手を縦横無尽に参照しつつ、近代以降の政治哲学の伝統とマルクスの革新的な試みを交差させている点に、本書で展開される議論の理論的文脈と独自性を指摘しうる。また、アバンスールはいわゆる「ポストモダン」の名のもとに行われた日本での現代思想受容が見落としがちな『社会主義か野蛮か』の後継者であることに加えて、ランシエールやナンシーといったすでに日本でも紹介が進んでいる哲学者たちともデモクラシーの再検討というテーマを共有している。近年日本語訳が刊行されたルフォールの主著『民主主義の発明』（勁草書房、二〇一七年）とともに、本書はフランスにおける政治哲学の動向を整理するための新たな座標軸を提供するはずである。

　一介の若手研究者にすぎない訳者両名が蛮勇を奮って本書の翻訳に取り組んだ背景には、著者の訃報が飛び込んできた時期にパリに滞在していた事情がある。当時予定されていた彼の講演はことごとく体調不良を理由としてキャンセルになっており、健康面の不安を懸念していた矢先のことであった。異なる研究上の視点からアバンスールの仕事に対する関心を共有していたわれわれにとって、早すぎる旅立ちは彼と直接言葉を交わす場が永久に失われた事実を突きつける一方で、テクストを通じた対話へと歩を進める契機ともなった。その成果を世に問う機会が得られたことは望外の喜びであるが、作業には万全を期したとはいえ、思わぬ見落としや誤りが残されている可能性は排除しえない。この点に関しては読者諸賢のご指摘とご寛恕を請うばかりである。

なお、訳出に当たっては松葉が第二版への序文前半、序説、序章、補論を、山下が第二版への序文後半、イタリア語版への序文、本論をそれぞれ分担し、複数回のクロスチェックを経て訳語と文体の統一を図った。編集に関しては、法政大学出版局の前田晃一氏にご尽力を賜った。この場を借りて篤く御礼を申し上げたい。熱意の先走る二人にとって、氏の冷静な助言は大いに支えとなった。

松葉類・山下雄大

Liberté • Égalité • Fraternité
RÉPUBLIQUE FRANÇAISE

AMBASSADE DE FRANCE
AU JAPON

INSTITUT
FRANÇAIS
アンスティチュ・フランセ日本
Japon

Cet ouvrage a bénéficié du soutien des Programmes d'aide à la publication de l'Institut français et de l'Ambassade de France au Japon.
本作品は、アンスティチュ・フランセ日本とフランス大使館の翻訳助成プログラムの助成を受けています。

《叢書・ウニベルシタス　1108》
国家に抗するデモクラシー
マルクスとマキァヴェリアン・モーメント

2019年12月27日　初版第1刷発行

ミゲル・アバンスール
松葉 類／山下雄大 訳
発行所　一般財団法人　法政大学出版局
〒102-0071 東京都千代田区富士見 2-17-1
電話03(5214)5540 振替00160-6-95814
組版：HUP　印刷：ディグテクノプリント　製本：積信堂

Printed in Japan

ISBN978-4-588-01108-5

著　者

ミゲル・アバンスール（Miguel Abensour）

フランスの政治哲学者。1939年パリ生まれ。「ユートピア」「解放」「批判」といった概念を主軸として、現代における「政治的なもの」を問い直した。ランス大学、パリ・ディドロ大学（パリ第7大学）で教鞭を執るかたわら、国際哲学コレージュ議長を務めた。クラストル、ルフォール、カストリアディス等とともに、雑誌『テクスチュール』、『リーブル』、『過去－現在』、『騒乱』に参加。Payot社の『政治の批判』叢書の監修を担当し、ラ・ボエシ、ブランキの再評価や、アドルノ、ホルクハイマーを中心とした批判理論受容に尽力したことでも知られる。2017年死去。著書に『トマス・モアからヴァルター・ベンヤミンまでのユートピア』（2000年）、『政治哲学に抗するハンナ・アレント』（2006年）、『批判政治哲学のために』（2009年）など。編書に『サン＝ジュスト全集』（2004年）など。

訳　者

松葉 類（まつば・るい）

1988年生まれ。京都大学大学院文学研究科思想文化学博士後期課程。現代フランス思想、ユダヤ思想。論文に「レヴィナスの有限責任論について──制度における主体性の問い」（『立命館大学人文科学研究所紀要』、2017年）、「レヴィナス後期思想における『より良いもの』について──エルンスト・ブロッホを起点として」（『宗教学研究室紀要』、2016年）など。訳書にフロランス・ビュルガ『猫たち』（共訳、法政大学出版局）など。

山下雄大（やました・たけお）

1988年生まれ。東京大学大学院総合文化研究科博士後期課程。政治哲学、政治思想史。論文に「統治への不信──サン＝ジュストの政治哲学とその適用」（『年報地域文化研究』、2019年）、「統治なき自然、蜂起するデモクラシー──ミゲル・アバンスールのサン＝ジュスト論から出発して」（『自然──HAPAX 9』、2018年）など。